KB047164

미국이라는 나라
영어에 대하여

미국이라는 나라
영어에 대하여

초판 1쇄 인쇄 2021년 6월 4일
초판 1쇄 발행 2021년 6월 14일
지은이 이창봉
발행인 박효상
편집장 김 현
기획·편집 김설아 하나래
디자인 이연진 **표지·본문 디자인·조판** 허은정
마케팅 이태호 이전희
관리 김태옥

종이 월드페이퍼 **인쇄·제본** 현문자현 | **출판등록** 제10-1835호
펴낸 곳 사람in | **주소** 04034 서울시 마포구 양화로11길 14-10(서교동) 3F
전화 02) 338-3555(代) **팩스** 02) 338-3545 | **E-mail** saramin@netsgo.com
Website www.saramin.com

책값은 뒤표지에 있습니다.
파본은 바꾸어 드립니다.

ISBN 978-89-6049-901-0 03740

우아한 지적만보, 기민한 실사구시 **사람in**

은유로 보는 미국 사회·문화의 특징과 정체성의 뿌리

미국은 복합적이고 다양한 특징을 보여주는 거대한 나라이다. 이 나라를 이해하는 가장 손쉽고 효과적인 방법은 그들의 언어를 익히고 이해하는 것이다.

언어는 그 사회와 문화를 들여다볼 수 있는 창이다. 특히 은유 표현에는 일상 문화의 모습들과 사람들이 살아가면서 무의식적으로 쌓은 생각의 저변과 가치관이 잘 반영되어 있기 때문에 이를 통해 그 나라의 사회문화적 정체성을 발견할 수 있다.

이 책은 은유의 사회문화적 성격에 초점을 맞추어서 현재 미국 영어에서 쓰이는 중요한 은유 표현들을 통찰력 있게 분석하여 우리가 미처 깨닫지 못했던 미국 문화 정체성의 뿌리를 파악하고, 미국 사회와 일상 문화의 중요한 단면들을 조명하고 이해하고자 한다. 또, 이러한 미국 사회와 문화에 대한 심층적인 이해를 바탕으로 고급 수준의 영어 표현을 습득하는 것을 목표로 한다.

어느 학자는 오늘날 한국 사회에서 영어는 하나의 외국어가 아니라 숭배의 대상이며 소유해야 할 상품이자 일상에서 벗어날 수 없는 억압으로 작용하고 있다고 지적하였다. 많은 영어 학습자들이 영어 습득이나 학습을 즐기는 차원으로 승화시키지 못하고 소위 '스펙 쌓기' 등 단기간의 성취 대상으로 접근하기 때문인 것 같다. 영어 학습을 단순히 기능적인 측면으로만 이해하여 회화 능력 향상이라는 단편적인 목표에만 머물러 있는 것을 보면 안타까운 마음이 든다. 외국어를 학습하는 가장 바람직한 태도는 '새로운 언어와 문화를 배운다'는 접근 방식이다. 새로운 분야를 개척한다는 자세에서 출발해야 동기부여도 더 강하게 되는 것이다.

'문화'는 아마도 학계에서 쓰이는 용어 중 그 정의가 가장 다양한 축에 속할 것이다. 문화의 의미는 역사적으로 다양하게 변천해 왔다. 유럽 지성사의 한 시기에는 물질적인 것들에 반하여 인류 역사의 지적, 정신적 혹은 심미적인 발달만을 뜻하기도 하였다. 현대에 들어와서는 좁은 뜻으로 음악, 문학, 미술, 영화 등 지적 혹은 예술 작품들을 가리키는 의미로 자주 쓰이고 있다. 이런 다양한 정의 가운데 가장 널리 유용되는 문화의 정의는 '한 시대나 집단, 혹은 한 사회나 국가의 총체적 삶의 모습'이라고 할 수 있다.

이 정의를 빌리면 '미국 문화'란 결국 미국이라는 사회 속의 사람들이 사는 총체적 모습이라고 할 수 있을 것이다. 어느 사회든지 지금

현재의 모습은 과거로부터 이어져 온 역사적 분절들이 침전된 모습을 담게 마련이다. 따라서 그 사회의 역사를 모르고서는 그 문화의 모습을 제대로 이해했다고 할 수 없다. 미국 영어의 심층을 들여다볼 수록 언어 현상 속에 그들의 역사와 문화가 용해되어 있음을 알 수 있다는 점은 매우 흥미롭다. 아울러 그들의 언어와 문화 연구를 통해 익힌 이해와 지식을 우리 한국어, 한국 문화와 비교해 보면 양쪽을 더 깊이 이해할 수 있음은 물론 더욱 보편적인 것들을 발견해 인간성(humanity)의 진리를 접하게 된다.

종교학의 초석을 다진 종교학자 뮬러는 '하나만 알면 아무것도 모른다'라는 유명한 말을 남겼다. 어떤 대상이나 현상을 이해하고 연구할 때 그것 하나만을 관찰하고 분석하는 데 그치지 않고 다른 것과 비교할 수 있을 때 진정으로 그것을 이해할 수 있게 된다는 뜻이다. 그의 말은 외국어를 습득하는 학습 태도와 접근법에 매우 중요한 시사점을 던져 준다. 즉 영어를 고급 수준으로 익히기 위해서는 영어와 영미 문화 현상을 우리의 모국어인 한국어와 한국 문화 현상과의 비판적 비교와 성찰을 통해 한 차원 높게 학습하는 노력이 필요함을 일깨워 준다.

그렇다면 어떻게 해야 효과적으로 두 개의 언어문화권을 비교하며 성찰하는 한 차원 높은 영어 학습을 추구할 수 있을까? 필자는 독자들이 이런 차원의 비판적 비교와 성찰을 바탕으로 분석적 사고 능력도 키울 수 있도록 지난 2년여간 인문학적 통찰력이 깔린 '미국 영어와 미국 문화' 관련 칼럼을 「중기이코노미」에 연재한 바 있다. 영어 표현의 단편들만을 소개하는 데 그치지 않고 관련 미국 문화의 깊이 있는 이해를 제공하고 한국어와 한국 문화와의 비판적 비교와 성찰을 통해 심층적인 언어문화 학습의 장이 되도록 꾸민 칼럼이다.

이 책은 이 연재물을 한데 모아 보충하고 수정한 것이다. 의식적으로 많은 영어 예문을 우리 사회와 문화 현상 관련 상황에 기반한 내용으로 구성함으로써 이런 비판적이고 주관적인 영어 학습법을 안내하려고 노력하였다. 독자들이 이 책을 통해 한국이 세계적 리더로 부상하고 있는 상황에 맞추어 영어라는 언어를 주체성 있게 인식하고 영어학습도 우리말과 우리 문화와의 비판적 비교를 통해 한 차원 높은 수준으로 접근해야 한다는 인식에 공감할 수 있기를 바란다. 이 책을 꾸준히 읽고 학습하면 유용한 미국 영어 표현을 익히는 것은 물론이고 미국 문화와 우리 한국 문화에 대한 비교와 성찰을 통해 인문학적 통찰력도 기를 수 있을 것으로 기대한다.

이 책은 두 가지 성격을 동시에 지니고 있다. 미국 영어의 은유 확대 표현 분석을 통해 미국 사회와 문화를 이해하는 인문학적 통찰과 분석이 담긴 인문교양서이기도 하지만, 그 은유 표현들을 중심으로 고급 영어 표현들을 살아 있는 예문들을 통해 해설하고 학습하게 하는 영어 학습서이기도 하다.

책은 크게 3부로 구성되어 있다. 1부에서는 미국 일상 영어에서 가장 지배적으로 쓰이는 은유 표현으로 그리스도교 신앙, 돈, 군사, 자동차 관련 은유 확대 표현들을 관찰하며 이것들이 미국 사회와 문화의 근본적인 정체성을 드러내고 있다는 사실에 주목한다.

2부에서는 의식주 생활을 살펴보며 미국 문화의 일상적 특징을 이해한다. 옷과 패션, 음식과 식생활, 집과 집안의 가구와 조명 등 주거생활 관련 은유 표현들을 세심하게 파헤침으로써 그들의 일상을 관찰하고 이 표현들에 깔린 역사적 배경과 가치관을 들여다본다.

3부에서는 미국 사회의 중요한 특징인 법치주의의 근간이 어떻게 그들의 언어에 반영되어 있으며 법과 범죄 관련 표현들이 얼마나 넓게 은유 확장되어 쓰이는지를 관찰한다.

각 부 매 장의 끝에는 학습한 미국 영어 표현과 문화적 이해를 기반으로 인간 본성과 언어문화의 보편성과 다양성 관련 주제에 대해 함께 깊이 생각해 보는 사유와 성찰의 기회를 제공하고자 했다.

이 책이 나오기까지 많은 분의 공헌과 도움이 있었다. 이 주제로 연재물 투고를 제안해 준 친우 중기이코노미 논설위원 박현진에게 특히 감사드린다. 책의 출판을 구상하는 단계에서 귀중한 조언을 해주신 사회평론 출판사의 윤철호 사장님께 특별한 감사의 뜻을 전달하고 싶다. 졸고를 흔쾌히 받아주시고 기꺼이 출판에 동의해 주신 사람in 출판사의 박효상 사장님께 깊이 감사드린다. 그리고 책의 구성과

편집 단계에서 책을 훌륭하게 꾸며준 김현 팀장님과 모든 직원의 노고에도 깊은 사의를 표한다.

끝으로 이 책의 원고를 「중기이코노미」에 연재하며 Facebook에 공유하는 과정에서 많은 Facebook 친구들의 조언과 응원이 큰 힘이 되었음을 밝히고 싶다. 특히 세심한 지적과 수정 제안을 해준 친우 배인철 박사에게 감사의 뜻을 전한다. 그리고 책의 형태로 출판할 것을 격려하고 적극적으로 응원해 주신 박우석 교수님, 남치형 교수님, 강정옥 선생님, 박석완 선생님, 원미선 선생님 등께 깊이 감사드린다. 이분들 외에도 꾸준히 댓글로 격려와 응원을 해주신 여러분이 큰 힘이 되었다.

아무쪼록 독자들에게 유용한 학습과 사유와 성찰의 기회를 제공하는 한 알의 밀알과 같은 책이 되기를 희망한다.

가톨릭대학교 성심 캠퍼스에서
이창봉 적음

2부 미국의 일상 문화

제5장 미국의 의복 문화와 패션 Clothing Metaphor

12

3부 미국 사회의 특성

제9장 미국의 교통과 여행 Travel Metaphor

★★★ 제10장 미국의 법치주의와 범죄 문제 Law and Crime Metaphor

1부

미국 문화의
뿌리와 정체성

제 1 장
그리스도교 신앙(Christianity Metaphor)

미국이라는 나라의 문화의 특징을 단 몇 마디 말로 묘사하는 것은 불가능하다. 땅덩어리가 클 뿐만 아니라 다양한 인종과 문화가 복잡하게 얽혀 있기 때문이다. 그렇지만 신대륙 발견 이후 500년 정도의 역사를 통해 이 거대한 나라에는 사회를 움직이는 2개의 큰 정신적 지주가 있었음을 우리는 알 수 있다. 그 하나가 유럽 대륙에서 청교도 박해를 피해 신대륙으로 이주해 온 개척민들의 그리스도교 신앙(Christianity)이다. 자유와 평등에 바탕을 둔 이 그리스도교 정신이 그들의 삶의 방향을 이끈 정신적 지주였다면, 사회의 구조와 모습을 결정한 것은 물질주의 가치관과 자본주의 체제였다. 이 2가지 사상적 흐름이 현대 미국 영어, 즉 언어생활과 발달에 끼친 영향은 매우 크며, 그 흔적이 여러 흥미로운 표현들에 녹아 있다.

1장에서는 미국의 정신적 뿌리인 그리스도교 신앙이 어떻게 그들의 언어·문화적 특징에 나타나 있는지 살펴보려고 한다. 미국의 건국 역사 자체가 그리스도교 역사의 중요한 부분을 차지한다고 할 수 있다. 신대륙 발견 이후 16세기에 미국 땅을 개척한 최초의 유럽인은 스페인 사람들이었다. 그들은 캘리포니아(California)주와 사우스웨스트(Southwest) 지역을 중심으로 가톨릭 신앙을 전파하며 미국 땅을 개척하였다. 그들의 역사적 영향은 California주의 주요 도시 이름에 그대로 반영되어 있다. 도시 이름이 가톨릭 성인의 이름을 딴 것이거나 (San Francisco, San Diego, San Antonio 등) 스페인어를 그대로 쓴 것(Los Angeles는 스페인어로 City of Angels라는 뜻. 이외에도 많은 도시의 이름이 스페인어를 차용함)으로 이루어져 있다.

17세기에 유럽에서 여러 다양한 민족의 청교도들이 종교의 박해를 피해 신대륙으로 이주해 왔다. 그들은 교회가 아니라 개인이 자유롭게 종파와 교회 운영에 참여하는 미국식 개신교(American Protestantism) 전통을 확립하고 다양한 종파(denominations)를 형성해 발전시켰다. 최근 통계에 따르면 미국인들 중 하느님을 믿는 그리스도교 신앙을 가진 사람은 전 인구의 90% 가까이 되며, 그 중 개신교 신자들(Protestants)이 대략 60% 정도이고 가톨릭 신자들(Catholics)이 30% 정도를 차지하고 있다고 한다.

전화위복 *vs* blessing in disguise

Christianity Metaphor (1) God, blessing in disguise

미국인들에게 그리스도교 신앙은 국가적 종교이자 개인의 믿음의 뿌리이다. 그래서 그리스도교 신앙은 자연스럽게 그들의 언어인 미국 영어에도 지배적으로 반영되어 있다.

가장 먼저 천지의 창조주이자 유일신인 하느님을 뜻하는 God와 그분이 지상에서 사람의 아들로 태어난 성자 Jesus Christ라는 이름을 그대로 일상 영어에서 널리 쓴다는 것을 관찰할 수 있다. 흔히 원어민들끼리의 일상적인 대화에서 쉽게 접하는 "Oh, my God!" 혹은 "Jesus Christ!" 같은 감탄 표현은 어떤 놀라운 일을 목격하거나 겪게 되었을 때 하느님을 부르며 "주여, 어떻게 이런 일이 벌어질 수 있습니까?"라고 하는 뜻을 나타낸다. 그런데 신앙심이 깊은 신자들(devout Christians)에게는 신성한 주의 이름을 너무 함부로 대놓고 부르는 경박함이 거슬렸다. 그래서 주님의 이름을 직접 부르지 않고 비슷한 발음의 단어로 대체하여 감탄의 뜻만 전달하는 "Oh, my Gosh!" 혹은 "Gee!" 등의 완곡어법(euphemism)을 더 많이 쓰게 되었다.

God이 들어간 표현 중에서 많이 쓰이는 것 하나가 바로 "Only God knows."이다. 미국인들은 어떤 질문에 대해 그 답은 아무도 모른다고 강조하고 싶을 때 이 표현을 즐겨 쓴다. 예를 들어 4차 산업혁명 시기에 접어들면서 AI 기술이 앞으로 10년 후 어느 정도 수준까지 우리의 삶과 일의 모습을 바꾸어 놓을 것으로 전망하느냐는 질문을 받았을 때 그것은 아무도 정확히 알 수 없다고 대답하려면 이 표현을 써서 다음과 같이 말할 수 있다.

A: How much do you think the AI technology will affect our life and work in ten years?

　　AI 기술이 10년 후 우리의 삶과 일에 얼마나 영향을 끼칠 것 같아요?

B: No one knows. **Only God knows.** We can just guess.

　　아무도 모르죠. 하느님만이 아신달까. 우린 그저 짐작만 할 수 있을 뿐이죠.

우리 한국어 문화권에서도 자신이 진실을 말하고 있음을 강조할 때 "하느님께 맹세해."라는 말을 잘 쓰는데 미국 영어에서도 똑같이 "I swear to God."이라는 표현을 잘 쓴다.

Trust me. I'm telling the truth. I swear to God.
날 믿어 줘. 난 진실을 말하고 있어. 하느님께 맹세한다고.

God이 들어간 매우 자주 쓰는 다른 표현으로 "God bless you."가 있
다. 미국 문화권에서는 상대방이 재채기를 했을 때 "God bless you!"
혹은 간단히 "Bless you."라고 말해 주는 것이 인사처럼 관행화되어
있다. 중세 때 그리스도교 신자들은 재채기를 하는 순간 인간의 영혼
이 순간적으로 육신을 떠난다고 믿었기 때문이다. 그래서 상대방을
위해 하느님께서 은총을 주시기를 바라는 간단한 기도를 한 데서 이
표현이 나왔다고 한다. 물론 이 표현은 재채기를 하는 상황뿐 아니라
동사 bless의 목적어를 자유롭게 바꾸어서 하느님의 은총을 받기를
기원하는 뜻을 전달할 때도 쓸 수 있다. 예를 들어 미국인들은 아주
귀여운 어린이를 보게 되면 다음과 같이 칭찬하며 하느님의 은총을
구하는 말을 하는 경우가 많다.

Your daughter is so adorable! God bless you and your child!
따님이 정말 사랑스럽네요! 하느님이 당신과 아이를 축복하기를 바랍니다!

blessing은 bless의 명사로서 '은총을 받음'이라는 뜻이다. 미국인들은
훨씬 더 불행한 일이 일어날 수도 있었지만 다행히 최악의 상황을 면

했을 때 그것을 하느님의 은총으로 표현하여 흔히 "It's a blessing that ~"이라고 말한다. 예를 들어 교통사고가 났는데 다행히 아무도 다친 사람이 없다면 다음과 같이 말할 수 있다.

I've got involved in a car accident. Thank God. It's a blessing that no one got hurt.
제가 자동차 사고에 연루되었어요. 하느님께 감사하게도 아무도 다치지 않은 것이 축복입니다.

bless가 들어간 또 다른 중요한 관용 표현이 있다. 미국인들은 재주나 실력이 뛰어난 사람을 칭찬할 때 수동태로 'be blessed with ~'를 널리 쓴다. 하느님이 특별히 부여한 능력(God-given talent)을 가지고 태어나는 축복을 받았다는, 그리스도교 신앙이 깔려 있는 표현이다. 예를 들어 천상의 목소리를 타고난 듯한 뛰어난 성악가를 다음과 같이 칭찬할 수 있다.

She is blessed with such a beautiful voice. She has a God-given talent in singing.
그녀는 정말 아름다운 목소리를 축복으로 받았어요. 하느님이 주신, 노래하는 재능을 갖고 있죠.

blessing이 들어간 매우 흥미로운 표현으로 blessing in disguise가 있다. 이 표현은 '변장한 축복,' 즉 something that seems bad or unlucky at first, but results in something good later(처음에는 나쁘거나 불행한 일로 보이지만 나중에 좋은 결과를 가져오는 것)를 뜻한다. 예를 들어 갑자기 직장을 그만둬야 했을 때는 불행한 일이라고 생각했지만 바로 그것이 전기가 되어 더 좋은 일자리가 생겼다면 이 표현을 써서 다음과 같이 말할 수 있다.

Come to think of it, losing that job was really **a blessing in disguise** for me. I met a wonderful boss like you at a new job and then we were able to establish a promising business venture together.
생각을 해 보니까 그 직장을 잃은 것이 정말 제게는 전화위복이었어요. 새 직장에서 당신처럼 훌륭한 상사를 만나서 우리가 함께 유망한 벤처 기업을 창업할 수 있었으니까요.

필자가 이 표현을 처음 접한 순간을 잊을 수가 없다. 미국 유학 시절 한참 미식축구(American football) 경기에 빠져서 거의 매일 ESPN 기사를 읽었는데 어느 날 매우 흥미로운 실화를 접하게 되었다. 한 미식축구 선수가 경기 중 상대 선수와의 심한 충돌로 뇌진탕(concussion)을 일으켜서 한동안 경기에 출전할 수 없을 정도가 되었다. 그런데 이 부상 때문에 뇌의 사진을 찍었다가, 덕분에 놀랍게도 뇌종양(brain tumor)

을 조기 발견하여 수술을 잘 받고 완쾌되어 다시 경기장으로 돌아갈 수 있었다는 얘기였다. 분명 처음에는 낙담했겠지만, 불행인 줄 알았던 뇌진탕을 계기로 더 위중한 병이 있음을 일찍 알게 되었으니 이것이야말로 blessing in disguise였던 것이다.

이와 가까운 우리말 표현으로는 한자로 된 사자성어인 '전화위복'이 있다. 이 표현은 미국 영어와 달리 특정 종교를 기반으로 한 것이 아닌 일반적인 의미로 행운 혹은 좋은 일을 뜻하는 한자어 '복(福)'과 그 반대어인 '화(禍)'를 대비하여 뜻을 나타내고 있음을 알 수 있다.

cloud nine – 날아갈 듯 기쁠 때, 천국 직전의 가장 포근한 구름

Christianity Metaphor (2) grace, heaven, cloud nine

하느님으로부터의 은총 혹은 축복을 뜻하는 blessing과 유사한 뜻의 단어로 grace가 있다. 신앙심이 깊은 미국인들은 일상에서 작은 일의 성공도 하느님의 은총 덕분이라고 말하곤 하는데 그때 'By the grace of God ~'라는 표현을 잘 쓴다. 예를 들어 하느님의 축복으로 주 사법 시험 같은 어려운 시험에 합격했다고 다음과 같이 말할 수 있다.

By the grace of God, I finally passed the state bar exam.
하느님의 축복 덕분에 마침내 주 사법 시험에 합격했습니다.

흥미로운 것은 이 grace의 뜻이 확대되어 하느님의 은총처럼 누군가를 봐주는 연장 기간을 grace period라고 표현한다는 점이다. 예를 들면 미국에서 자동차 소유자는 반드시 주 정부에 세금을 내고 자동차

등록을 매년 갱신해야 하는데, 대부분의 주에서 유효 기간 일 년이 지난 후에도 한 달간의 grace period를 준다. 이것을 다음과 같이 표현할 수 있다.

You are required to renew your car registration every year before the expiration date. Even if you miss this time, don't worry. There is a one-month grace period! You can still register within 30 days after the registration expiration date.

매년 유효 기간 만기일 전에 자동차 등록을 갱신하셔야 합니다. 이 기간을 놓치더라도 걱정하지는 마세요. 한 달의 유예 기간이 있습니다! 등록 만기일 이후에도 30일 안에 등록할 수 있습니다.

그리스도교 신앙의 핵심은 유일신인 하느님을 믿고 세례를 받은 사람만이 천국(heaven)에 가며 영원한 생명(eternal life)을 얻고 산다는 믿음이다. 그러나 모든 인간은 육체적으로는 죽게 마련이다. 미국 영어에서는 그리스도교 신앙의 영향으로 흔히 어떤 사람이 죽는다는 말을 go to heaven이라고 표현한다. 우리말에서도 '소천하다' 혹은 '하늘나라로 가셨다' 등의 비슷한 표현이 널리 쓰인다. 두 문화의 공통점은 망자가 좋은 곳에 가는 것을 하늘 위로 올라간다는 '위(up)'의 개념으로 표현한다는 것이다. 반면 나쁜 곳인 지옥은 땅 아래 어두운 어느 곳으로 떨어진다는 '아래(down)'의 개념으로 표현한다.

그리스도교 신앙인들에게 가장 기쁜 일은 육체는 죽어도 영혼은 부활하여 천국에 가는 것이다. 미국인들은 기쁨이나 행복 같은 감정을 표현할 때 흔히 천국에 있는 것 같은 기분에 은유한다.

I'm so happy now. I feel like I'm in heaven.
저는 지금 너무 행복합니다. 천국에 있는 기분이에요.

인지 언어학의 거두인 레이코프와 존슨(Lakoff and Johnson)은 그들의 1980년 출간 저서 『Metaphors we live by(삶으로서의 은유)』에서 다음의 예들을 열거하고 있다.

[BEING HAPPY IS BEING OFF THE GROUND 행복하다는 것은 땅 위에 떠 있는 것]
a. I was flying high.
　높이 나는 기분이었어요.
b. I was soaring with happiness.
　행복해서 날아가는 기분이었어요.
c. After the exam, I was walking on the air for days.
　시험이 끝난 후 나는 며칠 동안 하늘 위를 걷는 기분이었어요.
d. We were on top of the world.
　우리는 세상의 꼭대기에 서 있는 느낌이었어요.

e. She was on cloud nine.

그녀는 9번째 구름 위에 있는 것 같았어요.

앞의 표현들은 모두 그리스도교 신앙을 기반으로 하는 은유 표현이지만, 미국인들은 그런 점을 인식하지 못한 채 기쁨의 감정을 나타낼 때 널리 쓰고 있다. 1970년대에 미국의 인기 팝스타들(pop stars) 중 카펜터스(Carpenters)라는 남매 듀엣이 있었다. 그들의 많은 히트곡 가운데 〈Top of the World〉라는 곡이 있는데, 이 노래 가사의 주된 내용은 사랑에 빠진 감정이 마치 이 세상 꼭대기에 있는 것 같은 기쁜 느낌임을 표현한 것이다.

e번 문장에서 cloud nine은 미국인들이 매우 기쁜 상태(a state of euphoria)를 묘사할 때 관용적으로 쓰는 표현이다. 이 표현의 어원과 관련해 크게 2가지 설이 있다. 하나는 단테의 『신곡(Divine Comedy)』에서 천국에 오르기 위해서는 9개의 구름 계단을 올라가야 하는데 천국 직전의 9번째 마지막 계단에 있는 상태를 묘사한 것이라는 설이다.

다른 하나는 1960년대에 미국 기상청에서 구름을 9가지로 분류했는데 그중 9번째 구름이 가장 높은 곳에 있으면서도 양털같이 가장 포근하고 부드러워 보였다는 데서 유래했다는 설이다.

어느 설이 정확한지는 알 수 없으나 분명한 것은 기쁨을 하늘을 나는 기분으로 은유해 표현하는 것은 우리말에서도 일반적이라는 사실이다. 즉 너무도 기쁜 일이 있으면 "시험 끝나니까 날아갈 것 같아!" 혹은 "구름 위를 걷는 느낌이야!"처럼 자주 쓰고 있다.

그리스도교 신앙과 기쁨을 나타내는 은유 표현의 연관성과 관련하여 또 하나 주목할 것이 있다. 그리스도교에서는 천국을 밝은 빛으로 가득한 곳으로 인식하기 때문에 기쁨을 빛으로 보는 은유 표현도 널리 발견된다. 앞서 언급한 레이코프와 존슨(Lakoff and Johnson)의 같은 저서에는 다음 예들도 열거되어 있다.

[HAPPINESS IS LIGHT 행복은 빛이다]

a. When she heard the news, she lit up.

　그녀는 그 소식을 듣고 환히 밝아졌다.

b. Her face was bright with happiness.

　그녀의 얼굴은 기쁨으로 환했다.

c. There was a glow of happiness in her face.

　그녀의 얼굴에는 기쁨의 빛이 있었다.

d. She was shining with joy.

　그녀는 기쁨으로 빛나고 있었다.

사실 기쁨이 빛 혹은 밝음의 이미지로 은유되는 것은 인간이 기쁘거나 행복할 때 얼굴을 비롯한 신체에서 생리적으로 느끼는 것이 밝은 쪽임을 생각하면 그리스도교의 영향을 고려하지 않고도 자명하게 이해할 수 있다. 실제로 우리 문화권에서도 '그 기쁜 소식을 듣고 그녀의 얼굴은 환하게 빛나고 있었다.'라고 쓰거나 혹은 "당신을 만나는 것이 제게는 매일 반짝이는 기쁨이에요!" 등과 같이 널리 말하는 것을 보면 '기쁨은 빛' 혹은 '기쁨은 (천국으로) 날아오르는 것' 같은 은유는 어느 언어문화권에서도 발견되는 보편적인 감성 표현일 가능성이 높다. 물론 각 언어문화권마다 그 특유의 역사·문화적 배경 차이로 인간의 보편적 감성을 다르게 표현하는 다양성이 보이기도 한다.

'밤비노의 저주'를 아시나요?

Christianity Metaphor (3) hell, damn, curse

그리스도교 신도들은 하느님의 은총(blessing, grace)을 받아서 선하게 사는 사람들은 죽어서 그 영혼이 천국(heaven)에 가게 된다고 믿는다. 반대로 악마(satan, devil)들의 꼬임에 빠져서 악한 삶을 사는 사람들은 죽어서 지옥(hell)에 떨어져 처절한 벌을 받는다고 굳게 믿는다. 이 믿음 때문에 미국 영어에서는 누군가에게 "Go to hell!(지옥에 떨어져라!)"이라고 말하는 것보다 더 심한 욕이 없다. 할리우드 영화(Hollywood movies)에서는 주인공이 적과 싸우며 총을 쏘면서 이렇게 절규하는 것을 자주 볼 수 있다.

Go to hell!!!

지옥에 가라!!!

미국 영어에서 잘 쓰는 hell이 들어간 또 다른 표현으로 go through

hell이 있다. 이 표현은 제2차 세계대전 중 영국 수상인 윈스턴 처칠 (Winston Churchill)이 말한 이후 회자되어 유행하게 되었다고 한다. 그는 영국 국민이 독일을 상대로 끝까지 저항하고 싸울 것을 강력하게 독려하기 위해 다음과 같이 말했다고 한다.

If you're going through hell, keep going.
지옥을 통과하고 있는 중이라면, 계속 나아가십시오.

이 말에 힘을 얻은 영국 국민은 처절한 전쟁을 겪으면서도 불굴의 의지를 발휘하여 강한 독일을 상대로 전쟁에서 이길 수 있었다고 한다. 최근 청년 실업률이 증가하면서 청년들에게 창업에 도전하라고 독려하는 선배 사업가들이(entrepreneurs) 늘고 있다. 그들은 젊은이들에게 창업 후 생지옥 같은 어려움을 겪더라도 절대 포기하지 말고 끝까지 노력해서 꿈을 이루는 끈기를 발휘하라고 충고하며 흔히 다음과 같이 말하곤 한다.

If you are going through startup hell, keep going. Never, never give up.
창업의 지옥을 겪고 있다면, 계속 겪어라. 절대로, 절대로 포기하지 말라.

흥미로운 것은 미국인들이 문장에서 화자의 뜻을 더 강하게 나타내는 강의어(intensifier)로 heaven보다는 hell을 훨씬 더 널리 쓴다는 사실이다. 예를 들어 상대방이 이해할 수 없는 행동을 하고 있다면 그 의아함을 강조하기 위해 다음과 같이 말할 수 있다.

What the hell are you doing here?
너 도대체 여기서 뭐 하는 거야?

또 미국 영어에서 hell은 반어법으로 매우 뛰어난 일을 한 상대방을 크게 칭찬할 때도 많이 쓰인다. 예를 들어 스포츠 경기를 보다가 현란한 플레이를 극찬하며 감탄의 뜻을 나타낼 때 이 표현을 잘 쓴다. 미식축구(American football) 경기에서 쿼터백(quarterback)이 던져 주는 공을 잡는 역할을 하는 와이드 리시버(wide receiver)가 도저히 잡을 수 없을 것 같던 공을 묘기하듯 잡았을 때 팬들은 흔히 다음과 같이 말하곤 한다.

That's hell of a catch! That was a sensational play!!!
저건 정말 어려운 저세상 캐치예요! 정말 놀라운 플레이였어요!!!

이 hell 외에 하느님으로부터 저주를 받으라는 뜻의 동사 damn도 미국 영어에서 반어적인 뜻으로 많이 쓰인다. 미국인들은 개인주의 성향이 강해서 자신의 강점을 남 앞에서 주저하지 않고 스스럼없이 내

세우는 경향이 있다. 필자가 유학 시절 아르바이트로 통역 일을 하다가 알게 된 쿠바 출신의 프리랜서 통역사(freelance interpreter)가 내게 자신이 설립한 통역 회사에 와서 정식으로 일을 하면 어떻겠냐고 제안했을 때 이 표현을 써서 다음과 같이 말한 것을 아직도 인상적으로 기억하고 있다.

I'm a **damn good** interpreter. Why don't you join my company? You and I will be a fantastic team.
나는 정말 엄청 대단한 통역사거든요. 내 회사에서 같이 일할래요? 당신과 나는 환상적인 팀이 될 거예요.

God, heaven 등의 좋은 뜻을 가진 표현들도 그렇지만 hell, damn 같은 나쁜 뜻을 가진 표현들을 이렇게 서슴없이 쓰는 것은 공식적인 상황이 아닌 사적인 대화 상황에서만 용인되는 편이며 이 표현들의 적나라함(vulgarness)을 완화하기 위해 많은 경우 완곡 표현(euphemism)을 대신 쓴다. 가령 앞의 예에서 'hell of ~' 대신에 'heck of ~,' damn 대신에 darn을 쓰는 식이다. 예를 들어 공식 방송에서 스포츠 경기를 중계방송하는 아나운서들(play-by-play announcer)이 아무리 흥분을 하더라도 hell 표현을 그대로 쓰는 일은 거의 없으며 다음과 같이 'heck of ~'를 많이 쓴다.

That's **heck of a play!!!**
정말 대단한 플레이입니다!!!

영어에서 '저주'를 뜻하는 다른 표현으로 curse가 있다. 은총을 뜻하는 blessing의 용법과 마찬가지로, 미국인들은 어떤 사람이나 단체에 불운이 이어지고 비참한 지경에 이르렀을 때 이를 악마의 저주를 받은 상황으로 은유하는 표현으로 curse를 자주 쓴다.

미국 스포츠 분야에서 보스턴 레드삭스(Boston Red Sox) 팀의 '밤비노의 저주(Curse of the Bambino)'는 너무도 유명한 예이다. 1901년 창단한 Boston Red Sox는 1903년 월드시리즈 첫 우승 이후, 1918년까지 월드시리즈에서 총 5회 우승을 하며 메이저리그의 명문 구단으로 등극했다. 그러다가 베이브 루스(Babe Ruth)를 1920년에 뉴욕 양키스(New York Yankees)로 트레이드한 이후로 84년 동안 한 번도 월드시리즈 우승을 못 하게 됐다. 밤비노(Bambino)는 Babe Ruth의 별명이었으므로 Red Sox 팬들은 실제는 이 불운의 연속을 악마의 저주가 아니라 Babe Ruth라는 불세출의 선수가 내린 저주였다고 믿었던 것 같다.

극성팬으로 잘 알려진 Red Sox 팬들은 이 '밤비노의 저주'를 풀기 위해 온갖 노력을 다했다고 한다. 그중 가장 흥미로운 사실은 보스턴 주 고속도로에서 발견되는 Reverse Curve(S자형 커브)라고 쓰인 표지판을 Reverse The Curse(저주를 반전시키자)라고 고쳐 써 놓는 일이 잦았다는 것이다. 관리 당국은 2004년에 마침내 Boston Red Sox가 '밤비노의 저주'를 깨고 우승할 때까지 훼손된 표지판들을 그대로 남겨 두었다고 한다.

일상 영어에서 curse는 bless의 용법과 마찬가지로 불운이 이어지는 개인이나 단체를 주어로 놓고 'be cursed with ~'의 문형으로 잘 쓰인다. 예를 들어 어떤 지역이 교통 혼잡 문제로 너무도 골칫거리가 되고 있다는 사실을 다음과 같이 말할 수 있다.

This area is cursed with bad traffic jams.
이 지역은 지독한 교통 체증의 저주를 받았어요.

여기서 우리는 그리스도교 신앙이 현대 우리 언어문화에도 지대한 영향을 끼치고 있음을 바로 확인할 수 있다. "너 그러다 지옥 간다," "이곳에 오니 천국에 온 기분이야," 혹은 '저주받은 몸매' 같은 표현들을, 그것이 그리스도교 신앙의 뿌리에서 온 것인지도 깊이 인지하지 못한 채 일상에서 매우 널리 사용하고 있기 때문이다.

우리 사회에서도 그리스도교 신앙에서 파생한 은유 확대 표현들이 많이 쓰이는 것은 그리 놀랍지 않다. 최근 통계에 따르면 2020년 현재 한국 사회의 3대 종교는 불교(42%), 개신교(35%), 천주교(20%)인데 단일 종교로는 불교가 여전히 1위이지만 개신교와 천주교를 합한 그리스도교 신앙인은 전체 종교인 인구의 절반을 훨쩍 넘어 55%에 이르고 있다. 그런데다 그리스도교 신앙의 역사가 미국처럼 깊지는 않지만 천주교(Catholics) 신앙이 자생적으로 정착한 독특한 역사와 함께 근현대에 들어와 개신교(Protestant Churches)의 다양한 종파들이 세운 수많은 교회의 성장으로 그리스도교 신앙의 영향이 유교(Confucianism) 전통과 민속 신앙인 무교(Shamanism)와 불교(Buddhism) 못지않게 크기 때문이다. 언어는 사회와 문화를 반영하는 거울이다라는 것을 여실히 보여주는 대목이라고 하겠다.

구관이 명관 *vs* better the devil you know

Christianity Metaphor (4) devil, like a (wo)man possessed

전지전능한 하느님이 왜 악마(devil)라는 존재를 허용하셨을까? 왜 선만 있는 세상을 만들지 악이 판치는 세상을 용인하실까? 이런 질문들은 그리스도교 신앙의 줄기 교리를 접하는 사람이라면 누구나 던지게 된다. 필자는 신학자가 아니므로 이 질문들에 깊은 수준의 대답을 할 능력이 없다. 분명한 것은 그리스도교 신앙에서 악마와 악령의 존재는 신앙과 교리의 스토리텔링(storytelling)을 구성하는 중요한 일부라는 점이다.

악마(devil)는 그리스도교 신앙에서 믿는, 이 세상에서 가장 강력한 악령(the most powerful evil spirit in Christianity)이다. 미국인들이 devil의 뜻을 은유적으로 확대하여 쓰는 표현 중 가장 흥미로우면서도 유익한 것 3가지를 알아보기로 한다.

먼저 better the devil you know (than the devil you don't)라는 표현이 있다. 이 표현은 It is better to deal with someone you already know, even if you don't really like him or her, than someone new that might be worse. (더 나쁠 수도 있는 새로운 사람보다는 별로 마음에 들지 않더라도 익숙하게 알던 사람과 일하는 것이 낫다)라는 뜻을 전달하기 위해 널리 쓰인다. 우리 말에서도 많이 쓰이는 '구관이 명관이다' 표현과 유사하다고 할 수 있겠다.

미국 영어에서는 검증이 안 된 새로 알게 된 사람보다는 다소 흠이 있더라도 자신이 잘 알던 사람과 일하는 것이 낫다는 뜻을 익숙한 악마에 적응하여 지내는 것이 예측 불허의 더 나쁜 악마를 만나는 것보다는 낫다는 식의 그리스도교 신앙이 깔린 은유 표현으로 나타나는 것을 볼 수 있다. 반면 우리 문화권에서는 탐관오리의 부패와 만행에 시달려 온 역사적 배경 때문에 같은 상황을 관리의 교체와 관련하여 은유적으로 표현한 것이 대조적이다.

어디서고 그렇지만 직장생활에서 어떤 상사(boss)를 만나는가보다 중요한 일은 없을 것이다. 평소에 흠을 많이 보던 상사가 바뀌어서 좀 나은 사람이 오려나 하고 기대했는데 실제로는 더 악랄한 사람(미국인들은 속어로 이런 사람을 jerk라고 잘 부른다)이었다면 이 표현을 써서 다음과 같이 효과적으로 말할 수 있다.

The new boss is a complete jerk! Better the devil you know!!!
I can't believe I'm missing the former boss.
새 상사는 정말 나쁜 사람이야! 이미 알고 있던 악마가 차라리 더 나아!!! 내가 전 상사를 그리워하게 되다니 믿을 수가 없네.

살다 보면 평소에 비호감이라고 생각하던 사람이라도 그의 일부 장점이나 좋은 행적 등을 인정해야 하는 경우가 생기게 마련이다. 이런 상황에서 효과적으로 쓸 수 있는 표현이 바로 give the devil his/her due이다. 이 표현은 to acknowledge the positive qualities or achievement of a person who is unpleasant or disliked(불쾌하고 마음에 들지 않는 사람이라도 긍정적인 면이나 업적을 인정하다)의 뜻으로 널리 쓰인다.

미국은 물론 한국에서도 도널드 트럼프(Donald Trump) 전 대통령을 비판적으로 생각하는 사람들이 매우 많았다. 그렇지만 그를 근본적으로는 좋아하지 않더라도 북핵 문제와 관련해서는 그의 노력과 성과를 인정하는 사람들도 많았다. 트럼프 비판자에게 이와 같은 취지의 의견을 이 표현을 써서 다음과 같이 말할 수 있을 것이다.

I know you hate Trump, but give the devil his due. He's made significant progress in dealing with the North Korea nuclear crisis.

당신이 트럼프를 싫어한다는 건 알지만, 그가 악마라도 잘한 것은 인정해 주어야 한다고 생각해요. 북한과의 핵무기 위기 상황에 대처하는 데 의미 있는 진전을 이루었으니까요.

일상에서 필요에 따라 비난과 비판을 반드시 해야 하는 경우가 있다. 크게 문제가 없어도 논쟁과 토론을 이어가기 위해서 불가피하게 그런 의견을 제기하는 상황도 있기 때문이다. 이때 유용하게 쓸 수 있는 표현이 바로 play the devil's advocate이다. 이 표현은 to pretend that you disagree with someone or something so that there will be some discussion about it(어떤 일이나 사람에게 동의하지 않는 척해서 논쟁을 이어가는 역할을 하다)의 뜻으로 미국 사회에서 매우 널리 쓰인다. 예를 들어 어느 학회에서 누군가 거의 비판할 것이 없을 정도로 매우 훌륭한 논문을 발표했는데 그래도 논쟁을 이어가는 역할을 하기 위해 다음과 같이 말할 수 있을 것이다.

Your presentation is almost perfect. But, to play the devil's advocate here, I'd like to make one minor critical comment.
그쪽이 한 발표는 거의 완벽합니다. 하지만 구태여 반대 의견을 말하는 악역을 담당한다면 한 가지 사소한 비판 의견을 드리고 싶네요.

미국 영어에서 devil은 hell과 마찬가지로 반어법으로도 잘 쓰여서 좋은 뜻을 강하게 나타내기도 한다. 예를 들어 어린이가 너무도 사랑스러울 때 그 아이를 little devil이라고 부르는 경우도 있다. 그러나 devil이라는 용어의 본래 의미 때문에 공격적인(offensive) 느낌이 든다고 싫어하는 이들도 있으므로 자기 아이에게만, 상황적으로 매우 적절할 때에만 주의를 기울여서 써야 한다.

devil 같은 악령(evil spirits)에 사로잡힌 상황을 영어에서는 동사 possess를 수동태로 써서 be possessed with an evil spirit(악령이 들다)이라고 표현한다. 그런데 흥미로운 것은 미국 영어에서 누군가가 믿기 힘들 정도로 어떤 일을 연이어 잘했을 때도 반어법으로 like a (wo)man possessed라고 흔히 말한다는 점이다. 이 표현은 특히 스포츠 분야에서 잘 쓰는데, 예를 들어 미식축구 경기에서 러닝백(running back)이 뛰어난 스피드와 돌파 능력으로 터치다운(touchdown)을 4개나 기록하는 신들린 경기력을 보여줬다면 다음과 같이 말할 수 있다.

He played like a man possessed. He scored 4 touchdowns. Unbelievable!!!
그는 신들린 사람처럼 플레이했어요. 4개의 터치다운을 성공시켰습니다. 믿기지 않네요!!!

이것은 일상의 다양한 상황에서 무엇인가에 노력을 집중했을 때도 널리 쓸 수 있는 매우 유용한 표현이다. 대학생이 열정과 노력을 쏟아 열심히 공부해서 all A⁺를 받았다면 다음과 같이 자랑스럽게 스스로를 칭찬할 수 있을 것이다.

This semester, I studied like a woman possessed and got all A⁺s in all the courses I took.
이번 학기에 신들린 사람처럼 열심히 공부했더니 내가 들은 모든 과목에서 A⁺ 학점을 받았어.

이와 유사한 우리말 표현으로 '신들렸다'는 말을 떠올리게 된다. 이 표현은 무교 신앙(Shamanism)의 영향에서 유래한 것으로 보인다. 굿을 하던 무당이 어느 순간 정말 '신들린 것처럼' 표정과 목소리, 태도 등이 바뀔 때를 뜻하는 표현인데, 이 뜻이 은유적으로 확장되어 어떤 이가 대단한 일을 해냈을 때도 '신들린 듯이 ~했다'고 말하는 것이다. 예를 들어 축구(soccer) 경기 중 골키퍼가 거의 골이 들어갈 뻔한 슛을 연속적으로 막아냈을 때 '신들린 방어'라고 말하는 경우를 들 수 있다.

여기서 우리는 언어문화의 보편성과 다양성을 동시에 관찰할 수 있다. 미국 영어 문화권과 우리 문화권에서 모두 믿기 힘들 정도로 어떤 일을 연이어 잘했을 때의 상황을 신이나 악령 같은 영적인 존재에 정신을 뺏긴 무아의 경지로 표현하는 보편성을 보게 된다. 그러나 미국 영어 문화권에서는 그리스도교 영향으로 그것을 like a (wo)man possessed라고 표현하는 반면, 우리 문화권에서는 같은 상황을 무교(Shamanism) 역사의 영향으로 '신들린 듯이'라고 표현하는 대조적인 다양성도 동시에 보게 된다. 언어가 문화와 역사의 거울이라는 사실을 잘 보여주는 또 다른 예라고 할 수 있다.

두 손 모아 *vs* cross one's fingers

Christianity Metaphor (5) cross one's fingers, prayer, ghost, soul

그리스도교 신자들은 전지전능한 하느님이 이 세상 모든 일을 주관한다고 굳게 믿기에 모든 일에 그분의 은총과 도움을 구하는 기도를 드린다. 특히 중요한 일을 앞두고서는 더욱 간절한 마음으로 기도하게 된다. 미국 사람들은 중요한 일을 앞두고 간절히 기도하는 마음을 cross one's fingers라고 표현한다. 가령 취업 면접(job interview)을 한 후 연락이 오기를 간절히 기도하는 마음을 다음과 같이 표현할 수 있다.

A: Have you heard from the company you applied to?

　지원한 회사로부터 소식을 들었나요?

B: Not yet. I'm still waiting with my fingers crossed.

　아뇨, 아직. 손가락을 십자가로 만들어서 기도하며 기다리고 있어요.

예문에서 with my fingers crossed는 하느님께 기도하는 모습을 묘사한 것으로, 중지와 검지를 교차해 십자가 모양을 만드는 제스처를 의미하며, 간절한 소망의 뜻을 전한다. 우리말에서는 간절히 기도하는 마음을 '두 손을 모아서'라는 식으로 표현하는 반면, 미국 영어에서는 cross one's fingers라고 말하는 차이가 흥미롭다. 이 표현은 친한 사람들에게 중요한 일을 앞두고 있으니 기도해 달라고 할 때도 널리 쓴다. 예를 들어 친한 친구에게 내일 중요한 시험이 있으니 나를 위해서 기도해 달라고 다음과 같이 말할 수 있다.

I have a very important test tomorrow. Cross your fingers for me!
나 내일 매우 중요한 시험이 있어. 손가락을 십자가로 만들어서 나를 위해 기도해 줘!

미국 영어에서 '기도'를 뜻하는 prayer가 들어가서 많이 쓰이는 표현으로 not have a prayer가 있다. 직역하면 '기도가 하나도 없다'인데 to have no chance of succeeding(성공할 가능성이 전혀 없다)이라는 의미이다. 그리스도교 신앙인들은 인간이 최선의 노력을 다하고 난 후 그 일이 되게 해달라는 기도의 힘이 모였을 때 하느님께서 도와주신다고 믿기 때문에 남을 위해 기도하는 마음을 소중하게 생각한다. 이 깊은 믿음의 배경 때문에 미국 영어에서는 not have a prayer 즉 '(남으로부터) 기도를 전혀 얻지 못하다'라는 말이 전혀 성공할 가능성이 없다는 뜻으로 은유 확대된 듯하다. 예를 들어 어느 스포츠팀이 이번 시즌에 우승은커녕 밑바닥 성적을 면할 길이 없는 상황이라면 다음과 같이 말할 수 있다.

This team **has no prayer of winning** the championship this season.
이 팀은 이번 시즌에 우승할 가능성이 전혀 없어요.

어떤 일이 생길 가능성이 전혀 없다는 뜻을 명사 ghost를 이용하여 not have a ghost of a chance라고도 나타낸다. 위의 문장을 이 표현을 써서 다음과 같이 말할 수 있다.

This team **doesn't have a ghost of a chance of winning** the championship this season.
이 팀은 이번 시즌에 우승할 가능성이 전혀 없어요.

ghost는 the spirit of a dead person, 즉 유령이라는 뜻이다. 의식의 저변에 그리스도교 신앙이 짙게 깔린 미국 사람들은 인간의 육체는 죽더라도 그 영혼이 남아서 유령이 된다고 믿는다. 어떤 존재든지 유령조차 될 수 없다면 일말의 정신적 영향력도 완전히 상실한 상태라고 믿기에 이런 은유 표현을 쓰게 된 것 같다.
또 한 예로 회사의 경쟁력이 너무 떨어져서 중요한 사업 수주를 할 확률이 거의 없을 때 이 표현을 써서 다음과 같이 말할 수 있다.

There's **not a ghost of a chance** that this company will get this
deal done.
이 회사가 이 계약을 따낼 가능성이 전혀 없어요.

그리스도교 신앙을 비롯한 모든 종교의 근간은 인간이 육체뿐 아니
라 영혼(soul)을 가진 존재라는 믿음을 기반으로 하고 있다. soul은 영
영사전에 the part of a person that is not physical and contains their
thoughts, feelings, character, etc. that many people believe continues
to exist even after they die(육체적인 것이 아니라 생각, 감정, 인성을 구성하는 부
분으로 많은 사람이 죽은 후에도 계속 존재한다고 믿는 인간의 부분)라고 정의되어
있다. 결국, 영혼이란 특정 종교와 상관없이 인간의 육체적 존재는
죽더라도 그 사람의 생각, 감정, 인성의 심연이 영적으로 남은 부분
이라고 볼 수 있다. 그래서 soul은 흔히 한 사람의 가장 깊은 생각과
감정이 담겨 있는 깊은 곳을 뜻한다.
미국 영어에서는 개인이나 단체가 외부 환경과 조건의 변화에 좌지
우지되어 정체성을 지키지 못하고 눈앞의 이익이나 유혹에 따라 쉽
게 변하는 가벼운 존재임을 묘사할 때 have no soul이라고 한다. 예를
들어 어느 스포츠팀이 아무리 경기에서 지더라도 승부 근성이 있고
뭔가 특유의 정체성을 지킨다면 soul이 있는 팀이지만 그런 변하지

않는 일관된 영혼 같은 특성이 전혀 없다면 다음과 같이 혹평을 받게 된다.

This team has no identity, no soul. They are going nowhere.
이 팀은 정체성도 없고 영혼도 없어요. 그들은 제자리걸음만 할 거라고요.

결국 개인이든 단체든 겉으로 드러나는 특성 이외에도 변하지 않는 심연 속에 생생한 영혼을 갖추고 있어야만 고유의 정체성을 지키고 굳건히 설 수 있다고 할 것이다.

이와 관련해 heart and soul이라는 표현이 있다. 어떤 개인이 자기가 속한 단체의 외적 이미지를 대표할 뿐만 아니라 영혼 같은 변하지 않는 성격을 보여 주는 가장 중요한 존재라고 주장하고 싶을 때 이 표현을 잘 쓴다. 어느 스포츠팀에서 가장 뛰어난 활약을 하는 스타 플레이어(star player)이면서 동시에 상징적으로도 그 팀의 정체성을 가장 잘 드러내는 선수를 다음과 같이 묘사할 수 있다.

He is the heart and soul of our team.
그는 우리 팀의 심장이자 영혼입니다.

철학자 하이데거는 '언어는 존재의 집'이라는 유명한 말을 남겼다. 이 말은 우리가 어떤 사람을 이해하려면 그의 집에 가 보면 가장 잘 알 수 있듯이 우리 존재의 정체성을 가장 잘 드러내는 것이 바로 언어임을 강조한 말이다.

이번 장에서 우리는 미국 영어에서 그리스도교 신앙이 깔린 은유 확대 표현들이 널리 쓰인다는 것을 살펴보았다. 미국 사람들이 습관적으로 하느님(God)을 찾고 좋은 일이 생겼을 때 그것을 하느님의 은총(blessing)이라고 하는 것이 일상 표현이 되었음을 보았다. 진심으로 하느님의 존재를 인정하고 믿는 사람이 아니라면 감히 그런 표현을 쓰지 않을 것이다. 그들은 바로 이 표현들을 습관적으로 쓰면서 자신의 그리스도교 신앙인으로서의 정체성을 드러내며 살고 있는 것이다. 이 사실은 미국인들의 마음속 저변에 그리스도교 신앙이 깊게 뿌리내려 있다는 것을 반증한다.

물론 미국 땅에는 비 그리스도교인도 많다. 흥미로운 것은 그리스도교를 믿지 않는 사람들도 이것들이 자신의 언어공동체에서 널리 쓰여 굳어진 표현이므로 자신의 사고와 믿음 체계에 영향을 준다는 것을 인지하지 못한 채 일상적으로 쓰며 사고와 가치관에 영향을 받는다는 점이다. 결국, 미국 영어를 매일 쓰는 미국이라는 언어문화권에 사는 모든 사람은 그리스도교의 영향에서 자유로울 수 없다. 무의식적으로 "Oh, my God!"이라 외치고 기쁜 일이 생기면 "I feel blessed." 같은 표현을 매일 쓰는 사이 하느님의 존재를 느끼게 되고, 하느님이 전지전능한 신으로서 우리 인간의 삶에 은총과 저주를 줄 수 있다는 생각을 어느 순간 조금이라도 의식적으로 하게 되므로 영향을 받는 것이다. 인간은 각자 독립된 개인이기도 하지만, 공동체의 지배적인 언어문화의 영향을 받으며 사는 존재이기도 하다는 것을 확인하게 된다.

제 2 장
물질주의와 자본주의(Money Metaphor)

1장에서 살펴본 바와 같이, 그리스도교 신앙(Christianity)이 미국인들의 삶의 방향과 모습을 이끈 정신적 지주였다면 미국 사회의 구조와 모습을 결정한 것은 물질주의 가치관과 자본주의 체제였다.

흥미로운 것은 이 두 개의 정신적 지주가 서로 긴밀히 연결되어 있다는 점이다. 미국 정신의 기초는 미국 역사 초기 이주민들의 청교도 정신이었다. 그들이 신대륙으로 용기를 내어 이주한 동기는 종교적 자유를 얻기 위해서뿐만 아니라 그 땅 위에 부를 쌓고 윤택한 삶을 추구하기 위해서였다. 그들은 부의 축적을 죄악시하는 가톨릭 전통을 거부하고 물질적 성공을 신의 은총으로 생각했다. 그들에게 물질적 부는 결코 세속적인 것이 아니라 오히려 신성한 것이었다. 인간이 근면과 노력으로 쌓은 부로 이웃 사랑을 실천할 수 있는 것을 신의 축복이자 의무라고 생각했고, 부를 획득하기 위해 정당한 방법으로 열심히 일할 것을 강조했다. 따라서 근면과 노력이 수반되지 않는 부당한 방식으로 부를 축적하는 것은 신에 대한 모독이라고 생각하며 배척했다. 근면하고 정직하게 획득한 부만이 신의 진정한 은총이라고 생각한 것이다. 이것이 바로 청교도 정신의 정체성이 되었다.

청교도 정신은 이민자의 나라 미국의 정신적 뿌리가 되었다. 세계 곳곳에서 많은 사람들이 이른바 아메리칸 드림(American dream)을 성취하기 위해 미국으로 몰려들었다. 정치적 이유나 기회균등에 대한 갈망 때문에 자유로운 꿈의 추구가 가능한 미국 땅으로 온 사람들도 있지만, 이민자들의 대부분은 물질적으로 풍요로운 삶에 대한 동경 때문에 이주를 택했다. 자신의 농토를 소유하고, 거대하고 아름다운 주택을 짓고, 편리한 자동차를 타고 다니며 여유롭고 풍요롭게 살고 싶은 욕구가 그들을 미국으로 이끌었던 것이다.

미국인들 대부분이 아메리칸 드림의 목표가 물질적으로 성취하는 것이고 그것이 결코 속되지 않다고 생각한다. 물론 이런 면이 정신적인 가치를 중시하는 다른 문화권 사람들의 기준에서 보면 속물처럼 보일 수 있다. 그러나 미국 사회에서는 사람들의 평가가 물질적 부의 양과 질에 따라 달라지며, 특히 자수성가하여 부를 쌓은 사람들이 존경을 받는 것이 엄연한 현실이다. 이렇듯 그들은 주로 물질적인 잣대로 사람을 평가하는, 물질주의 가치관이 지배적인 삶을 살고 있다.

미국 사회는 초기 역사부터 물질주의의 욕망을 실현할 수 있는 자본주의 체제를 갖추게 되었으며 자본주의 역사의 깊이가 일상의 삶과 사고방식을 지배하여 왔다. 물질주의적 가치관과 자본주의적 색채는 그들의 일상 언어에 그대로 녹아 있다. 따라서 미국 영어에서는 많은 현상을 돈과 관련된 표현으로 나타내는 은유 확대 표현들을 널리 발견하게 된다.

돈을 나타내는 다양한 표현들

Money Metaphor (1) bucks, cash, credit

미국 영어에서는 돈을 나타내는 표현들이 매우 다양하게 발달하여, 돈의 은유(money metaphor) 표현들이 일상 회화 상황에서 널리 쓰인다.

유학 생활 중 어느 날 한 친구의 가방이 좋아 보여서 가격을 물어보았더니 그는 다음과 같이 대답했다.

A : Your bag looks nice. How much did you pay?

　가방이 멋져 보이네. 얼마에 샀어?

B : About 50 bucks.

　한 50 벅스 정도.

처음 들어본 표현이라서 생소하기는 했지만 대화의 맥락(context)이 너무도 명백하므로 bucks가 dollars 대신에 구체적인 가격을 말하는 데 쓰인 것임을 바로 알아차리고 이해할 수 있었다. 여기서 주의할 점은 bucks는 친근한 사이나 비공식적인 장소에서만 써야지 의례적이고 점잖은 자리에서 쓰면 안 된다는 것이다. 예를 들어 어떤 공식 회의에서 발표를 하면서 다음과 같이 말하면 부적절할 것이다.

The company paid $45,000 bucks for utilities last month.
회사가 지난달에 공공요금으로 4만 5천 벅스를 지불했습니다.

언어를 습득하는 데는 어떤 표현이 의례적인 상황(formal context)에서 쓰이는지 아니면 비의례적인 상황(informal context)에서만 쓸 수 있는 속어(slang)인지를 아는 화용론적(pragmatic) 지식이 매우 중요하다.
원래 buck이라는 명사는 사슴과의 동물을 뜻한다. 동물을 뜻하는 단어가 어떻게 돈을 나타내는 표현이 되었을까? 여기에는 한 가지 흥미로운 역사적 사실이 깔려 있다.
18세기 초 미국 식민 시대에 국경 지대에서 이 동물의 표피 무역이 성행했었는데 사냥꾼들이 대량의 buckskin을 거래하면서 그 거래 건수가 곧 돈이라는 개념이 발달하기 시작했다고 한다. 그 이후에는 buckskin 무역이 쇠퇴했지만 그 당시에 생긴 'buckskin의 수가 곧 돈'이라는 전통이 강하게 남아서 현대에까지도 bucks가 돈을 뜻하는 속어 표현으로 남게 되었다는 것이다.

cash는 아마도 미국 영어에서 돈을 뜻하는 단어로 money 이상으로 많이 쓰이는 표현일 것이다. 대부분의 영한사전에서는 cash의 뜻을 '현금'이라고 소개하고 있다. 이 cash가 들어간 돈의 은유 표현으로 반드시 알아야 할 것은 cash in이다.

이 표현은 미국의 도박 문화에서 파생되었다. 카지노(casino)에 가서 테이블 게임(black jack이나 baccarat 등)을 하려면 현금을 그 casino에서만 통용되는 칩(chip)으로 바꿔야 한다. 그 이후 게임을 마치고 언제든지 캐시어(cashier)에게 가서 자기가 가지고 있는 chip을 현금으로 바꿀 수 있다. 이때 cashier에게 chip들을 내어 주면서 다음과 같이 말해야 한다.

I would like to cash in these chips, please.
이 칩을 현금으로 바꿔 주세요.

본래 카지노에서 노름을 해서 딴 chip들을 현금화한다는 뜻을 나타내던 cash in이 일상의 다른 상황에서도 어떤 좋은 기회에 이득을 본다는 뜻으로 의미가 확장되어 널리 쓰이게 되었다. 특히 농구 경기 등과 같은 스포츠 경기에서 상대 수비의 실책으로 결정적인 속공 기회(fast-break chance)를 얻게 되었을 때 흔히 다음과 같이 말한다.

You've got to cash in on such a fast-break chance.
그런 속공 기회에는 득점을 해야만 한다.

앞의 예에서 우리는 스포츠 경기 중 상대방의 실수로 쉽게 득점할 수 있게 된 기회(chance)를 쉽게 돈을 벌 수 있는 상황으로 은유하고 있음을 보게 된다.

좀 더 의례적인 상황에서는 cash in 대신에 거의 같은 뜻으로 capitalize on이 널리 쓰인다. 예를 들어 회사에서 회의 중에 환율이 유난히 유리한 시기를 놓치지 말고 사업의 이득을 챙겨야 한다고 다음과 같이 말할 수 있을 것이다.

We have to **capitalize on** this unusually favorable exchange rate situation. The U.S. dollar is too strong.
이렇게 대단히 유리한 환율 상황을 **활용해야만** 합니다. 미국 달러가 너무 강세입니다.

credit은 본래 은행 계좌나 신용카드 계좌에 넣어 두는 돈을 뜻한다. 미국 영어에서는 이 뜻이 의미 확장되어 다른 사람의 인정이나 칭찬(approval or praise)을 뜻하는 돈의 은유 표현으로 많이 쓰인다. 특히 관용적으로 굳어져서 흔히 쓰이는 표현이 'give ~ credit for...'이다. 예를 들어 뛰어난 리더십(leadership)을 발휘하여 회사를 발전시킨 상사를 다음과 같이 칭찬할 수 있을 것이다.

We should give him a lot of credit for what he has done for our company. I admire his leadership and work ethic.

우리 회사를 위해서 그가 해 온 일에 대해서 그를 높이 평가해야 합니다. 저는 그의 리더십과 근로 윤리 의식을 존경합니다.

그런데 왜 미국 영어에는 이처럼 돈 관련해 의미가 확장된 표현들이 발달했을까? 미국 문화권에는 물질주의 가치관이 지배적이고, 오랜 자본주의 체제 전통 속에서 누군가로부터 금전상의 신용을 인정받아 돈을 받는 것이 자신의 존재와 역할을 인정받고 칭찬받는 것과 마찬가지였기 때문이었을 것이다. 언어는 이렇듯 그 사회와 문화권의 역사와 가치관을 그대로 반영하는 존재이다. 거꾸로 언어는 그 사용자들의 의식과 가치관에 영향을 끼쳐 종국에 가서는 그 사회·문화의 모습과 역사의 흐름에 영향을 끼친다. 미국인들은 매일 앞에서 설명한 물질주의 가치관과 자본주의 정신의 기조가 깔린 은유 표현들을 무의식적으로 쓰면서 자신도 모르게 물질주의 가치관과 자본주의 정신에 더욱 물들어가고 있는 것이다.

My two cents is that ~ – 제 소견은

Money Metaphor (2) two cents

미국 사람들이 자기 문화의 자본주의적 색채와 특성이 반영되어 있다는 걸 인지하지 못한 채 일상에서 습관적으로 널리 쓰는 대표적인 표현이 바로 two cents이다. 일상 대화에서 자신의 의견을 겸손하게 나타내기 위해 다음과 같이 즐겨 쓴다.

My two cents is that we have to be more aggressive in this deal.
제 소견은 이 계약에서 우리가 더 적극적이어야 한다는 것입니다.

여기서 two cents를 직역해서 "저의 2센트는…"이라고 하면 매우 어색해진다. 화자 자신의 의견의 가치를 돈에 견주어 나타낸 미국 언어 문화권 고유의 은유 표현이기 때문이다.

앞서 언급한 레이코프와 존슨(Lakoff & Johnson)에 따르면 은유란 이해하기 힘든 추상적인 목표 영역(target domain)을 화자들이 자신이 속한 문화권 속에서 구체적이고 익숙한 근원 영역(source domain)으로 비유하여 이해하는 것이다. 의견의 가치를 돈의 가치에 빗대어 표현하고 있는데, 한마디로 OPINION is MONEY라고 공식화할 수 있다. 의견이나 생각의 가치를 돈의 가치에 은유한 것은 그들의 사고방식 저변에 자본주의적 사고와 물질주의 가치관이 얼마나 강하게 깔려 있는지 잘 드러내고 있다.

two cents 표현은 다음과 같은 문법 형식을 활용하여 관용적으로 쓰이므로 잘 익혀두고 활용해야 한다.

A: What do you think we have to do to solve this problem?

　우리가 이 문제를 해결하기 위해서 무엇을 해야 할까요?

B: Here's my two cents.

　제 소견을 말씀드리죠.

A: Any ideas or suggestions?

　어떤 생각이나 제안 있습니까?

B: I would like to throw in my two cents into this matter.

　이 문제와 관련하여 제 소견을 밝히고 싶습니다.

그런데 왜 하필 미국인들은 자기 의견을 겸손하게 표현하는 데 two quarters 혹은 two dollars 대신에 two cents 표현을 썼을까? two quarters 혹은 two dollars는 어느 정도의 금전적 가치가 있어서 일상생활에서 제법 유용하게 쓸 수 있는 반면(필자의 유학 시절인 1990년대에는 one quarter가 공중전화 기본요금이었고, two dollars로는 햄버거를 사 먹을 수 있었다), two cents는 금전적 가치가 거의 없기 때문인 듯하다. two cents 정도의 금액을 상대방에게 준다는 것은 "Well, here's my little bit of nothing, but here it is anyway(에, 여기 진짜 아무것도 아닌 게 있는데, 어쨌든 여기 있어.→ 거의 아무런 가치도 없는 것이지만 그래도 어쨌든 주고 본다)."라는 식의 태도를 전달하게 되는 것이다.

미국 역사 초기에는 편지를 부치는 데 two cents가 들었기에 거기서 유래했다는 설도 있다. 그리고 성경(마가복음 12:42-47)에서 가난한 여인이 봉헌금으로 two cents를 바친 것을 보고 예수님이 그 돈이 다른 이들에게는 하찮은 돈이지만 그녀로서는 전 재산을 기부한 숭고한 희생과 봉헌 정신의 표본이라고 칭찬한 데서 생긴 표현이라는 주장도 있다.

어느 설을 믿든, 이 표현이 자신의 의견을 겸손하게 드러내는 것으로 미국인들의 마음속 깊이 자리 잡았다는 점이 중요하다. 너무도 널리, 자주 쓰이는 표현이다 보니 정작 이 표현을 일상에서 쓰는 미국 사람들은 이것이 돈의 은유 표현이라는 생각을 미처 하지 못하고 그냥 쓴다. 우리가 "비행기 태우지 마세요!"라는 표현을 은유 표현이라는 의식 없이 자주 쓰는 것처럼 말이다.

sell-out − 상품 매진 후 느끼는 허탈감

Money Metaphor(3) buy, sell, sell-out

미국 영어에서는 돈으로 구매한다는 뜻의 동사들을 은유 확장한 표현들도 흔히 발견할 수 있다. 어떤 생각이나 아이디어를 동사 buy 또는 sell이 들어간 문장의 주어나 목적어로 쓰는 경우가 많다.

먼저, 동사 buy의 본래 뜻은 '상품이나 용역 등 금전적인 가치가 있는 것들을 돈을 지불하여 구매하다'인데, 미국 영어에서는 흔히 다음 예에서 보듯이 생각이나 의견을 동사 buy의 직접 목적어로 사용하여 '믿다(believe)'의 뜻을 나타낸다.

필자가 미국 펜실베이니아 대학교(University of Pennsylvania) 대학원에 재학 중일 때 한 세미나 강의에서 어느 미국인 학생이 교수가 설명하던 한 이론이 전혀 납득이 안 간다면서 다음과 같이 말하는 것을 들은 적이 있다.

Do people really **buy** that theory? I don't **buy** that even for a second.
사람들이 정말로 그 이론을 믿나요? 전 잠시도 못 믿겠는데요.

미국인들이 어떤 이론이나 주장을 믿느냐 안 믿느냐를 돈을 주고 사느냐 혹은 그 반대의 사지 않느냐의 구매 여부로 은유하여 표현하는 것을 명확히 보여주는 예이다.

동사 buy의 반의어인 sell도 다음과 같은 상황에서 돈의 은유로 자주 응용된다. 동사 sell은 본래 자동사로서 '상품이 잘 팔리다'의 뜻인데 이 뜻이 확대되어 '어떤 아이디어나 정책들이 사람들에게 잘 받아들여지다'라는 의미로 잘 쓰인다. 예를 들어 한국 경제처럼 대기업 중심의 구조에서 어떤 정책이 받아들여질지 의심이 간다는 취지의 회의적인 시각을 다음과 같이 표현할 수 있다.

There are doubts about whether such a policy will **sell** in a large enterprise-centered economic structure like Korean economy.
그런 정책이 한국 경제처럼 대기업 중심의 경제 구조를 가진 곳에서 받아들여질지에 대하여 회의적인 시각이 있습니다.

미국 영어에서 돈의 은유가 지배적으로 쓰인다는 사실은 동사 sell의 목적어로 특정 개인을 대상화하여 호감을 적나라하게 표현하는 데서도 확인할 수 있다. 높이 평가하거나 마음에 드는 사람을 동사 sell 을 수동형으로 변형시켜서 다음과 같이 흔히 표현한다.

A : What do you think about our new boss?

  새로 오신 우리 상사분, 어떻게 생각해?

B : I'm completely **sold on** her. She is capable, responsible, and very nice.

  난 그분 진짜 마음에 들어. 능력 있고 책임감 강하고 사람도 매우 좋아.

또 능력 있는 사람이 너무 겸손하게 처신할 때 동사 sell을 사용해 당 신의 능력을 너무 과소평가하지 말라는 뜻을 나타낼 수 있다. 그때는 "Don't sell yourself (too) short."라는 굳어진 표현을 잘 쓴다.

Don't sell yourself short. You are a very capable person!!!

자신을 헐값에 팔지 마세요(남들 앞에서 자신을 너무 과소평가하지 마세요). 당신은 매우 능력 있는 사람이라고요!!!

동사 sell을 돈의 은유 개념으로 확대해서 널리 쓰는 표현들 중 반드시 알아야 하는 특히 중요한 표현이 있다. 미국 영어에서 본래 sell out은 '상품이 다 팔리다,' 즉 '매진(賣盡)되다'라는 뜻이고 명사 sell-out은 '매진'인데, 다인종 국가인 미국 사회의 특성이 반영된 은유적 의미로 확대되어 널리 쓰인다. 즉 자신과 같은 인종과 사귀거나 결혼하지 않고 다른 인종의 사람과 인연을 맺은 사람을 뜻하는데, 일종의 배신감도 나타내는 표현이다. 특히 아래 예문처럼 흑인 같은 소수민족, 그 중에서도 백인 남성과 결혼한 흑인 여성을 이야기할 때 이 표현을 흔히 잘 쓰는 경향이 있다.

She only goes out with White boys! She's a sell-out.
그녀는 백인 남자들하고만 사귀어! 배신자라고.

자기와 같은 인종의 그녀가 다른 인종의 남성과 인연을 맺은 것을 보고 느낀 배신감을 원하던 물건이 다 팔려서 더는 살 수 없을 때의 허탈감과 실망감에 빗대어 표현한 것이다. 차별과 서러움 속에서 어렵게 사는 흑인 남자들의 입장에서는 동족인 흑인 여성들이 돈도 더 많고 사회적 지위도 더 높은 백인 남자들과 데이트하는 장면을 보게 되면 허탈감과 배신감을 느낄 법하다. 이 감정을 자본주의 체제 속 일상생활에서 흔히 느끼던, 상점에 원하던 물건이 없을 때의 허탈감에 은유한 것이다. 결국 이 은유 표현은 흔히 melting pot culture 혹은 salad bowl culture라고 일컫는 미국 사회의 다인종 특성과 자본주의적 특성을 복합적으로 드러내는 흥미로운 표현이라고 할 수 있다.

너 두고 봐 *vs* You will pay for this

Money Metaphor (4) pay off, pay for

미국 영어에서 '돈을 지불하다'는 뜻의 대표적인 동사는 pay인데, 이 동사의 뜻이 은유 확장된 표현들이 일상 회화에서 많이 쓰인다.

그 첫 번째가 pay off이다. 본래 pay off는 일시불로는 부담이 너무 커서 처음에 착수금(down payment)을 낸 후 장기간 할부하여 다 갚을 때 쓰는 표현이다. 미국 대학생들은 대부분 부모의 금전적 도움 없이 재학 중 융자(loan)를 받고, 졸업 후 취직하여 그것을 갚아 나간다. 그래서 미국 젊은이들의 일상 대화에서 다음과 같은 말을 자주 듣게 된다.

A: Why don't you move to a bigger place?
    좀 더 넓은 곳으로 이사하는 게 어때?
B: Maybe in 2 to 3 years. I still have to **pay off** my college loan.
    한 2, 3년 있다가. 아직도 대학 융자금을 갚아야 하거든.

전치사 off는 접촉 표면에서 떨어져 있는 상황을 가리킨다. off의 이 본질적 의미가 동사 pay와 어우러져서 결국 '돈을 다 내서(pay) 빚에서 벗어났다(off)'는 뜻을 갖게 된 것이다. 흥미로운 것은 pay off가 돈의 은유(money metaphor) 표현이 발달한 미국 언어문화권에서 to produce good results after long effort and suffering, 즉 '(마침내) 노력과 고생 끝에 좋은 결과를 얻다'라는 뜻으로 의미 확장되어 거의 굳어진 표현으로 널리 사용된다는 사실이다. '성실한 노동과 절약으로 마침내 모든 빚을 청산한' 것뿐 아니라 '온갖 노력과 고생으로 어떤 좋은 일이나 결과가 생긴' 상황까지 은유하는 표현으로 발전한 것이다. 구체적인 예로 미국인들은 운동을 열심히 해서 다이어트에 성공한 성취감을 pay off를 써서 흔히 다음과 같이 표현한다.

I have worked out every other day. It has really **paid off**. I've lost 10 pounds. I am now in good shape.
난 이틀마다 운동을 했어요. 그래서 정말 좋은 성과를 올렸죠. 몸무게를 10파운드나 줄였거든요. 지금 몸 상태가 아주 좋아요.

동사 pay가 들어간, 다음으로 잘 쓰이는 표현은 pay for이다. 본래 어떤 상품을 사고 난 후 값을 치를 때 전형적으로 쓰는 문형이 'pay 가격 for 상품'이다. 예를 들어 새 차를 살 때 2만 달러를 냈다면 다음과 같이 말할 것이다.

I paid $20,000 for my new car.

새 차 사느라고 2만 달러 냈어요.

그런데 이처럼 상품을 구입할 때 말고도 안 좋은 일로 돈을 내야 하는 경우도 종종 있다. 가장 흔한 예가 교통 법규나 주차 위반으로 벌금(fine)을 물어야 하는 경우이다. 미국 대도시에 가면 번화한 중심가에 주차미터기가 길 양쪽에 설치된 것을 쉽게 볼 수 있다. 도시마다 차이가 있지만 보통 25센트짜리 동전인 quarter를 한 개 넣을 때마다 15분 정도 주차할 수 있다. 하지만 주차 시간이 초과된 경우에는 시간 초과(time expired) 위반(violation)으로 벌금을 무는데, 이때 흔히 아래 문장처럼 말하게 된다.

I arrived just 5 minutes late. I had to pay $20 dollars for the violation. I hate it!

딱 5분 늦게 왔는데 위반했다고 벌금을 20달러나 내야 했어. 진짜 싫다!

조금 장황하게 주차 위반 얘기를 한 건 미국인들이 어떤 잘못을 저지른 것에 돈으로 그 잘못한 대가를 치른다는 뜻으로 pay for 표현을 자주 사용한다는 걸 지적하기 위해서였다. 그런데 흥미로운 것은 상대방이 자신을 조롱하고 창피를 준 경우에도 화난 표정으로 복수의 감정을 담아 pay for를 써서 흔히 다음과 같이 말한다는 사실이다.

You will **pay for** this.

너는 이것 때문에 대가를 치르게 될 거야.

이 예를 통해 미국 사회에서는 돈으로 많은 일이 처리되는 자본주의
문화의 영향으로 일상생활에서 흔히 겪게 되는 작은 복수의 감정도
돈의 은유(money metaphor)로 표현하고 있음을 다시 보게 된다. 우리 언
어문화권에서는 비슷한 상황에서 "너, 두고 보자!" 혹은 "다시는 널
안 볼 거야!"라는 식으로 표현할 것이다. 여기서 주목할 점이 있다.
한국어 표현의 단어와 문법 구도를 그대로 직역하여 "See you later!"
혹은 "I won't see you anymore!"라는 식으로 말하면, 아무리 험악한
표정을 짓고 무서운 목소리를 내도 그들에게는 내가 복수의 감정에
불타고 있다는 것을 전혀 전달해 줄 수 없다.

이 차이는 두 문화권의 근본적인 역사의 차이를 잘 보여주는 듯하다.
한국 사회는 역사적으로 농경 중심의 경제권에서 씨족 중심의 가족
주의 문화가 발달하여 왔기에 상대방의 잘못에 '너를 안 보겠다'는
식의 인간관계 단절을 선언하는 위협이 먹히는 환경이었던 것 같다.
한 마을에서 거의 대가족처럼 지내는 상황에서는 서로 긴밀한 협동
속에서 함께 농사일을 하게 마련이고, 그렇기에 같은 마을 공동체 일

원으로부터 따돌림과 반목을 당할 것이라는 경고는 매우 위협적으로 들렸을 것이다.

하지만 일찍부터 자본주의가 발달한 미국 사회에서는 감정을 앞세워 누구를 따돌리고 안 보겠다는 식의 접근보다는 당한 것에 대해 합리적으로 법에 호소해 돈을 받아내는 방향으로 접근하게 되었을 것이다. 미국인들의 이런 사고방식은 법에 호소하여 갈등과 분쟁을 해결하는 법치주의 전통으로 이어졌다. 그리고 근본적으로 미국인들을 이런 방향으로 이끈 저변에는 개인주의 문화가 깔려 있다는 것도 알 수 있다.

우리 사회와 달리 미국과 같이 자본주의 역사가 깊은 사회에서는 공동체 일원 간의 융화가 아니라 개인의 금전적 이익이 더욱 근본적인 가치 판단의 기준으로 작용하였을 것이고, 이런 역사적 사실이 그들의 언어 표현에도 반영된 것이다. 미국의 개인주의 문화와 법치주의 전통은 미국 문화의 가장 현저한 특징이며, 이것이 미국 영어에 그대로 녹아 있다. 앞으로 10장에서 소개할 법과 범죄 은유 표현을 통해서 이 문화적 특징들을 확인하게 될 것이다.

bottom line – 가장 중요한 것

Money Metaphor (5) count, discount, bottom line

동사 count와 discount는 돈을 계산할 때 잘 쓰는 동사이다. count의 본래 의미는 to add up or calculate, 즉 '합계를 내거나 계산하다'이다. 어떤 대상을 계산에 넣는다는 사실은 그것을 중요한 대상으로 간주한다는 의미와도 연결되는데, 미국 영어에서는 이 뜻이 '금전적 가치로 환산될 수 있다'는 식으로 돈의 은유로 확대되어 to be of importance, 즉 '중요하다'라는 뜻을 갖게 되었다.

일상 회화 상황에서 동사 count가 들어간 거의 관용적으로 굳어진 표현 중의 하나가 'What counts is ~' 구문이다. 문장을 이렇게 시작하면서 '중요한 것은 ~이다'라는 뜻을 전달하는 것이다. 구체적인 예로 대화에서 상대방이 여러 가지 요인을 열거하며 장황한 의견을 늘어놓을 때, 이 구문을 활용해서 그중 가장 중요하다고 생각하는 요인을 자신 있게 짚어 줄 수 있을 것이다.

I hear all that, but what counts after all is how much profit we can get from this investment.

다 들었는데 결국 중요한 것은 이 투자로부터 얼마나 수익을 얻을 수 있는가 라는 거겠죠.

반드시 알아두어야 할 이와 비슷한 표현으로 bottom line이 있다. 본래 bottom line이란 회계 문서의 맨 밑바닥 선을 말하는 것으로 회사나 법인의 순이익과 지출 등을 다 따지고 합해 도출한 최종 결산 합계를 가리킨다. 그 합계가 나오기까지의 숫자들은 최종 결산을 위한 과정일 뿐이고, 가장 중요한 것은 최종 결산 합계이다. 미국인들은 오랜 자본주의 전통 속에서 여러 가지 종류의 회계 문서를 익숙하게 접하여 왔고 이런 가운데 자연스럽게 bottom line의 중요성을 친숙히 이해하게 되었을 것이다.

미국 영어에서는 bottom line의 뜻이 확대되어 일상의 여러 다양한 상황에서 '가장 중요한 것'을 뜻하는, 돈의 은유 표현으로 굳어졌다. 미국인들은 일상 회화에서 '(The) bottom line is (that) ~'이라는 구문을 자주 사용하여 '가장 중요한 것은 ~이다'라는 취지를 나타낸다.

어떤 회사가 적자 상태를 벗어나지 못하고 허덕이고 있는데, 어떻게 하면 상품 판매를 촉진할 수 있을지 전략 회의를 한다고 해보자. 여러 의견이 분분하여 결론을 내리지 못하고 있을 때 사장이 나서서 '최종적으로 중요한 것은 상품 판매를 획기적으로 늘려서 이익을 보

지 못할 경우 봉급이 깎이는 고통을 감수해야 할 것이라는 점이다'
라고 경고할 수 있을 것이다.

Bottom line is that we must find a way to increase out sales ; otherwise we have to take a pay cut.
관건은 우리가 매출을 올릴 방법을 찾아야 한다는 겁니다. 그렇지 않으면 연봉 삭감을 감수해야 합니다.

다시 동사 count로 돌아가서 반의어 discount 관련 표현을 살펴보자. 영어의 부정 접두사 dis-는 형용사나 동사의 어근에 붙어 반대의 뜻을 나타낸다. count는 '계산하다' 혹은 '계산에 넣다'를 의미하는데 여기에 접두사 dis-가 붙으면 '계산에 넣지 않다'라는 의미가 된다. 그래서 discount는 to reduce a price by an amount(할인하다)의 뜻으로 굳어져 쓰이게 되었고 명사로도 자주 쓰인다.

어떤 물건의 값을 깎아 준다고 하면 구매자 입장에서는 그 물건의 본래 책정된 가치에 다소 의심을 품게 되고, 품질에 대한 불확신 속에서 구매를 하게 되는 것이 사실이다. 어떤 물건이 너무도 가치가 뛰어나다면 아무 주저 없이 정가를 다 치르고서라도 사려고 하는 구매자의 심리를 생각해 보면 '할인 구매'에 대한 이런 태도를 이해할 수 있다. 미국 영어에서는 discount 동사를 구매자가 할인 상품을 대할 때의 의심과 확신 없는 태도에 은유하여 to doubt, not accept ~ completely as true, 즉 '~(남의 의견이나 주장)을 의심하거나 전적으로는 받아들이지 않다'라는 뜻으로 자주 사용한다. 예를 들어 과장이 심하여 항상 어떤 사건이나 이슈를 부풀려서 얘기하는 사람이 있다면, 그의 말을 곧이곧대로 받아들여서는 안 된다고 다음과 같이 주의를 줄 수 있을 것이다.

You have to **discount** what he says. He exaggerates all the time.
그가 말하는 것을 다 믿으면 안 돼. 그는 항상 과장이 심해.

거짓말을 자주 하거나 과장이 심한 사람의 말을 믿을 수 없는 상황을 정가(full price)를 다 치르는 정직함에서 벗어나 값을 깎으려 하는 상황에 은유한 표현임을 확인할 수 있다.

wholesale – 대규모의

Money Metaphor (6) wholesale, shortchanged, one-penny tip

자본주의 경제 유통구조는 크게 2개의 판매망으로 이루어져 있다. 하나는 소비자에게 직접 상품을 공급하는 소매(retail) 시장이고 다른 하나는 소매에 이르기 전 대량으로 상품을 가게(store)나 업체(business)에 공급하는 도매(wholesale) 시장이다. 도매는 생산자와 소비자를 연결하는 유통망의 중간 연결 역할을 하여 상품을 소비자가 아니라 유통 중간의 가게나 업체에 공급하므로 저렴한 가격에 대규모로 이루어지는 것이 특징이다.

현대 미국 영어에서는 도매를 뜻하는 wholesale의 의미가 은유 확장되어서 '대규모의' 혹은 '상당한 양과 수의'라는 뜻을 나타내게 되었다. 그래서 미국인들은 어떤 개인이나 단체에 대규모의 변화가 필요할 때 wholesale change라는 표현을 자주 쓴다. 예를 들어 프로 스포츠팀의 성적이 좋지 않을 때 감독부터 밑의 선수까지 대규모로 갈아

치우는 일이 종종 있다. 팬들은 다음과 같이 말하며 팀을 다시 재정비해야 함을 역설할 것이다.

This team must make a wholesale change.
이 팀은 대규모의 변화가 필요합니다.

스포츠 분야뿐 아니라 일상의 다른 상황에서도 형용사 wholesale이 '대규모의' 뜻으로 쓰이는 것을 자주 관찰하게 된다. 어느 회사가 사원을 대량으로 감원하는 경우 이를 흔히 wholesale discharge[layoff] of workers라고 표현한다. 가령 한 회사가 구조 조정(restructuring)을 주요 이유로 상당수의 사원을 해고했다면 다음과 같이 보도될 것이다.

There was a wholesale discharge of workers in this company as a major part of its restructuring effort.
이 회사에서 구조조정 노력의 일환으로 대규모의 해고가 있었습니다.

눈을 소매(retail) 쪽으로 돌려보자. 우리는 어떤 물건을 구입할 때 현금을 지불한 후 잔돈(change)을 받곤 한다. 이때 계산 착오로 잔돈을 덜 받게 되면 계산원이 고의로 그러진 않았더라도 조금 불편한 기분이 들 수밖에 없다. 미국 영어에서는 '잔돈을 덜 받은(shortchanged)' 상황이 실망감의 의미로 은유 확대되어 자주 쓰인다. 예를 들어 큰 기대를 품고 어떤 공연에 갔는데 공연이 예상보다 짧게 끝나버린 데다 내용도 빈약하다고 느꼈다면 그 실망감을 이 표현을 써서 실감나게 나타낼 수 있다.

Many fans **felt shortchanged** after the show because their performance was not only shorter than expected but it was also not so spectacular as the last time.
많은 팬들은 공연이 끝난 후 공연이 예상보다 더 짧았을 뿐만 아니라 지난번 공연만큼 화려하지도 않았기 때문에 실망감을 느꼈다.

반대로 이것을 never와 같은 강한 부정어와 함께 쓰면 어떤 서비스가 흠잡을 곳 없이 최고로 만족스러웠음을 효과적으로 표현할 수 있다. 단골 식당이 있는데 갈 때마다 늘 흠잡을 데 없는 서비스를 받는다면 다음과 같이 말할 수 있을 것이다.

Whenever I go there, I **never feel shortchanged**. They are so kind and caring.
난 거기에 갈 때마다 실망하는 일이 전혀 없어. 그들은 매우 친절하고 배려심이 많거든.

이 표현 관련 얘기를 쓰다 보니 미국 생활 중에 겪은 일이 떠오른다.

정말 거스름돈을 덜 받은 듯한(feel shortchanged) 실망스러운 서비스를 받았던 경험이다.

유학 시절, 결혼기념일을 맞아 가족과 함께 필라델피아(Philadelphia)의 한 유명 일식 레스토랑에 간 적이 있었다. 그날 우리 가족을 담당한 웨이트리스(waitress)는 동남아계 여성이었는데 처음에는 매우 친절하다가 우리가 다른 손님들에 비해 비싼 음료도 안 시키고 아이 때문에 몇 가지 부탁을 더 하자 표정에 '팁(tip)도 별로 안 나올 것 같은데 성가시게 굴기만 하는 귀찮은 손님'이라는 짜증이 확연히 드러나기 시작했다. 특히 식사를 마치고 계산서(check)를 요구하자 가져다주면서 "Just to make sure. This doesn't include tips(그냥 확실히 해두는데, 팁은 포함 안 돼 있어요.)."라고 말할 때의 어투와 태도는 모욕감을 느낄 수준이었다.

필자는 도저히 화를 참을 수가 없어서 매니저(manager)를 불러 항의를 했다. 그러자 수준급 레스토랑의 매니저답게 우선 우리 가족에게 정중히 사과하고 그 웨이트리스에게 팁을 전혀 안 주기보다는 모욕감을 더 확실히 전달하기 위해 1페니(one penny)를 놓고 가도록 권유하였다.

I'm so terribly sorry to hear that. I suggest that you leave one-penny tip for her so that you send a strong message to her.

그 말씀을 들으니 정말 대단히 죄송합니다. 그녀에게 손님의 강력한 메시지를 전할 수 있게 팁 1페니를 놓고 가시는 게 어떨까 합니다.

그리고 미안함의 표시라며 우리 가족 모두에게 아이스크림을 후식으로 내주었고(물론 무료였다), 다음에 오면 쓸 수 있는 20달러짜리 상품권(voucher)도 선물로 제공했다. 매니저의 진솔한 반응에 상했던 감정이 많이 풀렸다. 같은 아시아계 사람을 낮추어 보고 폄하하는 씁쓸한 경험 직후 그 매니저의 따뜻한 마음씨와 배려 덕분에 급격히 기분이 좋아지는, 롤러코스터(roller coaster)를 탄 것과 같은 경험을 한 잊을 수 없는 날이었다. 동시에, 서비스가 엉망인 종업원에게 one-penny tip을 남기는 것이 손님으로서의 실망감을 강하게 표현하는 방법이라는 소중한 '문화 학습'을 한 날이기도 했다.

bet – 생각의 확신과 굳건한 약속

Money Metaphor (7) bet

미국 사회와 문화의 자본주의적 특성과 관련해 빼놓을 수 없는 것이 바로 도박 문화(gambling culture)이다. 미국 사람들은 도박(gambling)을 매우 즐긴다. 대표적인 도박 도시인 라스베이거스(Las Vegas)와 애틀랜틱 시티(Atlantic City)는 물론 미국 전역에 카지노(casino)가 즐비하다. 도박할 때 돈을 거는 것을 '베팅(betting)한다'고 하는데, 이 동사 bet의 본래 뜻이 은유 확장된 표현이 일상에서 널리 쓰인다.

유학 시절 초기, 언어학과 개강 파티가 있는 주에 한 미국 친구에게 파티에 올 거냐고 했더니 그 친구는 환하게 웃으면서 "You bet."이라고 대답했다.

A : Are you going to come to the party this Saturday?
　이번 주 토요일 파티에 올 거야?

B : You bet.

물론이지.

처음에 이 표현을 들었을 때는 정확히 무슨 뜻인지는 알 수 없었지만 웃으면서 강한 어조로 얘기하기에 오겠다는 말이겠거니 짐작할 수 있었다. 그 후 이 표현에 대해 이 친구에게 직접 물어서 "네가 돈을 걸 만큼 확실히 믿어도 돼."라는 뜻임을 알게 되었다.

이 돈의 은유 표현은 어디에서 기인한 것일까? 미국인들은 라스베이거스나 애틀랜틱 시티 등의 도시에 거대한 카지노 문화를 구축해 놓았다. 미국을 방문하는 외국인들은 이 카지노 문화의 대단한 규모와 경영의 치밀성에 놀라움을 금치 못한다. 필자도 예외가 아니어서 라스베이거스를 방문했을 때 거대한 규모와 현란한 시설을 갖춘 카지노들이 광활한 사막의 땅에 산재한 광경을 보고 미국 문화의 '거대성을 추구하는(Big is Beautiful)' 속성의 전형을 느낄 수 있었다. 이렇게 미국 사람들은 오랫동안 일상생활 속에서 도박, 경마, 증권 투자, 스포츠 게임 등에 돈을 거는 문화에 익숙해 왔으며, 바로 그런 이유로 어디에 돈을 건다는 것(bet)이 그것의 가치와 미래의 잠재성을 확실히 믿는다는 뜻으로 은유 발전하게 된 듯하다.

동사 buy와 유사하게 bet의 목적어로 that절을 사용하는 표현도 자주 볼 수 있는데, that절 속에 진술한 내용을 돈을 걸 정도로 확실하게 믿는다는 뜻을 나타내는 것이다.

구체적인 예를 스포츠 얘기를 통해 살펴보자. 미국에는 매년 4월 초가 되면 프로팀들이 대학을 졸업하는 미식축구 선수들을 선발하는 대학 선수 선발 제도(draft)가 있다. 이때 좋은 선수를 뽑는 것은 앞으로 팀의 미래 성적과 직결되고 미래를 위해 증권에 투자하는 것과 같은 일종의 도박이라고 할 수 있다. 이때 흔히 접하게 되는 표현이 바로 다음과 같이 동사 bet 뒤에 that절을 써서 어느 특정 선수가 앞으로 어떻게 되리라고 자신의 의견을 피력하는 문장들이다.

I **bet** that Carson Wentz will be one of the best quarterbacks in this league.

카슨 웬츠가 이 리그에서 가장 훌륭한 쿼터백 중 한 명이 될 것이라는 데 돈을 겁니다(그렇게 될 것이라고 확신합니다).

bet을 응용한 표현 중 반드시 알아두어야 할 것으로 your best bet이 있다. 이 표현은 상대방이 충고나 조언을 구할 때 '네가 취할 가장 좋은 방법은 ~하는 것이다'라는 뜻을 나타내기 위해 널리 쓰인다. 즉 어떤 상황에서 상대방이 선택할 수 있는 가장 좋은 길 혹은 방법을 도박판에서 가장 현명한 돈 걸기에 은유한 표현인 것이다. 예를 들어 여자 친구가 정말 화가 났는데 어떻게 하면 좋을지를 고민하는 친구

가 있다면 일단 진심으로 사과부터 하는 것이 좋겠다는 충고를 다음
과 같이 할 수 있을 것이다.

A : I feel lost. I really don't know what to do. She seems to be truly
    upset this time.

    어찌할 바를 모르겠어. 뭘 해야 할지 모르겠다고. 그녀가 이번엔 진짜로
    화난 것 같아.

B : Your best bet would be to sincerely apologize to her first.

    가장 좋은 방법은 우선 그녀에게 진심으로 사과하는 것일 거야.

개인의 가치를 주식(stock)과 자산(asset)에 은유

Money Metaphor (8) stock, asset, hall-mark

현대 자본주의 사회 체제에서 증권시장의 영향력은 지대하다. 자본을 투자하여 끊임없이 증식해야 그 경제체제가 유지되는 자본주의의 속성으로 볼 때 증권시장은 앞으로 '합법화된 도박장'으로서 그 영향력이 더욱 커질 것으로 전망된다.

오래전부터 증권시장에 익숙한 미국인들은 일상생활에서 어떤 것의 가치를 자신들이 투자의 대상으로 삼는 증권(stock)의 가치에 비유하여 표현하는 일이 많다.

프로 스포츠 문화가 발달한 미국 사회라 각 구단은 소속 선수들을 구단의 중요한 재산 중 일부로 여기는 경향이 두드러진다. 그래서인지 어떤 선수의 재능이나 실력을 언급할 때 그 선수의 가치를 stock에 비유하여 표현하는 일이 흔하다. 즉 '사람(의 가치)은 증권(PERSON is STOCK)'이라는 은유가 지배적으로 쓰이는 것을 볼 수 있다.

2019시즌에 미국 메이저리그(MLB)의 전통 명문 팀인 텍사스 레인저스(Texas Rangers)의 추신수 선수가 52게임 연속 출루 기록(52-game on-base streak)을 세우고 처음으로 All-star에 선정된 바 있다. 지역 신문들은 연일 추신수 선수의 활약에 찬사를 보내며 팀의 장래를 위해 그의 가치가 높을 때 트레이드(trade)를 해서 젊은 유망주 선수들을 유입해야 한다고 주장했다. 이때 추신수 선수의 가치를 증권의 가치에 은유하여 그의 주가가 상승하고 있다고 표현했다.

Shin-soo Choo has set a remarkable 52-game on-base streak. Now that his **stock** is rapidly increasing, this is a good time to trade him. We have to acquire some promising young players in return to rebuild this team.

추신수는 52게임 연속 출루 기록을 세웠습니다. 그의 주식이 가파르게 상승하고 있으므로 그를 트레이드할 좋은 시기입니다. 우리는 이 팀을 재정비하기 위해 (그를 트레이드한 대가로) 젊은 유망주 선수들을 획득해야 합니다.

여기서 우리는 사람의 가치를 주가(stock price)로 이해하는 돈의 은유 표현을 보게 된다. 우리말로 번역할 때 '주가'라는 표현을 써도 전혀 어색하지 않다는 것은 한국 언어문화권에서도 이 돈의 은유 표현이 잘 쓰인다는 사실을 보여준다. 현대 한국 사회에서도 증권시장의 영향력이 지대하고 증권을 매매하는 것이 익숙한 일상이니 전혀 놀라운 일이 아니다. 한 예로, 선거철이 되면 아래와 같은 문구를 심심찮게 볼 수 있다.

요즘 ○○당은 상한가, ××당은 하한가를 치고 있습니다.

위의 예는 정치계 양당의 정치적 지지도 변화를 주식의 가치 상승과 하락의 변화에 비유하여 표현한 것이다. 우리말에서 이런 표현이 가능하게 된 것은 그만큼 증권에 관심 있는 이들이 많아져 위와 같이 은유로 표현하면 더욱더 실감나게 이해할 것이라고 기대하기 때문이다. 이 예는 어느 언어문화권에서든지 그 구성원들이 친숙하고 익숙하게 느끼는 매일의 생활에서 오는 문화 현상이 그들의 언어생활에 얼마나 밀접한 영향을 끼치는지를 재차 확인시킨다.

한 개인의 실력이나 가치를 증권과 같은 재산에 비유하는 표현으로 미국 영어에서 널리 쓰이는 또 하나가 바로 asset이다. 미국 사회의 직업 시장(job market)에서 전형적으로 요구하는 것 중의 하나가 cover letter이다. 지원자들은 자신의 약력과 실력을 간략히 소개하는 이력서(résumé)와 함께 그 직업에 지원하게 된 동기와 배경 및 각오를 서술한 편지를 동봉하는데 이것을 cover letter라고 한다. 미국인들은 cover letter에 다음과 같은 표현을 흔히 쓴다.

I think I can be a great asset in your company.
저는 귀사에서 큰 자산이 될 수 있다고 생각합니다.

명사 asset은 회사나 단체 등이 가지고 있는 여러 종류의 자산을 통틀어 이르는 것이다. 지원자는 자신이 회사의 중요한 자산이 될 것이라고 자신감을 피력하고 있다. 즉 후보자로서 자신의 가치를 회사의 중요한 자산의 일부로 은유하면서 [PERSON is ASSET]이라는 은유 표현을 쓴 것이다.

이런 은유적 의미 때문에 asset은 어떤 사람의 능력과 가치를 평가하고 추천하는 추천서에도 자주 쓰인다. 필자도 학생들이나 후배 교수들을 위해 자주 추천서를 쓰곤 하는데, 지원하는 회사나 대학에 소중한 공헌을 할 좋은 후보라고 적극 추천하기 위해 이 표현을 애용하는 편이다. 외국 대학의 교환 학생에 지원한 학생의 추천서 마지막 부분을 흔히 다음과 같이 마무리하곤 한다.

Youngmee will be a great asset in your campus as a messenger of Korean language and culture and as a representative from the ○○ University as well.
영미는 한국어와 한국 문화의 메신저이자 ○○대학교를 대표하는 학생으로서 귀 대학의 큰 자산이 될 것입니다.

추천서에서 애용하는 표현들 중 돈의 은유와 관련하여 꼭 익혀둘 중요한 것이 또 있다. 본래 hall-mark는 금이나 은 덩어리가 진품이라는 것을 보증하는 생산지와 생산자를 표시하는 마크인데, 이 의미가 확대되어 어떤 특정 직업군에서의 뛰어남을 보증하는 마크, 즉 '중요한 자격 요건'을 갖추고 있다는 뜻을 효과적으로 전달하기 위해 널리 쓰인다. 예를 들어 후배 교수가 좋은 대학의 교수 임용에 지원한다면 필자는 다음과 같이 그 후배의 잠재력을 띄워 주곤 한다.

Elizabeth has an impressive record of publication, which is a hall-mark of a young promising scholar.
엘리자베스는 인상적인 연구 성과 기록이 있습니다. 이것은 유망한 젊은 학자의 증표입니다.

🌿🌿🌿

개인의 가치를 주식이나 자산의 일부에 은유하여 이해하는 표현이 한국과 미국 문화권 모두에서 흔한 것은 두 문화권 사람들이 공통적으로 주식 거래나 자산의 유지와 운용 등에 매우 익숙해져 있고 또 일반적으로 그런 가치들을 높이 여기기 때문이다. 하지만 주식 거래가 발달하지 않았거나 자본주의적 가치관이 지배적이지 않은 사회에서는 개인의 실력이나 가치를 주식의 가치에 은유하는 표현들이 등장하지 않을 것이다.

이는 언어가 그 사회의 역사와 문화의 흐름을 주도하는 중심 가치관을 반영하는 실체임을 보여준다. 거꾸로 그 문화권의 언어 사용자들은 이러한 중심 가치관이 반영된 표현을 일상 언어에서 쓰면서 그런 가치관을 무의식적으로 정신 속에 심게 된다. 이를 통해 한 사회의 중심 가치관은 그 문화권의 언어의 모습을 규정짓는 데 중요한 역할을 하며, 거꾸로 언어도 그 가치관 형성과 유지에 간접적인 영향을 끼친다는, 언어와 문화의 밀접성과 상호 영향성을 확인하게 된다.

제 3 장
미국의 폭력성과 공격성(Military Metaphor)

미국에서 가장 인기 있는 스포츠는 미식축구(American football)이다. 미식축구를 흔히 '전적으로 미국적인 스포츠(All-American sports)'라고 한다. 유독 미국에서 인기 폭발인 이 미식축구는 매우 격렬하고 과격한 운동이다. 선수들이 경기 중 발목이 부러지거나 무릎 인대가 찢어지는 중상을 입기도 하고 뇌진탕(concussion)으로 심각한 후유증에 시달리기도 하며 생명을 잃는 경우도 종종 있을 지경이다.

미국인들은 도대체 왜 이토록 과격한 운동을 좋아할까? 대답은 미국 역사에서 찾을 수 있다. 미국인들의 조상은 미국 동부에 정착한 이후 중서부 지역 땅을 개척하는 과정에서 원주민인 인디언들을 강제로 몰아내고 땅을 차지하기 위해 잔인한 학살의 전쟁을 벌였다. 서부 개척 시대의 본질이 바로 영토 확장을 위한 전쟁의 역사였던 것이다. 이 시대에 한 마을의 원주민 종족을 쫓아내고 땅을 차지한 후 다음 땅으로 또 쳐들어가던 모습이 마치 미식축구에서 공을 소유하고 4번의 공격 기회 때(within four downs) 10야드를 나가면 다시 공격권이 주어지는 경기 모습과 매우 흡사한 것이 주목을 끈다. 미식축구에서는 연속 공격에 성공해 상대방 진영의 끝(end zone)에 이르는 것을 touch down 이라고 부르는데, 이것은 마치 인디언 종족을 완전히 몰아내어 일정 면적의 땅을 차지한 모습 같다고 볼 수 있다.

서부 개척 시대에 인디언들과 총을 들고 싸우며 가족을 보호하고 나아가 영토 확장에 나선 개척 정신(frontier spirit)은 미국적 가치의 원형이 되었다. 이후의 역사에서도 미국인들은 군대가 그들이 말하는 악한 국가들(evil nations)을 상대로 본토를 지키는 영웅이라고 여겼다. 그러나 이것은 미국의 일방적인 자기중심적 시각일 뿐이다. 미국의 역사를 비판적으로 분석한 미국 내외의 많은 양심적인 지성인들은 미국의 야만과 폭력의 역사를 자성해야 한다는 목소리를 내어 왔다. 예를 들어 미국의 대표적인 양심 지성인이라 할 수 있는 현대 언어학계의 거두 놈 촘스키(Noam Chomsky) 교수는 미국이 패권 유지와 번영 추구를 위하여 다른 나라를 직접 침략하거나 전쟁을 유도하기도 했고, 은밀한 공작으로 외국의 독재 정권을 지원하고 예속하여 자신들의 정치 경제적 이득을 극대화하는 야비한 짓을 벌이는 깡패 국가(rogue state)라고 신랄하게 비판해 왔다.

이런 비판의 목소리에도 불구하고 미국이 세계 최강의 군대를 유지하며 끊임없이 전쟁을 일으키고 이를 통해 자본의 주도권을 유지하며 시장을 확대하는 패권 추구로 제국을 형성해 왔다는 것은 엄연한 현실이다. 서부 개척 시대 이래 잔인한 폭력과 전쟁의 역사를 민주주의 수호라는 명목으로 묘하게 미화했지만 결국은 자신들의 번영과 풍요를 지속하기 위한 위장일 뿐이었다.

김동춘 교수는 저서 『미국의 엔진, 전쟁과 시장(2004)』에서 미국을 자동차에 은유하여 미국을 움직이는 엔진이 전쟁과 시장이라고 말한 바 있다. 미국은 건국 이래 번영과 풍요를 지속시키기 위해 이웃의 시장과 자원을 엿보기 시작했으며, 정치가들은 자국 기업가들의 해외시장 개척을 지원하기 위해 군대의 주둔, 은밀한 공작, '더러운 전쟁'을 감행했고, 그것을 문명, 반공, 자유, 민주주의의 이름으로 그럴듯하게 포장해 왔다는 지적과 비판이 이 책의 핵심 주장이다. 따라서 전쟁과 전쟁 준비를 위한 군수산업이야말로 미국을 이해하는 데 가장 중요한 코드라고 저자는 설파하고 있다. 이 엄연한 역사적 사실과 특징 때문에 미국인들에게 폭력과 전쟁은 매우 익숙한 것이며, 그들이 가장 사랑하는 운동 경기인 미식축구에 그 폭력성과 공격성을 자연스럽게 그대로 구현하여 즐기는 문화를 가꾸어 온 것이다.

미식축구 담화에 드러나는 폭력성과 공격성

Military Metaphor (1) American football, pull the trigger

언어는 문화의 거울이다. 이 말처럼 미국의 폭력성과 공격성은 미식축구 담화(American football talk)에 그대로 녹아 있다.

첫째, 미국인들은 미식축구 경기 자체를 전쟁으로 인식하고 은유한다. 이는 전체 팀을 군대(troop)로 은유하여 부르고 선수들을 병사로 은유하는 데서 적나라하게 드러난다. 경기 후 인터뷰 때 감독들은 자기 팀을 사령관인 자신이 이끄는 군대로 부르고, 끝까지 싸워서 승리한 선수들을 흔히 다음과 같이 칭찬하곤 한다.

My team is a fierce **troop**. No one quit. We **fought** together to the end. These are the guys I want to **go to war** with every Sunday.
내 팀은 용맹한 군대입니다. 아무도 포기하지 않았죠. 우리는 끝까지 함께 싸웠습니다. 이들은 매주 일요일에 같이 전쟁에 나서고 싶은 사람들입니다.

둘째, 미식축구 경기 용어 자체가 전쟁 용어 그대로이다. 미식축구 경기에서 러닝백(running back)이 공을 들고 적진을 뚫고 전진하는 것을 ground attack이라고 하며 쿼터백(quarterback)이 와이드 리시버(wide receiver)에게 공중으로 공을 던져 전진하는 것을 air attack이라고 부른다. 특히 30야드 이상 날아가는 긴 패스에 성공했을 때 이것을 bomb이라고 표현한다.

Carson Wentz threw a 50-yard bomb for a touchdown. That was a dazzling play!!!
카슨 웬츠가 50야드 폭탄 같은 터치다운 패스를 던졌습니다. 눈부신 플레이였습니다!!!

수비 쪽에서도 전쟁 용어를 그대로 쓰기도 한다. 상대방 쿼터백을 아무런 저항이나 저지 없이 날쌔게 돌진하여 태클로 넘어뜨리는 것을 blitz라고 하는데, 이것은 원래 2차 대전 때 독일 공군이 영국 상공을 갑자기 공습하는 것을 묘사하던 말이었다.

As a quarterback, you should be able to see whether a blitz is coming.
너는 쿼터백으로서 공습이 올지 안 올지를 볼 수 있어야 해.

셋째, 무기 은유 표현이 많이 발견된다는 점이다. 여기서는 우선 가장 기본적인 무기인 총과 관련된 은유 표현을 알아보기로 한다.

공격을 주도하는 쿼터백이 가로채기(intercept)를 당할까 두려워서 패스하기를 주저하는 걸 gun-shy라고 한다. 이것은 목표물을 바로 앞에 두고 방아쇠를 당길까 말까 망설이는 사수의 모습을 그대로 비유한 표현이라고 볼 수 있다.

He was **gun-shy** throughout the game. I think he lost confidence.
그는 게임 내내 패스하기를 주저했어요. 자신감을 잃었던 것 같아요.

'방아쇠를 당기다'를 pull the trigger라고 하는데 이 표현은 미식축구 담화뿐만 아니라 일상의 다른 상황에서도 널리 쓰인다. 예를 들어 회사의 미래에 결정적인 영향을 끼칠 중요한 계약을 앞두고 지나친 신중함 때문에 결단을 못 내리는 사장의 우유부단함을 위의 두 표현을 모두 활용하여 다음과 같이 비판적으로 지적할 수 있다.

The boss shouldn't be **gun-shy** in this deal. If she doesn't **pull the trigger**, we might not have another chance.
사장님은 이 계약에서 주저해서는 안 돼요. 그분이 방아쇠를 당기지 않는다면 우리에겐 또 다른 기회가 없을 수도 있다고요.

총기 문화와 총 관련 은유 표현들

Military Metaphor (2) trigger, take a shot, shotgun wedding

미국은 총기 소유가 자유롭게 허용되는 나라이다. 미국인들에게는 총을 가지고 다니는 것이 차를 운전하고 다니는 것만큼 너무도 익숙한 일상 문화의 일부이다. 서부 개척 시대 이래 그들에게는 개인이 총을 소유하고 무장하는 것이 매우 중요한 기본 권리 중의 하나라는 인식이 뿌리깊게 깔려 있다. 그래서 끔찍한 총기 사고로 무고한 희생자들이 연이어 나오는 현실 속에서도 총기 소유와 사용의 권리를 쉽게 포기하지 않고 있다. 미국의 군산복합체와 총기 판매업자들의 강력한 로비가 끊임없이 있기에 총기 소유와 사용을 실질적으로 규제하기 위한 법안 통과가 이루어지지 않는 것도 중요한 요인이다.

미국 사람들은 총과 관련된 표현을 은유적으로 확대하여 많이 쓴다. 가장 먼저 '총의 방아쇠를 당기다'의 동사 trigger를 '~을 유발하다, ~을 야기하다'의 뜻으로 많이 쓴다. 특히 어떤 일이 다른 일을 일으키는, 방아쇠를 당기는 역할을 했을 때(우리말 '촉발하다'의 문맥 상황과 비슷함) 이 동사를 자주 쓴다. 즉 연속된 역사적 사건이 원인과 결과의 의미적 관계로 분석될 때 원인 사건을 주어로 놓고 이 동사를 써서 야기된 결과를 묘사하는 데 전형적으로 쓴다.

우리 현대사에서 1980년 광주 민주 항쟁의 직접적 원인을 분석하는 글을 영문으로 쓴다면, 평화적 시위를 군대가 잔인하게 유혈 진압한 것이 그 항쟁을 촉발했다는 취지로 다음과 같이 쓸 수 있을 것이다.

The brutal and bloody repression of peaceful demonstration by the military **triggered** the uprising in Gwangju.

군대가 평화적 시위를 야만적으로 유혈 진압한 것이 광주에서의 항쟁을 촉발했다.

3장의 첫 글에서 살펴본 바와 같이 '방아쇠를 당기다'를 pull the trigger라고 하는데, 의미가 확대되어 '중요한 결정을 앞두고 과감한 결단성을 보이다'라는 뜻으로 널리 쓰인다.

그런데 총을 쏘는 행위 자체를 묘사할 때는 동사 shoot을 쓰거나 take a shot을 잘 쓴다. 특히 후자는 총을 쏘는 모습과 의도의 의미가 은유 확대되어 '스포츠 경기에서 득점을 올리기 위해 슛을 쏘다' 혹은 '사진을 찍다' 등의 뜻으로도 많이 쓰이며, 특히 이전에 해보지 않았던 것을 '시도해 보다'라는 뜻으로도 잘 쓰인다.

I have never done acting before, but I will take a shot at it (I will give it a shot).

전에 연기를 해본 적이 없지만 한번 시도해 볼게요.

여기서 흥미로운 것은 'take a shot at ~'에서 전치사 at 뒤에 어떤 '행위적 시도'가 아니라 '사람'이 오는 경우, 그 사람을 공격적인 질문이나 신랄한 비판으로 곤경에 빠지게 하는 상황을 묘사한다는 점이다. 말로 상대방을 공격하는 것을 마치 그 사람을 정면 조준하여 총을 쏘는 상황인 것처럼 비유한 것이다.

I felt so offensive about his comment. He took a shot at me.

나는 그의 발언에 매우 불쾌하게 느꼈어요. 그는 나를 저격했어요.

미국 영어에서 총을 쏘는 상황이 은유적으로 확대된 표현으로 반드시 익혀 두어야 할 것이 또 있다. 쉽게 접하게 되는 속어(slang) 표현 중 하나로 shoot oneself in the leg가 있는데 직역하면 '자기 다리에 총을 쏘다'이다. 미국 사람들은 이 뜻을 의미 확대하여 일반적으로 '자기 자신에게 손해가 되는 짓을 하다'라는 뜻으로 잘 쓴다. 특히 지나치게 고집을 피우다가 결국 손해를 보는 어리석은 상대방에게 경고성 발언을 할 때 효과적으로 쓸 수 있다.

Don't be so stupid. Don't shoot yourself in the leg.
그렇게 어리석게 행동하지 마. 자기 파괴적 행위를 하지 말라고.

미국인들이 사용하는 총기의 종류는 무척 다양하다. 권총 종류도 많지만, 서부 개척 시대부터 어깨에 대고 쏘는 장총을 애용해 왔다. 이를 shotgun이라고 부른다. 앞서 알아본 것처럼 무기·군사 용어 자체를 그대로 미식축구(American football) 경기 용어들로 쓰는 경우가 많은데 shotgun도 그 중요한 예 중 하나이다.

미식축구에서 공을 소유한 공격팀의 쿼터백(quarterback)이 센터(center) 바로 뒤에 서서 다리 사이로 손을 넣어서 공을 전달받지(direct snap) 않고 센터로부터 2~3미터 정도 떨어져 서서 센터가 공을 자기 다리 사이로 밑으로 던져주면 받을 수도 있다. 이 방식이 마치 서서 장총을 쏘는 모습과 닮았다고 해서 shotgun formation이라고 한다. 센터로부터 공을 전달받아 선 상태에서 패스할 곳을 노려보다가 적절한 곳으로 공을 재빨리 던지는 플레이가 마치 서서 인디언들을 향해 장총을 쏘는 모습과 유사한 데서 착안한 표현이라고 할 것이다.

흥미로운 것은 미국인들이 이 표현을 특별한 결혼식(wedding)을 묘사하는 데도 쓴다는 사실이다. shotgun wedding은 우리 문화권에서는 흔히 '속도위반'이라고 하는 결혼을 묘사한다. 즉 결혼 전에 아기를 갖게 돼서 서둘러 결혼을 하게 되는 특수 상황을 뜻한다. 이 은유적 표현이 생긴 이유는 서부 개척 시대에 신부의 아버지가 자기 딸을 임신시키고 책임을 다하지 않는 남자를 shotgun으로 쏴 죽인 일이 있었기 때문이라고 한다. 그러나 Longman Dictionary는 이런 다소 끔찍한 어원을 소개하지 않고 다음과 같이 서술하고 있다.

Shotgun wedding is a wedding that has to take place immediately because the woman is going to have a baby.
샷건 웨딩은 여자가 아기를 낳을 예정이라 즉시 올려야 할 결혼식을 말한다.

이 표현은 미국인들이 얼마나 총을 쏘는 것조차 서슴지 않는 공격적인 성향의 문화를 가졌는지 보여준다. 이와 비교하면 우리가 같은 상황을 '속도위반 결혼식' 정도로 표현하는 것은 애교스럽고 정답게 느껴지기까지 한다. 장인에게 장총으로 맞아 죽지 않기 위해 서둘러 하는 결혼이라는 은유적 의미와, 서로 너무 사랑한 나머지 결혼식까지 기다리지 못하고 사랑의 결실로 아이를 먼저 가진 속도위반 상황으로 보는 은유적 의미의 차이에서 두 언어문화권의 역사·문화적 차이와 더불어 정서적 차이도 엿볼 수 있다.

smoking gun – 결정적이고 확실한 증거

Military Metaphor (3) bite the bullet, smoking gun, smokescreen,
bombard, bombshell

총알을 영어로 bullet이라고 한다. 이 단어가 들어간 매우 널리 쓰이는 표현으로 bite the bullet이 있다. 직역하면 '총알을 물다'인데 그 은유적 의미는 to be forced to deal with a bad or unpleasant situation because you cannot avoid it any longer(피하고 싶은 나쁜 상황을 더는 피할 수 없어 직면해야만 하다)라는 뜻이다. 이 표현은 전투 중 병사가 총상을 당한 응급 상황에서 마취 없이 총알을 빼내는 수술을 할 때 극도의 고통을 참는 걸 돕기 위해 입에 총알을 물게 한 데서 시작되었다고 한다.

미국인들은 이 표현을 개인이나 단체가 원치 않던 상황을 맞게 되었을 때 그 괴로운 심정을 표현하고자 쓰게 되었다. 예를 들어 불경기로 인해 회사가 직원들을 해고하는 상황까지는 피하려고 애썼으나 어쩔 수 없이 그렇게 하게 된 경우에 다음과 같이 표현할 수 있다.

Due to a long recession, the company had to bite the bullet and lay off a lot of their employees.

오랜 경기침체로, 그 회사는 이를 악물고 많은 직원을 해고해야 했다.

총을 쏘고 나면 연기와 화약 냄새가 나게 마련인데, 이와 관련돼 많이 쓰이는 표현이 2개 있다. 먼저 smoking gun은 직역하면 '연기 나는 총'인데 범죄 혹은 사건을 해결하는 데 결정적이고 확실한 증거를 뜻하는 표현으로 쓰인다. 이 표현은 우리 문화권에서도 정황적 증거(circumstantial evidence)가 아닌 결정적이고 확실한 증거라는 뜻으로 널리 차용되어 쓰이고 있다.

미국인들은 미국 역사의 초기부터 총기가 연루된 살인 사건을 접했을 때 피의자가 방금 발사된 연기 나는 총을 들고 있는 것만큼 결정적인 증거가 없다는 생각에 매우 익숙했을 것이므로, 그런 뜻으로 자연스럽게 쓰이면서 이 표현이 굳어진 것 같다.

경찰이 어떤 범죄의 결정적인 증거를 발견했다면 다음과 같은 신문 기사가 전형적으로 등장한다.

A smoking gun was revealed when the police found a hair with his DNA in the car.

경찰이 그의 DNA가 나온 머리카락을 차에서 발견해 결정적인 증거가 나왔다.

많이 잘 쓰이는 또 다른 표현은 smokescreen이다. 이 표현은 본래 전쟁 중 부대나 탱크 등이 이동할 때 연막탄을 쏘아서 은폐하는 것을 뜻했는데, 이 뜻이 은유적으로 확대되어 실체적 진실을 가리기 위하여 정보나 의도를 숨기는 상황을 묘사하게 되었다. 우리 문화권에서도 중요한 경기를 앞두고 양 팀의 감독이 실제 경기 전략을 숨기기 위해 의도적으로 어떤 사실을 지나치게 부각하며 '연막전술'을 행하는데 이와 매우 유사한 뜻이라고 볼 수 있다.

I think the opposing manager's emphasis on his star player's injury is a smokescreen to hide his real game plan.
나는 상대편 감독이 스타플레이어의 부상을 강조한 것이 그의 진짜 경기 계획을 감추기 위한 연막전술이라고 생각해.

다음으로 폭탄(bomb)이 들어간 표현에 대하여 알아보자. 흥미로운 것은 우리 문화권에서도 폭탄을 근원 영역으로 한 은유 표현이 발달했다는 점이다.

먼저 경제 분야에서 부동산과 관련해 '종부세 폭탄' 등의 표현을 널리 쓰는 것을 관찰할 수 있다. 원치 않던 세금을 갑자기 많이 내게 된 곤혹스러운 상황을 폭탄을 맞은 피해에 은유한 표현이다. 또 우리나라 특유의 음주문화 중 '폭탄주'를 즐겨 마시는 예를 빼놓을 수 없다. 폭탄주는 2개 이상의 술을 섞은 독주로, 마셨을 때 마치 한 방의 폭탄을 맞은 듯 취기가 갑자기 올라오게 하는 술이다. 영어권 화자에게 bomb drink라고 직역을 해도 거의 뜻이 통할 만큼 그 확장된 은유 의미가 잘 와 닿는 것 같다.

미국 영어로 돌아가서 bomb이 들어간 확장된 은유 표현으로 반드시 알아두어야 할 두 가지를 알아보자. 하나는 동사 bombard이다. 본래 뜻은 to attack a place for a long time using large weapons, such as bombs(폭탄 같은 대형 무기로 한 곳을 오랫동안 집중공격하다)이다. 이 뜻이 확대 되어 to do something too much or too often, such as criticizing some-one(누군가를 비판 혹은 비난하는 것 등을 너무 많이 또는 자주 하다)의 뜻으로 일상 에서 많이 쓰인다. 관공서나 방송사 등 공적 주체가 공분을 일으키는 일을 했을 때 흔히 비난받는 주체를 주어로 하여 수동태로 잘 쓴다. 예로 어느 신문사의 웹사이트가 가짜 뉴스를 내보낸 이후 불평과 비 난 글들로 폭격을 맞았다면 다음과 같이 말할 수 있을 것이다.

Since the fake news was released, the website of the newspaper com-pany **has been bombarded with** complaints and criticisms.
그 가짜 뉴스가 나온 이래로 그 신문사 웹사이트가 불평과 비판으로 폭격을 맞았다.

앞 문장의 번역으로 '폭격을 맞았다'라는 표현이 잘 어울리지만, 우리말 특유의 은유 표현인 '도배가 되었다'는 문구도 효과적이다. 다만 미국에서 집 건축 공사를 할 때는 벽을 주로 페인트칠하기 때문에 '도배'라는 말에 익숙하지 않고 잘 쓰이지도 않는다. 그래서 이 말을 영어로 직역하면 매우 어색한 표현이 돼 버린다. bomb으로 공격받은 상황, 즉 동사 bombard를 쓰는 것이 훨씬 효과적이다.

bomb이 들어간 은유 표현으로 널리 쓰이는 것이 명사 bombshell이다. 이것은 폭탄 자체를 물리적으로 가리키는 뜻이기에 drop a bombshell이라고 말하면 to announce an unexpected and very shocking news(예상하지 못한 매우 충격적인 소식을 알리다)의 뜻을 나타낸다. 우리 문화권에서도 자주 쓰는 '폭탄선언'과 유사한 뜻이라고 볼 수 있다. 예를 들어 한 회사에서 누구도 예상하지 못했는데 사장이 갑자기 사임해서 모두가 충격에 빠졌다면 다음과 같이 말할 수 있을 것이다.

The CEO **dropped a bombshell** when she announced her resignation.
CEO가 자신의 사임을 발표하는 폭탄선언을 했다.

명사 bombshell은 속된 표현(slang)으로 아주 아름답고 매력적인 여성(특히 금발의 미녀)을 가리키는 데도 쓰인다. 그러나 속어이므로 의례적인 상황에서는 쓰지 않도록 주의해야 한다.

She is so stunningly beautiful and attractive. She is a bombshell!!!

그녀는 끝내주게 아름답고 매력적이야. 정말 섹시한 금발 미녀라고!!!

칼과 창과 방패의 은유

Military Metaphor (4) sword, dagger, spear, shield, right-hand man

미국인들에게는 총기류가 가장 익숙한 무기이지만 과거에는 동양 문화권에서처럼 칼, 단검, 창과 방패 등이 주요 무기였던 적이 있었다. 이런 역사적 배경 때문에 현대 미국 영어에서도 이 무기들과 관련된 은유 표현들이 관용적으로 잘 쓰인다.

먼저 우리 문화권에서도 잘 쓰는 표현인 '양날의 검'을 영어는 double-edged sword라고 부른다. 칼의 날카로운 공격 단면이 양쪽에 있을 경우 양쪽 면을 다 무기로 활용할 수 있다는 장점이 있는 반면, 전투 중 상대방의 힘에 밀려 자신이 공격당할 위험도 있으므로 이 표현은 그 뜻이 은유 확대되어 something good that also has bad effect(나쁜 효과도 동시에 있는 좋은 것)를 뜻하게 되었다.

이 표현은 경제 분야에서 널리 쓰이는데, 예를 들면 수출 주도 경제 구조를 가진 우리나라의 경우 원화 강세가 좋을 수도 있지만 나쁠 수도 있다는 말을 할 때 이 영어 표현을 쓰면 매우 효과적이다. 즉 원화 강세는 한국에는 양날의 검으로 소비자의 소비력을 높이지만 제조업자들에게는 수출 원가를 상승시키는 양면성이 있다는 말을 다음과 같이 할 수 있다.

The strong Won is a **double-edged sword** for Korea. It increases the spending power of consumers, but it also raises the costs of exports for manufacturers.

원화 강세는 한국에게는 양날의 검이다. 소비자들의 구매력을 증가시키지만 제조업체들에게는 수출 비용이 오르게 된다.

sword는 대검을 뜻하고, 손에 들고 다니는 작은 단검은 dagger라고 한다. 이 dagger는 긴 칼이 아니므로 몸에 지니고 다니다가 전격적으로 사용할 수 있다는 장점이 있다.

미국 영어에 cloak and dagger라는 흥미로운 표현이 있다. cloak은 몸 전체를 가릴 수 있는 긴 코트 같은 옷인데, dagger를 은밀히 숨기기에 딱 좋다. 그래서 cloak and dagger는 형용사로 '은밀하게 진행되는, 비밀스러운'의 뜻을 전하게 되었다. 예를 들어 정치권에서 정적을 쳐 내기 위해 온갖 은밀한 권모술수와 정치 공작이 이루어지는 상황을 이 표현을 써서 효과적으로 묘사할 수 있다.

A great deal of **cloak and dagger operation** goes on in political circles.

정치 분야에서는 은밀한 정치 공작들이 매우 많이 일어난다.

일상 상황에서도 dagger의 뜻을 은유적으로 확대한 표현이 널리 쓰인다. 예를 들어 사랑하는 여자 친구가 어느 날 갑자기 헤어지자는 말을 꺼냈다면 가슴에 비수가 꽂힌 듯한 충격과 슬픔에 잠길 것이다. 이런 상황을 묘사할 때도 그 뜻을 효과적으로 전달할 수 있다.

She said to me, "We have to break up!!!" What she said was a **dagger in my heart.**

그녀가 내게 "우리는 헤어져야 해!!!"라고 말했어. 그녀가 한 말은 내 심장에 비수로 꽂혔어.

서양 문화권에서 잘 쓰던 무기로 창과 방패가 있다. 창은 spear라고 하는데 이 단어를 이용한 가장 많이 쓰이는 표현이 동사 spearhead이다. spearhead의 본래 뜻은 옛날에 군대가 공격 대형을 하고 정렬했을 때 창을 든 기마병들이 제일 앞에 열을 지어 서 있는 상황을 묘사하는 것인데, 이 상황적 뜻이 은유 확대되어 현대 영어에서는 to lead an attack or organized action(어떤 공격이나 조직적인 행동을 이끌다)의 뜻으로 쓰인다.

우리말에서도 이와 비슷하게 '선봉에 서다'라는 군사 은유 표현을 쓰는 공통점을 발견할 수 있다. 한국어의 선봉(先鋒)은 한자어로 '맨 앞에 나서서 작전을 수행하는 부대'를 뜻한다. 이 뜻을 은유 확대해 한 무리의 사람들이 단체 행동을 할 때 맨 앞에서 지도적 역할을 하는 사람을 가리킬 때 잘 쓴다.

몇 년 전 여성 검사를 비롯한 많은 여성 희생자들이 용기를 내어 성폭력과 성희롱 사건을 폭로함으로써 Me-too Movement를 이끌었다는 사실을 영어의 spearhead 표현을 써서 다음과 같이 말할 수 있다.

Prosecutor Seo and some other courageous women spearheaded the "Me-Too Movement" by going public with their allegations of sexual harassment with formidable courage and determination.

서 검사와 몇몇 용기 있는 여성들이 불굴의 용기와 의지를 갖고 성희롱 고소 건으로 대중들에게 나섬으로써 '미투 운동'의 선봉에 섰다.

상대방의 창 공격에 대응하기 위해 만든 무기가 바로 방패이다. 방패는 shield라고 하는데 뜻이 은유 확대되어 어떤 공격에 대비한 보호막 혹은 대비책을 뜻하게 되었다. 예를 들어 우리 몸의 면역 체계가 병균과 세균에 의한 감염에 대비한 보호막이라는 사실을 이 표현을 써서 다음과 같이 말할 수 있다.

The immune system is our body's shield against infection.
면역 체계는 감염에 대비한 우리 몸의 방패이다.

최근 우리도 이 영어 표현을 그대로 써서 "~을 쉴드 치지 마"라고 하거나 '방패'의 뜻을 은유 확대하여 '~의 방패막이가 되어 주다' 같은 표현을 널리 쓰는 것을 관찰할 수 있다.

미국 영어에서는 shield를 동사로 써서 shield A from B의 문형이 'A를 B로부터 보호하다(방패막이가 되어 주다)'의 뜻으로 많이 쓰인다. 경제 분야에서 구체적인 예를 살펴보면, 사고나 화재 등 여러 종류의 위험(risk)으로부터 경제 주체를 보호하는 방법 중 하나가 보험(insurance)이다. 잠재적 위험으로부터 자신을 보호하기 위해 보험에 가입하라고 권유할 때 이 표현을 쓸 수 있을 것이다.

I advise you to take an insurance to shield yourself from risk.
당신 스스로를 위험으로부터 보호하기 위해 보험에 가입하시라고 권합니다.

미국 사람들이 창과 방패 관련 표현임을 인식하지 못한 채 자주 쓰는 표현이 있다. 미국 영어에서 자신의 최측근을 right-hand man이라고 하는데 이것은 the person who supports and helps you the most, especially in your job(당신을 특히 직장에서 가장 많이 지지하고 도와주는 사람)이라는 뜻이다.

전투에서는 왼손에는 방패를 들고 오른손으로는 창이나 검을 들고 싸우게 마련인데, 자기의 바로 오른쪽에서 자신을 보호해 주기 위해 싸워 주는 병사를 뜻하는 데서 그 은유적 의미가 확대된 것으로 보인다. 예를 들면 회사에서 승진하면 가장 측근의 부하 직원을 함께 승진시켜서 같이 일을 하는 경우가 있는데 이때 이 표현을 쓸 수 있다.

When he took over as chief executive, he appointed his right-hand man as managing director.
그는 대표가 되자 자신의 심복 부하를 경영 이사로 임명했다.

돌파구를 뚫은 획기적인 연구

Military Metaphor (5) breakthrough, nosedive, burn one's bridges

미국인들이 일상에서 널리 쓰면서도 전쟁이나 전투 상황과 관련되었다는 것은 의식하지 못하는 표현들이 이외에도 많다.

breakthrough는 경제 분야와 학계에서 잘 쓰이는, 반드시 알아두어야 할 표현이다. 이 단어의 본래 뜻은 an offensive military assault that penetrates and carries beyond a defensive line(적의 방어선을 넘어 침투하는 공격)을 뜻한다. 즉 '돌파구를 뚫는 것'이라는 뜻이다. 이 뜻이 은유 확대되어 현대 영어에서는 an important new discovery in one's study, especially after trying for a long time(어느 학문 분야에서 특히 오랜 노력 끝에 마침내 이루어낸 중요한 새 발견)을 뜻하며 많이 쓰인다. 우리도 '돌파구가 된 연구'라는 말을 흔히 쓴다. 과학이나 의학 분야에서 획기적으로 중요한 연구 결과를 발표했을 때 다음과 같이 쓸 수 있다.

A team of scientists and doctors in the institute has made an important breakthrough in the cancer research.
그 연구소의 과학자와 의사 팀이 암 연구에서 중요한 돌파구를 열었다.

breakthrough는 형용사로도 자주 쓰여서 '돌파구를 연, 획기적인'의 뜻으로 breakthrough technology, breakthrough study, breakthrough discovery 등의 굳어진 연어 표현(collocation)으로 잘 쓰인다. 예를 들어 스티브 잡스(Steve Jobs)가 스마트폰 혁명을 이끈 신기술을 발명한 지 벌써 십여 년의 시간이 흘렀다는 사실을 이 표현을 써서 다음과 같이 말할 수 있다.

It's been almost ten years since Steve Jobs announced a wide-screen iPod with touch controls, a breakthrough technology.
스티브 잡스가 돌파구 기술인 터치 컨트롤 형식의 대형 화면 iPod를 발표한 지 거의 10년이 되었다.

다음으로 살펴볼 표현은 nosedive이다. 이 표현은 경제 분야에서 화폐 가치의 급락을 묘사할 때 널리 쓰이는데, 본래 뜻이 공중전에서 전투기가 적의 폭탄에 맞아 코를 박고 지상으로 추락하는 모습을 묘사하는 단어이기 때문이다. 비행기가 폭탄 공격으로 급하게 추락하게 될 때 비행기의 바로 앞부분, 즉 코를 지상으로 90도 직각으로 향하면서 수직 추락하는 상황을 묘사한 것이다. 이 상황적 뜻이 은유 확대되어 현대 영어에서는 a sudden drop in amount, price or rate(양, 가격, 비율 등의 급락)의 뜻을 나타내게 되었다. 예를 들어 경제 분야에서 미국 달러화가 급격한 변동 요인에 의해 급락했을 때 흔히 다음과 같은 표현을 접하게 된다.

The dollar took a nosedive in the foreign exchange markets yesterday.
어제 달러가 외환 거래 시장에서 급락했다.

전투 중에는 공격을 위해 전진하기도 하지만 후퇴하는 일도 흔히 발생한다. 본래 뜻이 전투 중 후퇴하는 상황을 묘사한 데서 유래한 중요한 표현으로 burn one's bridges가 있다.
직역하면 '다리를 태우다'라는 뜻인데 전투 상황에서 진격해 오는 적에게 밀려서 후퇴를 거듭하다가 적이 건너오지 못하도록 다리를 파괴하거나 불사르던 작전에서 유래했다. 문제는 이러고 나면 자신들도 다시 돌아갈 수 없는 상황이 되는 것이므로 이 뜻이 은유적으로 확대되어 to act unpleasantly in a situation that you are leaving, ensuring that you'll never be welcome to return(떠나는 상황에서 불쾌한 행동을 하여 다시는 결코 그곳에 돌아갈 수 없게 만들다)이라는 뜻을 나타내게 되었다.
이 표현은 이 의미적 특성 때문에 직업과 직장을 비교적 자주 바꾸게 되는 미국 문화권에서 널리 쓰이게 되었다. 미국인들도 인맥과 평판의 중요성을 잘 알고 있기에, 부당한 이유로 해고되어 다른 직장을 구해야만 하게 되었다 해도 절대 다시는 돌아올 수 없을 정도로 불쾌한 감정을 표출하면서 떠나지는 말라고 충고하곤 하는데 이때 이 표현을 자주 쓴다.

여기서 흥미로운 것은 burn your bridge라고 단수로 표현하지 않고 burn your bridges라고 복수로 표현한다는 점이다. 사람 간의 관계는 아무도 예측할 수 없으므로 아무리 화가 나고 불쾌하더라도 모든 인간관계들(bridges)을 다 불을 질러 없애지 말 것, 즉 혹시 모를 상황에서 다시 돌아올 수 있도록 좋은, 건강한 인간관계(이것을 a good and strong bridge에 비유함)를 하나라도 살려두라는 의미로 복수형을 쓴다는 것이다. 가장 최악의 방식으로 직장에서 해고를 당하더라도 나가면서 거친 말을 해 인간관계 다리를 다 불을 질러 없애지는 말라고 다음과 같이 충고할 수 있을 것이다.

Even if you are dismissed from a job in the worst way, don't **burn your bridges** with harsh comments on the way out. You never know what will happen in the future.

직장에서 최악의 방식으로 해고되더라도 나가면서 거친 말로 인간관계 다리를 다 **불사르고** 떠나지는 마. 미래에 어떤 일이 벌어질지 아무도 몰라.

이 장에서 알아본 표현 중 breakthrough의 은유 확대 의미를 깊이 생각해 보면 왜 어떤 분야의 시대를 선도하는 혁신적인 연구를 break-through study라고 하는지 깨닫게 된다. 이전의 연구들에서는 어떤 틀에 갇혀서 보지 못하고 깨닫지 못했는데 마치 적의 방어선을 뻥 뚫어서 돌파구를 만들어 주듯 획기적인 새 연구의 길을 터주었기 때문일 것이다. 이런 돌파구가 된 연구의 바탕에는 창의적인 사고의 힘과 끝없는 연구 노력이 깔려 있게 마련이다.

흔히 똑똑한 사람을 시험 성적이 좋은 사람이라고 생각하기 쉬운데 진정으로 똑똑한 사람이란 바로 이런 창의적인 사고로 남들이 생각해 내지 못했던 것을 지적하고 발견하는 사람이다. 그들의 창의적인 사고력의 바탕에는 기존의 틀(frame)에 갇히지 않고 모든 것을 의심하고 현상을 완전히 다른 시각에서 혁신적으로 바라보는 도전과 비판의 정신이 깔려 있다.

그렇다면 똑똑하고 창의적인 사람은 타고난 천재일까? 물론 타고난 지적인 능력이 상당히 중요한 요인이지만 교육과 훈련의 힘은 위대하다. 누구나 자신의 분야에서 창의적인 시각과 사고로 비판력과 분석력을 키우는 훈련을 꾸준히 한다면 전문가로서 breakthrough study를 발표하거나 breakthrough technology를 개발할 수준에 이를 수 있는 것이다.

책의 머리말에 서술했듯이 이 책의 목적도 단순히 미국 영어 표현을 소개하고 학습하는 데 그치지 않고 미국 영어의 은유 표현을 우리말 표현과 비교 분석하면서 한 차원 높은 학습과 성찰의 장을 마련하는 것이다. 이 책에서 학습한 은유 표현을 바탕으로 다양한 관련 주제와 현상들을 깊이 생각하고 성찰함으로써 사고력과 비판력을 기르는 목적을 달성할 수 있기를 바란다.

제4장

자동차와 자립심(Automobile Metaphor)

미국은 땅도 넓고 인구도 많은, 세계에서 가장 큰 나라 중 하나여서 역사적으로 교통과 수송 수단의 발전이 중요했다. 자동차는 미국의 교통과 수송 발전 역사에서 가장 중요한 역할을 담당해 왔으며, 그만큼 미국은 세계에서 자동차 문화의 역사가 가장 깊은 사회이다. 역사적으로 가솔린 엔진(gasoline engine)을 장착한 자동차를 본격적으로 생산하기 시작하여 세계 자동차 산업 발전을 주도한 나라가 바로 미국이며 지금도 전 세계에서 자동차를 가장 많이 생산·소비하고 있다.

미국인들은 '배우자와는 이혼해도 차 없이는 못 산다'라고 차에 대한 애착을 표현한다. 그들은 왜 자동차에 그리도 집착하는 걸까? 그들의 생활방식과 문화 자체가 차 없이는 살 수 없기 때문일 것이다. 대도시는 그런대로 대중교통(public transportation)이 발달했어도 그 외의 다른 지역에서는 차 없이는 움직일 수 없는 것이 엄연한 현실이다. 또 대중교통이 있어도 자기 차로 이동하는 걸 선호하는 편이다.

미국인들의 자동차 사랑 이유는 크게 2가지 즉, 자립심(self-reliance)과 속도를 즐기는 것(love of speed)으로 설명할 수 있다.

많은 학자들은 미국인들이 자동차를 소유하는 데 집착하는 가장 중요한 이유로 개인주의 성향과 자립심의 영향을 든다. 미국인들의 가슴 속에는 미국 역사 초기의 개척 시대 때 거대한 자연 속에서 인디언들과 싸우고, 자신의 말을 타고 다니며 땅을 개척하고 산업을 일으켰던 개척 정신과 자립심을 최고의 가치로 여기는 마음이 깔려 있다. 그래서 그들은 누구의 신세도 지지 않고 어디든 어느 때라도 갈 수 있는 자유와 자립을 주는 자동차를 중시하게 된 것이다.

미국인들이 자동차에 애착을 품어온 또 다른 중요한 이유는 속도감을 즐기는 데서 찾을 수 있다. 미국인들은 최고 사양과 파워의 차로 주(state)와 주 사이를 가로지르는 거대한 규모의 고속도로(interstate highway)를 달리며 속도감을 즐긴다. 속도에 대한 그들의 집착은 자동차 경주 대회의 성행과 인기에서 확인할 수 있다. 미국에서 자동차 경주(car racing)는 수많은 사람을 열광시키는 최고 인기 스포츠 중의 하나이며 우승자는 엄청난 돈과 명예를 거머쥐게 된다.

많은 학자가 미국 문화와 정신의 뿌리로서 개인주의(individualism), 기회의 균등(equality of opportunity)과 더불어 바로 자립심(self-reliance)을 언급한다. 미국인은 대학 때부터 부모와 떨어져서 살고 재정적으로 독립하는 것을 당연하게 여기며 성년이 되어서도 부모에 의지하여 사는 것을 치욕으로 아는 강한 자립 성향을 가졌다.

많은 미국 젊은이가 자기 가족에 대해 '지지, 지원'의 뜻을 나타내는 명사 support의 형용사형 supportive를 쓸 때는 부모나 형제가 금전적으로 도움을 준다는 뜻이 결코 아니라 자신이 하는 일을 격려하고 정신적으로 힘이 되어 준다는 것을 의미한다.

My family is very supportive. They support what I want to do and encourage me to go for it.

내 가족은 정말 나를 지지해 줍니다. 내가 하고 싶어 하는 것을 지지하고 내가 그 목표를 향해 나아가도록 격려합니다.

자립을 중시하는 미국의 문화는 전통적인 가족 중심 집단주의 문화의 영향으로 부모가 자식에게 지나치게 집착하는 경우가 많은 우리나라 상황과 큰 대조를 보인다. 우리나라 부모들은 자식들의 성공적 삶을 위해 그들이 성년이 될 때까지는 물론 성년 이후에도 마치 자식이 삶의 일부인 양, 아니 전부인 것처럼 그들의 삶을 기획하고 지배하는 경향이 있다. 이렇게 자식의 주변을 맴돌고 있다가 언제든지 나타나서 도움을 주는 극성 '치맛바람' 어머니를 뜻하는 신조어도 등장했는데, 헬리콥터의 기동성에 은유하여 만든 표현인 '헬리콥터 맘(helicopter mom)'이 바로 그것이다.

자신의 의지로 일을 추진하는 자립심

Automobile Metaphor (1) driver's seat

미국 사람들이 얼마나 자립(self-reliance)과 독립 정신을 강조하는지는 그들이 일상에서 널리 쓰는 자동차 은유 표현을 통해서 깨달을 수 있다. 미국 영어에서 '운전석에 앉다(to be in the driver's seat)'라는 표현은 바로 어떤 일을 맡아서 자신의 뜻과 의지대로 결정하고 일을 추진하는 (to be in control), 책임을 바탕으로 하는 자유와 자립을 나타내는 뜻으로 확대되어 자주 많이 쓰인다. 즉 어떤 일을 맡아서 책임지고 일을 지휘하고 수행하는 상황을 운전대에 앉아서 그 차를 운전하는 상황에 은유하여 표현한 것이다. 예를 들어 회사에서 큰 부서의 책임을 맡은 임원의 일 처리 능력과 리더십을 칭찬할 때 이 표현을 효과적으로 쓸 수 있다.

When she's in the driver's seat, she makes the whole team get going really well. She's an excellent leader.

그녀가 책임을 지고 이끌어 가면 전체 팀이 정말 일을 잘할 수 있도록 만들어 줘요. 그녀는 뛰어난 리더지요.

이 표현과 관련하여, 북미 관계 개선의 움직임에서 북한과 미국을 중재하면서도 독자적인 역할을 하여야 할 한국 정부의 입장을 외신에서 '운전자론' 은유로 표현한 것도 매우 흥미로운 일이었다.

미국인들에게 자동차는 단순히 교통수단이 아니고 사업 파트너이자 친구이고 신체의 일부이자 아끼는 재산이다. 그토록 소중한 존재이기에 미국인들은 자동차에 대한 기초 상식은 물론 전문 지식도 풍부하고 일상에서 자동차를 온전하게 유지 및 관리(maintenance)하는 데도 정성을 쏟는다. 그래서 일반 미국인들은 자동차 엔진부터 시작하여 내부의 구조와 부속품, 그리고 자동차 유지와 관리에 관계된 여러 사항에 매우 친숙한 편이다.

어느 언어문화권에서든지 언어 사용자들은 자신들의 생활과 문화 속에서 가장 친숙하게 경험하는 것들에 견주어 은유 표현들을 발전시키게 마련이다. 역사적으로 일찍부터 자동차라는 기계와 그 부속물들, 그리고 그것의 사용에 익숙한 미국인들은 자연스럽게 자동차와 관련된 표현을 다른 일상의 상황에 비유하여 나타내면서 그것을 더욱 친숙히 이해할 수 있게 되었던 것이다.

He's the engine of our team – 가장 중요한 사람

Automobile Metaphor (2) engine, gas, oil

자동차의 핵심은 엔진이라고 할 수 있다. 자동차 엔진은 연료인 가솔 린(gasoline)을 폭발시켜서 구동력으로 전환하는 수많은 부품으로 이루 어져 있다. 자동차 엔진은 우리 인간의 심장과 같은 존재라서 고장이 나면 차의 기능이 멈출 수밖에 없다. 미국 영어에서는 자동차 엔진의 생명적 중요성(vital importance)을 은유적으로 확대하여 어떤 팀이나 조 직에서 없어서는 안 되는 역할을 하는 가장 중요한 사람을 자동차 엔 진에 종종 비유하여 표현한다.

He is the **engine** of our team. He makes all of us get going.
그는 우리 팀의 엔진이다. 그는 우리 모두가 일할 수 있도록 해준다.

우리나라에서는 차의 연료인 가솔린을 보통 '기름'이라고 부르다 보 니 차 연료가 영어로 oil이라고 생각하는 사람들이 많은데, 그렇지 않다. 미국 사회에서는 가솔린은 흔히 gas라고 줄여 말하고 엔진 오일은 oil로 줄여 말한다. 차에 연료가 필요하거나 엔진 오일을 교환하고 싶은 경우에는 다음과 같이 말해야 한다.

a. I need **gas**.
  휘발유가 필요해요.
b. I need (engine) **oil** change.
  엔진 오일을 교체해야 해요.

일상생활에서 자동차의 효과적인 운용과 정비를 위해 차에 gas를 넣고 engine oil을 정기적으로 갈아주는 일은 미국인들에게는 너무도 친숙한 생활의 일부이다. 이런 이유로 미국 영어에서 자동차의 gas와 engine oil을 이용한 표현들이 많이 발견된다.

먼저 gas가 응용된 은유 표현을 살펴보자. 어떤 스포츠에서든지 선수는 경기 종반에 이르게 되면 힘이 떨어져서 지치고 만다. 미국 영어에서는 자동차 은유 표현으로 경기 막판에 지친 선수를 연료가 다 떨어진 차에 비유하여 아래와 같은 표현을 자주 쓴다.

He **ran out of** gas at the end of the game.
그는 경기 종반에 기진맥진했다.

팀 전체가 후반에 체력이 달려서 기진맥진한 상황도 다음과 같이 표현한다.

The whole team ran out of gas in the second half.
팀 전체가 후반에 기진맥진했다.

우리의 축구 중계방송에서도 '체력이 바닥이 났다'는 말을 하는데, 이것도 자동차의 연료는 아니지만 체력을 에너지를 공급해 주는 어떤 원료가 소진된 상황으로 묘사한다는 유사점이 있다.

미국 영어에서는 스포츠 분야에서 노장 선수가 아직도 젊은 선수 못지않게 힘과 실력이 뛰어나면 그 선수를 연료통(gasoline tank)에 아직 연료가 많이 남은 상황에 비유하여 표현하곤 한다.

He is getting old but he has a lot of gas left in his tank.
그는 나이가 들고 있지만 아직 힘이 많이 남아 있다.

경제적 효용 가치에 민감한 사람들은 자동차 구입 시 같은 양의 연료를 주입했을 때 얼마만큼의 거리를 주행할 수 있는지를 결정하는 연비를 중시하는 경향이 있다. 미국인들은 매우 실용적이어서(practically-minded) 같은 연료를 주입했을 때 얼마나 먼 거리를 주행할 수 있는지

(how much mileage)를 어떤 투자를 했을 때 그 일이 얼마나 투자 대비 효용성이 있는지 따지는 상황에 은유해 흔히 쓴다. 예를 들어 기업에서 새로운 프로젝트의 가능성에 대한 의견을 나누던 중 관건은 이 투자를 통해 얼마나 많은 이득을 기대할 수 있느냐 하는 것임을 지적하고 싶어졌다면 이 표현을 쓸 수 있다. 이때 앞서 살펴본 돈의 은유(money metaphor) 표현인 bottom line을 주어로 하여 다음과 같이 말할 수 있을 것이다.

Bottom line is how much mileage we can get from this investment.
중요한 건 우리가 이 투자로 얼마만큼의 이득을 얻을 수 있느냐 하는 겁니다.

자동차의 성능과 효율성은 결정적으로 차를 얼마나 잘 유지 및 관리하여 엔진 성능을 최대한 발휘할 수 있도록 해주느냐에 달려 있다. 엔진 관리에서 가장 중요한 것은 엔진 오일(engine oil)로, 이것은 엔진 내에서 피스톤과 엔진 내부의 다른 부분과의 마찰을 최소화하는 윤활 작용을 한다. 그래서 엔진 오일을 정기적으로 교환해 주어야 차의 엔진 수명을 오래 유지할 수 있다.
자동차 엔진에 기계적 고장이 있으면 oil이 엔진 밖으로 새는(leak) 경우가 흔히 발생한다. 그러면 엔진 속의 oil이 부족해져 윤활 작용을 원활히 하지 못하게 되어 피스톤과 다른 엔진 부분과의 마모가 일어나기 시작한다. 즉, 엔진 오일이 새는 것은 자동차의 기계적 결함 중 가장 심각한 문제인 것이다. 엔진 오일 이외에도 자동변속기(transmission)를 비롯한 그 밖의 다른 부분들에도 정기적으로 교환해 주어야 할 oil들이 더 있다. 정비를 잘못하면 차의 곳곳에서 oil이 새게 되어 심각한 문제가 발생하게 된다.

미국 영어에서는 화합하지 못하고 심각한 문제에 시달리고 있는 조직이나 단체를 곳곳에서 oil이 새는 문제투성이 자동차에 비유하여 표현하곤 한다. 구체적인 예로 스포츠 분야에서 어느 특정 팀이 성적이 하위권일 뿐만 아니라 여러 가지 문제에 시달리고 있을 때 아래와 같은 표현을 종종 쓴다.

This team is leaking oil all over the place.
이 팀은 곳곳에서 문제가 생기고 있어.

어떤 회사가 비전이 없고 사람들을 화합시킬 리더도 없는 심각한 상황이라면 이 표현을 써서 효과적으로 나타낼 수 있을 것이다.

This company has no vision and no leadership, either. It's leaking oil all over the place.
이 회사는 비전도 리더십도 없다. 곳곳에서 문제가 생기고 있다.

stay on the gas – 지속적인 노력

Automobile Metaphor (3) gas, brake, clutch

자동차 운전의 근본 원리는 액셀러레이터(accelerator, gas pedal)와 브레이크(brake), 그리고 클러치(clutch)를 구분하여 동작하는 것이다. accelerator는 자동차 엔진에 연료, 즉 가솔린(gasoline)을 공급하기 위해 조작하는 페달(pedal)이고 brake는 차를 정지시키기 위해 쓴다. clutch pedal은 기어(gear) 변속을 위해 밟는 pedal인데 자동 변속 장치 자동차에는 이 clutch pedal이 없다.

자동차 운전은 미국인들에게 필수적인 생활의 일부이므로 위에서 언급한 세 가지의 기능과 조작에도 매우 익숙할 수밖에 없다. 따라서 그들은 자연스럽게 본래 자동차 운전에 사용되는 이 pedal의 조작 관련 표현을 일상의 다른 상황을 은유적으로 나타내는 데 사용하면서 다양한 표현들을 발전시키게 되었다.

가장 먼저 accelerator가 은유 확대된 표현을 알아보자. 앞에서, 연료인 gasoline을 gas로 줄여 부른다고 했다. 재미있는 것은 미국인들은 accelerator가 바로 이 gasoline 연료를 공급하는 장치이므로 이것도 gas라고 줄여서 말한다는 점이다. gas를 공급해서 일정 속도로 질주하기 위해서는 오른발로 계속해서 gas pedal을 밟아 주어야 하므로 이 상황을 stay on the gas라고 말한다. 이를 은유 확대하여 어떤 일을 '머뭇거리거나 쉬지 않고 계속하다'의 뜻을 나타낼 때 자주 쓴다. 예를 들어 평양 남북정상회담의 감동적인 성과를 토대로 남한과 북한이 통일로 가는 노력을 지속해야 한다는 의견을 이 표현을 써서 다음과 같이 말할 수 있을 것이다.

Now that the two Koreas have made remarkable progress in peace talks, they have to **stay on the gas** toward unification.
두 한국이 평화 회담에서 괄목할 만한 진전을 이루었으므로, 통일을 향해서 계속 전진을 해야 한다.

다음으로 brake 관련 은유 확대 표현을 알아보자. brake는 달리는 차를 세우기 위해 그 위에 발을 올려 조작하는 pedal이다. 차를 정지시키기 위해 이 pedal에 발을 올려놓는 행위를 묘사하는 'put the brakes on ~' 표현이 to stop something that is happening(일어나고 있는 어떤 일을 중지시키다)의 뜻을 나타내게 되었다. 예를 들어 정부가 치솟아 오르는 부동산 가격을 잡기 위해 억제 정책을 펼치는 상황이라면 다음과 같이 묘사할 수 있다.

The government has announced the special measures to **put the brakes on** rising house prices.
정부는 솟아오르는 집값에 제동을 걸기 위해 특별 정책을 발표했다.

위 문장을 번역할 때 '집값에 제동을 걸기 위해'라고 표현한 것에서 볼 수 있듯이 자동차 문화가 발달한 우리 언어문화권에서도 '제동을 걸다' 혹은 '브레이크를 걸다' 같은 자동차 은유 표현이 널리 쓰임을 확인할 수 있다.

clutch는 gear 변속을 위해 쓰는 pedal이다. 수동식 차를 운전해 본 분들은 1단으로 출발 후 2단으로 곧바로 바꾸고 3단이나 4단을 속도에 따라 자연스럽게 변속하는 수동 운전의 맛을 안다.
미국인들은 앞의 차를 추월하기 위해 clutch를 밟고 high gear로 변속하는 익숙한 경험을 기반으로 clutch라는 표현을 어떤 기존 상황을 반전시키는, 결정적으로 중요한 전기(momentum)를 마련해 주는 상황에서 자주 쓴다. 미국 영어에서 clutch를 명사 앞에서 수식하는 형용사로 써서 done well in an important or difficult situation(중요하면서도 어려운 상황에서 잘한)의 뜻을 나타내는 예들을 흔히 접하게 된다. 특히 순간의 위기와 기회에 의해 승부의 흐름이 결정되는 스포츠 경기 상황에서 널리 쓰인다.

구체적으로 야구 경기의 예를 생각해 보자. 야구 경기의 꽃은 홈런이라고 할 수 있는데 같은 홈런도 어떤 상황 속에서 때리느냐에 따라 값어치가 달라질 수 있다. 경기가 다 끝나가는 9회 말에 10-1로 크게 뒤져 있는 상황에서 1점짜리 홈런을 날려 봤자 별로 큰 의미가 없겠지만, 팀이 3-0으로 뒤져 있는 상황에서 9회 말 2사 후 주자 만루 절체절명의 역전 기회 순간에 만루 홈런을 쳤다면 경기의 흐름을 완전히 바꿔 놓은 clutch hit이 될 것이다. 이런 clutch 상황에서는 선수들이 긴장해서(nervous) 실력을 온전히 발휘하지 못하는 경우가 많은데 위대한 선수일수록 승부가 걸려 있는 이런 순간에 결정적인 활약을 한다. 이런 선수를 clutch player라고 부른다.

미국 프로 농구(NBA)의 전설, 시카고 불스(Chicago Bulls)의 마이클 조던(Michael Jordan)은 경기 중에 득점을 많이 올리고 팀을 이끄는 리더십도 뛰어난 선수였지만, 그가 위대한 선수(star)로 존경받는 무엇보다 중요한 이유는 승부가 걸려 있는 결정적 순간에(in the clutch) 결정적인 득점을 했기 때문이다. 이런 그의 위대성을 다음과 같이 표현할 수 있다.

Michael Jordan is a clutch player. He always comes through in the clutch.

마이클 조던은 클러치 플레이어이다. 그는 늘 결정적인 순간에 결정적인 역할을 해낸다.

이 예에서 보듯이 come through in the clutch는 to succeed in an important situation의 뜻으로 일상 회화에서도 잘 쓰이는 관용 표현이 되었다. 스포츠 경기 외에도 사업(business) 상황에서 매우 중요한 일을 앞두고 있을 때 일을 성공적으로 마무리하는 능력을 칭찬하기 위해 이 표현을 흔히 쓴다. 예를 들어 Katherine이라는 회사 동료가 중요한 프로젝트를 잘 마무리하고 성공으로 이끌 것이라는 믿음을 이 표현을 빌려 다음과 같이 효과적으로 나타낼 수 있다.

I am counting on Katherine to come through in the clutch.
나는 캐서린이 결정적인 순간에 결정적인 역할을 할 것이라고 믿고 있어요.

clicking on all cylinders – 일이 원활히 잘 되고 있다

Automobile Metaphor(4) gear, cylinder

자동차에서 변속기(transmission)는 자동차 엔진의 폭발 에너지를 운동
에너지로 변화시키는 결정적인 역할을 한다. 변속기는 톱니바퀴(gear)
로 이루어져 있고 gear를 어느 위치에 놓느냐로 차의 주행 방향과 속
도, 완급을 조절할 수 있다. 미국에서는 한국보다 훨씬 일찍 80년대
중반부터 자동변속기(automatic transmission) 차가 일반화되기 시작하였
다. 자동변속기를 갖춘 자동차에는 clutch pedal이 없으며 gear의 종
류가 P(Park), R(Reverse), N(neutral), D(Drive), S(slow) 등으로 단순화되어
있다.

미국 영어에서 gear의 의미를 은유 확대한 용법이 많이 발견된다. 먼
저 low gear나 high gear를 선택하여 변속하는 것을 change[shift]
gears라고 하는데 이 표현의 의미가 확대되어 to quickly change to do
something different(어떤 것을 다른 식으로 하기 위해 재빨리 무엇인가를 바꾸다)

라는 의미로 쓰인다. 예를 들어 운동 경기에서 전반전 동안 지나치게 수비 위주의 경기를 했다가 후반전에는 적극적으로 공격에 임하기로 작전을 바꿨다면 다음과 같이 말할 수 있다.

We changed gears and decided to play more aggressively in the second half.
우리는 작전을 바꿔서 후반전에 더 공격적으로 플레이하기로 했다.

본래 in high gear라는 표현은 using the gear for high speeds(고속을 내기 위해 gear를 쓰는 것)라는 뜻인데 그 의미가 확대되어 beginning operating at a fast pace; increasing the rate of activity(빠른 속도로 조작을 시작하거나 활동의 속도를 높여)라는 상황을 묘사하게 되었다. 예를 들어 평양에서의 남북 정상 회담 이후 문재인 대통령의 중재 노력으로 북미 간 비핵화 협상이 본격적인 국면에 접어든 상황을 외신에서는 swing into high gear 표현을 써서 다음과 같이 보도했다.

Due to the enduring effort of mediation by South Korean President Moon Jae-In, the denuclearization talks between North Korea and the United States have recently swung into high gear.
한국 문재인 대통령의 끈질긴 중재 노력에 힘입어 북한과 미국 간 비핵화논의가 최근에 급진전을 이루었다.

138

사실 자동차가 고속으로 질주하기 위해서는 엔진 안의 모든 실린더의 폭발이 원활히 이루어지면서 동력이 골고루 고속 기어를 통해 전달되어야 한다. 미국 영어에서는 이 상황을 run[fire/click] on all cylinders 라고 표현한다. 이렇게 엔진 안의 모든 실린더가 폭발이 원활히 이루어져서 동력이 잘 전달되고 있는 상황적 의미가 확대되어 to be operating or performing very well(어떤 일을 매우 잘 수행하고 있다)이라는 뜻을 나타내는 데 쓰인다. 예를 들어 회사의 모든 부서가 일을 잘 수행하여 수익이 극대화되고 있는 상황을 다음과 같이 말할 수 있다.

The company is **clicking on all cylinders**. We are making a lot of profits.
회사가 모든 면에서 잘 돌아가고 있다. 우리는 많은 수익을 올리고 있다.

미국 영어에서 gear는 동사로도 확대된 은유 표현으로 널리 쓰인다. 가장 먼저 자동차 속도에 맞추어 변속하는 상황이 은유 확대되어서 'be geared to ~' 표현이 to be organized and ready in a way that is appropriate for a particular purpose or situation(어떤 특정의 목적이나 상황에 맞게 구성하거나 준비하다)의 뜻으로 발전하였다. 이때 to는 전치사로 쓰였으므로 그 뒤에 명사 표현이 와야 한다. 예를 들어 business traveler 들을 위해 특화된 호텔의 광고에 이 표현을 쓸 수 있다.

This hotel is geared to business travelers.

이 호텔은 비즈니스 여행객에게 특화되어 있다.

이 표현은 대학의 강의 계획서에도 자주 등장한다. 교수가 자신의 강좌를 소개할 때 어떤 학생들을 주 대상으로 준비한 강의인지를 밝히기 위해 다음과 같이 쓸 수 있다.

This course is geared to those students who want to improve their oral proficiency in English.

이 과목은 영어 회화 능력을 향상시키려는 학생들에게 맞추어져 있다.

아울러 'be geared up for ~' 구문도 매우 자주 쓰이는데 전치사 for 다음에 명사나 명사구 표현을 쓰며 'be geared to ~'와 거의 비슷한 의미를 나타낸다. 회사 등 단체나 조직에서 앞으로 계획 중인 어떤 중요한 일을 철저히 준비하거나 대비해야 한다는 뜻을 이 용법을 써서 다음과 같이 효과적으로 나타낼 수 있다.

We all have to be geared up for our next project.

우리 모두 다음 프로젝트에 맞추어 준비해야 한다.

jump-start – 침체에 빠져 있던 것을 회생시키다

Automobile Metaphor (5) jump-start, battery

자동차 운전자라면 시동이 잘 걸리지 않아 곤경에 빠져 본 일이 있을 것이다. 새 차는 그런 일이 거의 드물지만 중고차(used car)의 경우는 이런 일이 심심치 않게 발생한다. 원인은 다양한 곳에서 찾을 수 있지만 배터리 불량으로 충전된 전력이 약한 것이 가장 흔한 원인이다. 또 온도가 급격히 떨어지는 추운 겨울에는 차에 시동을 걸기가 쉬운 일이 아니다.

미국인들은 차 시동에 문제가 있을 때 지나가는 차에 도움을 청하거나 긴급 수리 서비스를 불러서 상대방 차의 배터리와 자기 차 배터리를 전선으로(이 전선을 jumper cable이라고 부른다) 연결하여 시동을 건다. 이를 jump-start라고 하는데, 미국의 어느 도로변을 가든지 jump-start 하는 모습을 흔히 볼 수 있다. 겨울철에는 자기 차에 시동이 잘 안 걸릴 경우에 대비해서, 혹은 곤경에 빠진 남에게 도움을 주기 위해

jumper cable을 꼭 트렁크에 가지고 다니는 사람들이 많다. 미국 5대호 연안의 중북부 지방은 겨울 추위가 매우 혹독한 편이어서 한겨울에는 기온이 영하 30도에 이르는 때도 많다. 미네소타(Minnesota)나 위스콘신(Wisconsin)주 같은 곳에서는 차를 밤새 밖에 주차해 놓으면 배터리가 얼어버려 아침에 시동을 걸기가 힘들기 때문에 주차장에 흔히 jump-start를 위한 별도 시설이 설치되어 있다.

미국인들은 한 차의 죽어 버린 배터리를 다른 차의 강력한 배터리에 연결하여 시동을 거는 jump-start의 의미를 은유 확대하여 to help a process or activity start or become more successful(어떤 일이나 공정이 성공적으로 시작되도록, 또는 좀 더 성공적으로 돌아가도록 돕다)의 뜻을 나타낼 때 널리 쓰게 되었다. 예를 들어 미식축구 시즌 개막전(season opener)을 앞두고 한 팬이 필라델피아 이글스(Philadelphia Eagles) 팀이 이번 시즌 첫 경기에서 승리할 경우 예전의 부진한 성적을 떨치고 힘차게 jump-start 할 것이라는 기대감을 다음과 같이 실감나게 표현하였다.

This is the biggest game of the year. A road win in Dallas will jump-start this Eagles team this season.
이 경기가 금년의 가장 중요한 경기예요. 댈러스 원정 경기에서의 승리는 이번 시즌 이 이글스 팀을 쾌속 시동으로 출발시킬 겁니다.

배터리가 죽어서 곤경에 처해 있다가 상쾌한 엔진 시동 소리와 함께 jump-start하는 통쾌함을 경험해 본 사람이라면 이 표현의 은유적 적절성에 크게 공감할 것이다. 다른 예로 침체에 빠진 경제를 회생시키기 위해 정부가 세금 감면 정책을 발표할 때 흔히 jump-start를 써서 다음과 같이 말한다.

The government hopes that the tax cut will **jump-start** the economy.
정부는 감세가 경제를 쾌속 시동으로 출발시키기를 희망하고 있다.

jump-start는 경제 분야 등 의례적인 맥락(formal context)에서뿐만 아니라 일상에서도 자주 쓰인다. 아침에 일어나면 졸음이 얼른 가시지 않아 게으름을 피우게 되는데, 신선한 커피 한잔으로 하루를 힘차게 시작한다는 말을 이 표현을 써서 실감나게 표현할 수 있다.

I tend to get lazy in the morning after I just wake up. Then, a fresh cup of coffee helps me **jump-start** my day.
나는 아침에 막 일어나면 게을러지는 편이에요. 그럴 땐 신선한 커피 한잔이 하루를 쾌속 시동으로 시작하는 데 도움이 되죠.

자동차는 배터리 충전과 유지가 잘 이루어져야 시동이 잘 걸린다. 배터리 상태가 좋고 유지 관리가 잘 된 자동차는 주행 중 배터리 충전이 자동으로 이루어지지만 오래되거나 문제가 있는 배터리는 교환하거나 jumper cable로 연결하여 재충전해야만 다시 자동차가 살아날 수 있다.

이런 상황에 빗대어 미국 영어에서는 어떤 사람이 기운이 하나도 없는 상태에서 힘을 얻기 위해 휴식을 갖는 것을 recharge your battery라고 말한다. 즉 사람의 몸을 자동차 배터리에 은유하고 있는 것이다. 예를 들어 최근에 너무 힘든 일을 해서 기운이 없는 동료에게 이 표현을 써서 다음과 같이 말할 수 있을 것이다.

You look exhausted. Recharge your battery. You deserve taking some days off.
몹시 지쳐 보여요. 재충전하세요. 당신, 휴가 며칠은 충분히 받을 만하잖아요.

우리도 휴식 없이 과로한 경우 '몸이 방전되었다'고 말하는 일이 흔하다. 또 열심히 일한 사람들이 휴가를 떠날 때 "재충전의 시간을 잘 갖기 바랍니다."라고 인사하곤 하는데, 미국 영어의 쓰임과 맥락이 같음을 확인할 수 있다.

Sales are flat - 상품 판매가 저조하다

Automobile Metaphor (6) wheel, tire

자동차는 엔진 성능이 아무리 뛰어나고 다른 부품들이 잘 기능해도 바퀴와 타이어에 이상이 있으면 제대로 달릴 수 없다. 자동차의 바퀴와 타이어는 바로 인간의 발과 같이 기동력의 원천이다.

바퀴의 발명은 인류 문명과 문화를 바꾼 획기적인 사건이었다. 바퀴를 wheel이라고 하는데, 이 단어는 말이 끄는 마차의 바퀴를 지칭하던 서부 시대에도 쓰였다. 오늘날의 자동차는 4개의 wheel에 고무 타이어를 장착한 것이 다를 뿐이다.
우리는 자동차 운전대를 흔히 '핸들'이라고 하는데 이것이 영어인 줄 착각하는 분들이 의외로 많다. 미국 영어에서 자동차 운전대는 steering wheel이라고 부른다. 동사 steer의 본래 뜻이 방향을 잡는다는 뜻이므로 steering wheel은 차의 방향을 잡고 조정하는 바퀴라는 뜻이다.

자동차를 운전하다가 겪게 되는 흔한 문제 중의 하나가 자동차 바퀴 하나에서 공기가 빠지는 것이다. 우리말로는 이를 속어로 '펑크 났다'라고 하는데 영어에서는 형용사 flat을 써서 다음과 같이 표현한다.

I've got a **flat** (tire).
내 차 타이어가 펑크 났어요.

flat의 본래 의미는 '(표면이) 고른, 평평한'인데 공기가 가득 찼던 타이어가 바람이 빠져 펑퍼짐하게 된 것을 나타내는 뜻으로도 쓰이게 되었다. '바람이 빠진' 타이어란 더는 활기가 없고 기능할 수 없는 것인데, 이것이 일상의 여러 상황에서 의미가 더욱 확대되어 without vitality or animation(활기가 없고 생명력이 없는)의 뜻으로 널리 쓰인다. 예를 들어 스포츠 분야에서 모든 경기에 임할 때, 특히 큰 게임을 앞두었다면 선수들의 정신 자세(mental preparation)가 중요한데, 막상 경기에 임했을 때 웬일인지 모르게 선수들의 집중력이 부족하여 졸전을 펼칠 때가 있다. 경기에 지고 난 후 인터뷰 때 선수들은 이를 공기 빠진 타이어에 비유하여 형용사 flat을 써서 다음과 같이 말하곤 한다.

We came out **flat**. We weren't ready to play right from the kick-off.
우리는 **맥이 빠졌었어요**. 킥오프 시작 때부터 플레이를 제대로 할 준비가 안 되었던 거죠.

146

형용사 flat의 이 은유적 의미는 경제 분야에서도 널리 쓰인다. 한 예로 경기가 침체해 있을 때는 매출이 그대로 정체되는 상황이 계속될 수밖에 없는데, 이 상황을 아래와 같이 효과적으로 묘사할 수 있다.

Sales are flat this month; there has been no increase over last month's sales.
이번 달 매출이 정체되어 있습니다. 지난달 매출에 비해서 증가한 것이 전혀 없습니다.

자동차 타이어에서 바람이 빠지는 상황은 종종 무엇인가를 열심히 하려는 의지나 힘을 잃게 되는 상황에 비유되곤 한다. 스포츠 경기에서 점수가 뒤지고 있는 상황에서 열심히 점수를 많이 만회해 역전까지도 바라볼 수 있는 상황이 되었는데 자기 팀의 실수로 그런 전기(momentum)를 놓쳐 허탈한 순간이 올 때가 있다. 예를 들어 미식축구 경기에서 뒤져 있다가 역전의 순간까지 몰고 갔는데 한 선수의 실수로 공을 놓치거나 뺏겨서 찬물을 맞은 듯 사기를 잃게 되는 순간이 자주 발생한다. 이런 경기 후 인터뷰 때 선수들은 그 순간의 허무한 감정 상태를 바람 빠진 타이어에 비유하여 다음과 같이 말하곤 한다.

I don't mean to do finger pointing but I should admit it. That play took the air out of our tires.

손가락질하며 비방하고 싶지 않지만 인정할 것은 해야겠죠. 그 플레이가 우리를 완전히 김빠지게 했어요.

스포츠에서 팀 동료가 한 실수를 손가락질하며 적나라하게 패배의 원인이었다고 비난하는 것을 finger pointing이라고 하는데 이것은 다음 경기를 앞둔 팀에 내분을 일으키고 팀의 사기에도 부정적인 영향을 끼치므로 절대 해서는 안 될 금기(taboo)이다. 그래서 화자는 절대 비난성으로 finger pointing하려는 의도가 아님을 전제로 밝히고, 허탈했던 그 순간에 대해 소감을 말하고 있다. 경기를 역전시키기 위해 온 힘을 들여 경기에 임해 온 자기 팀을 꾸준히 달려온 자동차에 비유하고, 허무하게 공을 뺏긴 순간을 갑자기 타이어에 바람이 빠져서 더 달릴 수 없게 된 허탈한 상황에 연결하여 비유하고 있다.
스포츠든 경제 분야든 일이 잘될 때가 있고 잘 안 될 때가 있게 마련이다. 스포츠 분야에서 팀이 연승을 하는 경우 win ~ in a row를 써서 다음과 같이 말한다.

Philadelphia Eagles are so hot!!! They have now **won seven games in a row.**
필라델피아 이글스가 정말 잘 나가고 있어요!!! 이제 7연승을 했습니다.

그러나 반대로 연패를 할 때도 있는데, 이것을 자동차 운전 시 급브

레이크를 걸었을 때 생기는 타이어 자국(skid mark)에 비유하여 표현한다는 점이 재미있다. 예를 들어 어떤 팀이 기록적인 연패를 당했을 경우 다음과 같은 신문기사를 접하게 된다.

They have now lost seven games in a row – their longest skid this season.

그들은 7연패를 했습니다. 이번 시즌 최장 연패 기록이죠.

타이어를 은유 표현의 근원 영역으로 사용한 표현을 하나만 더 보기로 하자. 앞에서 나이가 많아도 체력과 경기력이 뛰어난 노장 선수에 대해 "He has a lot of gas left in his tank."라고 말하며 자동차 연료가 많이 남아 있는 상황에 비유하는 표현을 공부했다. 자동차 타이어는 많은 거리를 주행할수록 그 홈이 닳아서 매끄럽게 되고 안전성이 떨어진다. 위의 문장을 타이어의 홈(tread)이 닳지 않고 여전히 많이 남아 있어서 아직도 한참 더 안정적으로 달릴 수 있는 상황에 은유하여 다음과 같이 바꿔 말할 수도 있다.

He's getting old but he's a good veteran with lots of tread still on his tires.

그는 나이 들어가고 있지만, 아직도 힘이 많이 남은, 좋은 베테랑 선수입니다.

cruise through – 일이 원만히 잘 이루어지고 있다

Automobile Metaphor (7) cruise, overdrive

새 자동차를 구매할 때 우리는 기본 하드웨어와 운전 기능이 탑재된 기본형 모델(base model)을 시작으로 옵션(option)을 추가하여 다양하고 편리한 기능을 갖춘 고급 모델을 선택할 수 있다. 여러 추가 기능들이 있지만, 고급 차량에만 option으로 제공되는 것 중 하나가 cruise control 기능이다. 이것은 자동차가 고속도로를 달릴 때 속도를 일정하게 고정해 놓으면 액셀러레이터 페달(accelerator pedal)을 밟지 않아도 자동으로 속도를 유지하며 달리는 기능이다. 주로 교통량이 많지 않고 직선으로 뻗은 고속도로를 주행할 때 편리하다.

필자가 미국 서부를 처음 여행했을 때 친구의 차에서 이 기능을 처음 접하고 너무도 신기해서 놀랐던 기억이 지금도 생생하다. cruise control을 사용하면 운전할 때 발을 사용하지 않아도 되므로 발을 편하게 쉽게 하고 손으로 핸들만 조작하면 되기 때문에 달리는 차 안에서 간식을 먹거나 잠시 발을 뻗어 휴식을 취하고 싶을 때 특히 유용하다. 그리고 무엇보다도 자동차가 아무 문제없이 일정한 속도로 달리므로 안정감과 안락함을 동시에 느낄 수 있다.

미국 영어에서는 cruise control을 사용할 때의 안정감과 안락함을 다른 상황에 비유하여 잘 쓰는데, 스포츠 분야, 특히 야구가 그렇다. 야구 경기에서는 선발 투수(starting pitcher)가 경기 초반에 대량 실점을 하지 않고 안정적으로 게임을 운영하는 것이 굉장히 중요하다. 2019년 시즌에 한국의 류현진 선수가 National League Championship Series에서 호투를 해 소속 팀 LA다저스(LA Dodgers)가 월드시리즈(World Series)에 진출하는 데 결정적 공헌을 했다. 류현진 선수가 5회까지 한 명의 타자에게도 안타를 허용하지 않고 완벽한 투구를 하고 유일하게 6회에만 실투로 홈런 한 방을 허용한 상황을 영어로 다음과 같이 표현했다.

Ryu **cruised through** five innings until he allowed a home run in the 6th inning.
류현진 선수는 6회에 홈런을 허용하기 전까지 5이닝 동안 **순항했습니다.**

이 표현은 회사에서 팀별로 업무를 부여받았을 때 자신의 팀원들이 모두 역할을 잘해 주어서 아무런 문제없이 잘 끝냈을 때 쓰기에도 매우 적절하다.

Our team cruised through the task and went home earlier than other teams.

우리 팀은 그 업무를 무난히 잘해내서 다른 팀들보다 일찍 퇴근했습니다.

고급형 자동차 모델에만 장착되어 있는 또 다른 option 중 하나가 overdrive이다. 이 option은 정규 변속 기어 옆에 버튼식으로 선택하게 되어 있는데 자동차가 달릴 수 있는 최고 속도에 이르렀을 때 이 버튼을 누르면 연료의 소모를 최적화하면서 더 빠른 속도로 달릴 수 있다. 그래서 이 상황적 의미가 비유적으로 확대되어 go into overdrive 혹은 shift[kick] into overdrive 표현이 to accomplish or proceed with something swiftly or energetically(어떤 일을 빠르고 힘차게 진행 혹은 수행하다)의 뜻을 나타내게 되었다. 예를 들어 어떤 배우가 지난해 출연한 영화가 대박을 쳐서 영화 출연 제의를 연이어 받고 인기가 급상승하여 '떴다면' 이 표현을 써서 다음과 같이 말할 수 있을 것이다. 우리말로 '요즘 잘 나간다'는 말도 마치 자동차를 overdrive에 놓고 쾌적하게 달리는 상황과 맥락과 뜻이 거의 같다고 볼 수 있을 것이다.

Since the sensational hit movie last year, her acting career has kicked into overdrive.

작년에 선풍적인 인기를 불러일으킨 성공작 이래 그녀의 연기 경력이 최적의 속도를 내고 있다.

overdrive는 '평소보다 더 많은 노력과 집중력으로 일하다'라는 상황을 묘사하는 데도 쓰인다. 예를 들어 회사에서 주어진 일을 빨리 끝내기 위해 팀원들이 다소 무리를 하여 잠시도 쉬지 않고 고도의 일체감과 집중력을 발휘해 일하고 있는 상황을 이 은유 표현을 써서 다음과 같이 묘사할 수 있다.

Our team is in overdrive to finish up the report due by tomorrow.
우리 팀은 내일까지 끝내야 할 보고서를 완결하기 위해 과부하가 걸려 있어요.

결국 overdrive는 자동차가 최적의 최고 속도로 달리고 있는 최선의 상황뿐만 아니라 무리하게 달리고 있는 상황도 묘사하는 이중적 의미를 나타낸다고 볼 수 있다. 자동차든 사람이든 모든 일이 잘되고 잘 나갈 때 너무 계속 overdrive로 무리해서 달리면 안 된다. 올라갔으면 내려가는 자연의 법칙에 순응하여 쉴 때는 쉬고 빨리 달릴 때는 달리는 완급조절이 필요하다. overdrive를 걸어서 무리하게 계속 달리던 자동차에 기계적인 결함이 생기듯이 인간의 몸도 성취욕의 끊임없는 충족과 인기에 취해 무리하다가는 건강을 잃고 정신도 피폐해질 수 있음을 명심해야 할 것이다.

4장에서는 미국의 오랜 자동차 역사와 문화가 미국 영어에 투영되어 있음을 관찰하였다. 미국인들이 자신이 직접 운전하는 자동차를 소유하는 데 집착하는 경향에는 그들의 개인주의 성향과 자립(self-reliance) 정신이 깔려 있음을 주목하였다. 미국인들은 대학 졸업 후 부모의 도움을 받아 사는 것을 치욕으로 여기는 경향이 강한 편이다.

반면 우리에게는 오랜 가족주의와 집단주의 전통 속에서 부모가 자식을 평생 자신의 삶의 일부로 여기고 그들을 끝까지 돌봐야 한다는 인식이 강하게 남아 있기에 결혼하고 나서도 부모에 의존하고 사는 젊은이들이 적지 않다. 독립도 결혼도 하지 않고 부모 품에 기대어 사는 소위 '캥거루족'도 있다. 물론 요즘에는 인식이 많이 바뀌어 자립심이 강하고 자신의 삶을 스스로 개척하기 위해 열심히 실력과 경력을 쌓는 일에 충실한 젊은이들이 대부분이지만 말이다.

모든 현상에는 양면성이 있다. 이것을 '동전의 양면(two sides of the coin)' 이라는 은유로 흔히 표현한다. 미국 사람들은 자립심이 강하고, 개인주의 문화로 개인을 존중하고 자유스럽지만 외롭다. 그에 비해 우리 한국인들은 자립심이 부족해 보일지는 몰라도, 가족주의와 집단주의 문화로 서로를 끈끈하게 돕는 따뜻한 문화가 있다. 그러나 이

끈끈함이 지나쳐 부모가 자식의 삶을 끝까지 간섭해 자식이 진정한 독립을 못 하기도 하고, 집단주의 성향 때문에 부모의 간섭과 관심에서 벗어날 수 없는 경우도 많다.

문화에는 양면성이 있게 마련이다. 결국, 어느 문화가 절대적으로 더 좋다, 나쁘다고 단정적으로 말할 수 있는 차원이 아닐 것이다. 우리는 늘 남으로부터 좋은 점을 배워서 자신의 단점을 극복해 나갈 때 성장한다. 미국 문화의 자립정신과 우리나라 특유의 가족주의와 집단주의의 장점을 살린 새로운 문화를 가꾸어 나갈 수는 없을까?

2부

미국의
일상 문화

제 5 장
미국의 의복 문화와 패션(Clothing Metaphor)

언어문화권의 은유 표현을 들여다보면 그들의 일상 문화를 파악할 수 있다. 일상 문화는 흔히 의식주 문화가 근간을 이루는데, 5장에서는 미국의 의식주 문화 중 의복 문화와 패션(fashion) 관련 은유 확대 표현들을 살펴보기로 한다.

『The Languages of Clothes』라는 어느 책의 제목에서 알 수 있듯이 옷은 우리의 언어이다. 우리가 입는 옷은 단순히 날씨 변화에 맞추어 체온을 보존하는 기본 기능만 하는 것이 아니라 우리의 의식과 정체성을 표현하는 기제이기도 하다. 이것은 하이데거가 '언어는 존재의 집'이라고 말했듯 언어가 각 개인과 문화의 정체성의 집인 것과 같다. 개인도, 한 문화권의 사람들 전체도 그들의 의복 문화와 패션을 통해 자신들의 성향과 정체성을 드러내게 된다.

꼴통 보수 *vs* hard hats

Clothing Metaphor(1) slack, fit, fad, fashion, cap, hat

미국 의복 문화의 가장 큰 특징 하나는 우리와 달리 몸에 꼭 맞게 입기보다는 조금 여유 있게 입는 스타일이 주를 이룬다는 점이다. 옷을 약간 여유를 두고 입은 상태를 영어로 slack이라고 하는데, 미국 영어에서는 이 뜻이 은유 확대되어 '남에게 지나치게 엄격하게 굴지 않고 좀 봐 주다'라는 맥락에서 잘 쓰인다. 예를 들어 평소에는 상사에게 일 처리할 여유를 넉넉히 달라고 하는 편은 아니었지만 이번에는 사정을 좀 봐 주었으면 하고 부탁하고 싶을 때 다음과 같이 표현할 수 있다.

You know, I rarely make this kind of request to you, but can you be a little bit lenient this time? Can you cut[give] me some slack?
저기요, 제가 이런 요청은 잘 하지 않는데요, 하지만 이번엔 조금 봐 주실 수 있나요? 조금 여유를 주실 수 있을까요?

옷을 몸에 딱 맞게 입을 때는 동사 fit을 써서 "It fits me(나한테 잘 맞아)."
라고 말한다. fit은 형용사로도 자주 쓰이는데 살이 찌지 않고 보기 좋
게 날씬한 몸매를 유지하는 것을 keep oneself fit 또는 stay in shape라
고 한다. 언제나 몸매가 예쁜 상대방을 칭찬하며 어떻게 그렇게 몸매
를 유지하냐고 묻고 싶으면 다음과 같이 말할 수 있다.

You look gorgeous all the time. How do you keep yourself fit?
늘 멋져 보이세요. 어떻게 날씬한 몸매를 유지하시나요?

미국 사람들은 일상에서 옷을 매우 편하게 입는 편이다. 공식적인 행
사나 의례적인 자리에 갈 때를 제외하면 거의 스포츠웨어(sportswear)를
즐겨 입는다. 직장에 출근할 때도 정장을 고집하지 않는다.

필자의 유학 시절 초기에 대학 캠퍼스에서 본 미국 대학생들의 패션
(fashion)은 편하고 개성이 넘쳤다. 가장 신기했던 것은 모자(cap)를 거
꾸로 쓰고 다니는 것이었다. 수업 중 강의실 안에서 그런 식으로 모
자를 쓰고 있는데도 교수들이 전혀 개의치 않는 것을 보고 역시 자유
로운 나라임을 실감했다. 많은 젊은이가 모자를 거꾸로 쓰면 쿨하게
보이고(look cool) 약간은 반항적인 성향도 나타낼 수 있다고 생각하는
것 같았다. 후에 이 패션에 익숙해지면서 사실은 그들이 기능적이고
실용적인 이유로도 모자를 거꾸로 쓴다는 것을 알게 되었다. 체육관

(gym)에서 역기를 들면서 운동할 때(work out) 모자의 챙(brim)이 앞에 있으면 방해가 되기도 하고 조깅을 하거나 자전거를 탈 때 모자가 바람에 날아가지 않도록 하기 위해서도 모자를 거꾸로 쓰는 것이 좋다는 것을 알게 된 것이다.

이렇듯 미국 대학에서 모자를 거꾸로 쓰는 것은 한때의 유행(fad)을 지나 이제는 전형적인 미국 대학 패션(fashion)이 되었다. 이 사실을 영어로 다음과 같이 묘사할 수 있다.

Wearing a cap backwards was a **fad** among college students. It is now a dominant **fashion** in college campuses in America.

모자를 거꾸로 쓰는 것이 대학생들 사이에서 유행이었죠. 이제는 그것이 미국 대학 캠퍼스에서 지배적인 패션이 되었습니다.

모자(cap)의 또 하나의 장점은 깊게 눌러서 쓰면 남들에게는 눈과 얼굴이 잘 보이지 않는다는 점이다. 이 때문에 외모를 다 드러내고 싶지 않은 상황일 때 모자를 즐겨 쓰는 경향이 있다.

모자(cap)는 기본적으로 머리를 덮는 기능을 하므로 이 뜻이 은유 확장되어 그 이상의 수치를 허용하지 않는다는 '한계치(upper limit)'의 뜻으로 잘 쓰인다. 예를 들어 미국 프로 스포츠 분야에서는 갑부 소유주가 강팀을 돈으로 쉽게 구축하는 것을 막기 위해서 연봉 제한을 법으로 정하고 있는데, 이 '팀 연봉 상한제'를 salary cap이라고 한다. 미국 프로 스포츠 관련 기사를 보면 팀에서 연봉을 가장 많이 받는 스타 플레이어(star player)들이 소속팀에서 다른 좋은 선수들을 뽑을 수 있도록 자신의 연봉이 salary cap에 해당하지 않게끔(to avoid the cap hit) 연봉 계약을 재편하는 데 동의했다는 소식을 흔히 접하게 된다.

The star quarterback has agreed to restructure his contract to increase the team's **salary cap space**.
그 스타 쿼터백은 팀의 급여 한도에 여유 공간을 만들기 위해서 자신의 계약을 재구성하는 데 동의했다.

hat은 cap과 달리 챙이 앞에만 있는 것이 아니라 둘레를 따라 둥글게 펼쳐져 있어 햇빛을 가리기에 좋은 큰 모자를 뜻한다. 미국 영어에서 hat 관련 표현으로 반드시 알아두어야 할 표현이 3가지 있다.

첫 번째는 스포츠 분야에서 잘 쓰는 hat trick이다. 이 표현은 soccer, hockey 등의 종목에서 한 선수가 3골을 득점하는 뛰어난 활약을 했을 때 널리 쓴다. 이 표현은 원래 오래전 영국의 크리켓 경기에서 볼링 식으로 모든 핀을 다 쓰러뜨리는 것(wicket)을 3번 이상 기록했을 때 경기 후 실제로 모자를 주며 치하하는 전통에서 생겼다고 한다.
미국과 캐나다에서는 ice hockey의 인기도 대단하다. 선수가 3개의 골을 기록하는 순간 팬들은 자기가 쓰고 있던 모자를 빙판에 던지면서 환호하는 열광적인 장면을 연출하곤 한다. hat trick을 기록한 뛰어난 활약을 한 선수를 다음과 같이 묘사할 수 있다.

He scored a **hat trick** in that game. He was phenomenal!!!
그는 그 게임에서 해트 트릭을 기록했습니다. 정말 대단했습니다!!!

두 번째 중요한 표현은 'take my hat off to ~'이다. 말 그대로 상대방 앞에서 모자를 벗는다는 의미인데, 이것이 확장되어 to show your admiration or respect for someone because of something impressive that they have done(인상적인 일을 한 상대방에게 감탄과 존경의 뜻을 보이다)이라는 뜻을 나타낸다. 예를 들어 회사에서 좋았을 때는 물론 어려운 시기에도(through thick and thin) 흔들리지 않고 뛰어난 지도력을 발휘하여 팀을 이끈 상사에게 다음과 같이 존경의 뜻을 전할 수 있을 것이다.

I **take my hat off to** you. You've been a true leader of our team through thick and thin.
당신에게 (모자를 벗어서) 경의를 표합니다. 당신은 좋을 때나 어려울 때나 한결같이 우리 팀의 진정한 리더였습니다.

모자의 챙 끝을 살짝 만지며 인사하는 행위, 즉 tip my hat to ~도 상대방에게 찬사와 존경을 전한다는 뜻으로 쓰인다. 예를 들어 많은 이들의 자원봉사 활동으로 지역공동체 행사가 성공적으로 개최된 후 수고한 분들에게 다음과 같이 말하며 경의의 뜻을 전달할 수 있을 것이다.

I'd like to **tip my hat to** all of you who have volunteered to make this community program a great success.
이 커뮤니티 프로그램이 큰 성공을 거둘 수 있도록 자원 봉사해 주신 모든 분께 (모자를 벗어서) 경의의 뜻을 표하고 싶습니다.

세 번째 중요한 표현은 hard hat이다. helmet처럼 딱딱한 모자를 총칭하며, 환유로 construction worker 혹은 working class people을 뜻한다. 또 어떤 물건이 위에서 떨어져도 관통이 안 된다는 뜻이 은유 확대되어 사회 변화에도 불구하고 정치적인 성향이 고집불통이고 수구적이며 변하지 않는, 우리말 속어로 '꼴통 보수' 같은 사람들을 지칭할 때도 널리 쓴다. 예를 들어 어느 정치인이 여전히 수구 세력의 지지표에 의존하고 있다는 말을 다음과 같이 할 수 있다.

He is still counting on a large number of votes from **hard hats**.
그는 여전히 수구 보수층의 많은 지지표에 의존하고 있다.

Petticoat Regime – 드라마 '여인천하' 영어 제목

Clothing Metaphor (2) (un)veil, unmask, cloak, coat,
sugarcoat, turncoat, petticoat

옷의 중요한 기능 중 하나는 신체의 일부를 가리는 것이다. 여러 문화권에서 여성들은 예전부터 얼굴을 가리는 패션을 발달시켜 왔다. 서양 역사에서는 여성들이 챙이 넓은 모자를 쓰고 성장을 한 후 검은 베일(veil)로 얼굴을 가리곤 했다.

미국 영어에도 veil의 뜻이 은유 확대된 표현이 발달했다. 우리말도 '베일에 가려져 있다'처럼 어떤 사건의 진실이 비밀처럼 가려져 있다는 것을 veiled in secrecy[mystery]라고 잘 표현한다. 예를 들어 고대 마야(Maya) 문명이 어떻게 갑자기 멸망했는가 하는 역사적 진실이 여전히 베일에 가려져 있다는 말을 다음과 같이 표현할 수 있다.

The collapse of the great Mayan Civilization in ancient times is still veiled in mystery.

고대의 위대한 마야 문명의 몰락은 여전히 베일에 가려져 있다.

'얼굴을 가리고 있던 베일을 벗다'라는 뜻의 동사 unveil은 그 본래의 뜻이 은유 확대되어 일정 기간 연구해 왔던 계획이나 정책을 드러내어 발표한다는 뜻으로 잘 쓰인다. 예를 들어 한국 정부가 인구 감소 추세에 대처하기 위해 오랫동안 연구해 온 대책을 발표했다는 영문 기사에 아래와 같은 제목이 붙을 수 있을 것이다.

South Korean Government **Unveils** Measures to Cope with Population Decline
남한 정부, 인구 감소 대책 **발표**

얼굴을 가리기 위해 마스크를 쓰는 경우도 있다. 동사 unmask의 본래 뜻은 얼굴에서 마스크를 벗는다는 것인데 이 뜻이 은유 확대되어 to reveal the true character of ~ (~의 진짜 정체를 드러내다)라는 뜻으로 잘 쓰인다. 사건의 진실을 추적하는 탐사보도 프로그램이 그동안 가려져 왔던 타락한 정치인의 실체를 폭로했다면 이를 다음과 같이 표현할 수 있다.

The television program **unmasked** the corrupt politician.
그 텔레비전 프로그램은 그 타락한 정치인의 **정체를 폭로했다**.

긴 외투는 몸을 가리는 데 매우 유용하다. cloak은 소매 없이 거의 발까지 내려오는 외투인데, 미국 영어에선 이것을 동사로 쓴 cloak ~ in secrecy라는 표현을 to hide something from another person or from public view(다른 사람들이나 대중의 눈으로부터 숨기다)의 뜻으로 잘 쓴다.

예를 들어 사회의 전반적인 개혁 흐름 속에서 결정 과정의 투명성이 강조되고 있는데도 여전히 어떤 단체나 회사 등의 이사회에서는 회의를 비공개로 하고 중요한 사안도 은밀히 결정했다면 다음과 같이 비판할 수 있다.

We must criticize the fact that the board has cloaked its decision process in secrecy.

우리는 이사회가 결정 과정을 비밀로 은밀히 숨겨온 것을 비판해야 한다.

비가 오거나 바람이 많이 부는 스산한 날에 입는 외투를 trench coat 라고 한다. 우리가 흔히 '바바리코트'라고 부르는 것인데, 영국의 명품 의류회사인 버버리(Burberry)의 제품이 워낙 대중적으로 인기가 높아서 브랜드 이름이 제품을 뜻하는 환유 표현이 된 경우이다.

trench는 본래 전시에 야전에서 몸을 숨긴 채로 적군과 싸우기 위해 파 놓은 구덩이, 즉 참호를 뜻한다. trench coat 패션은 1차 대전 때부터 참호 속에서 전투하기에 적합한 군대 장교의 방수 전투복에서 시작되었다고 한다. 이 코트는 독일군 장교의 군복처럼 전통적인 카키

색에 더블 버튼이 달려 있고 어깨에는 끈(strap)이 있는 것이 특징이다.

coat가 동사로 쓰일 때는 표면에 '무엇인가를 칠해서 겉을 입히다'의 뜻이다. 집의 울타리에 페인트칠을 한 겹 더 해야 한다면 다음과 같이 말할 수 있다.

The fence needs another coat of paint.
울타리에 페인트칠을 한 겹 더 해야겠어.

일상 영어에서 매우 잘 쓰는 표현이 sugarcoat이다. 말 그대로 cake 등을 만들 때 겉에 설탕을 바르는 것을 의미하는데 그 뜻을 은유 확대하여 '어떤 것을 실제보다 더 근사하게 보이게 하다'라는 뜻으로 잘 쓴다. 예를 들어 회사에서 사장이 엄중한 경영 현실을 회피하거나 미화하지 않고 직원들과 격의 없는 대화를 나누고자 한다는 취지의 말을 다음과 같이 할 수 있다.

I don't want to sugarcoat the hard reality that the company is facing. Let's discuss our future with an open mind.
나는 회사가 직면하고 있는 **엄중한 현실을 미화하고** 싶지 않습니다. 마음을 열고 회사 미래에 관해 의논합시다.

coat와 관련된 중요한 표현이 두 가지 더 있다. 첫째, turn one's coat는 to change one's allegiance or affiliation (especially in politics) for personal gain or advantage(개인의 영달을 위해 특히 정치 분야에서 정당 등의 소속을 바꾸다)를 나타낸다. 그래서 명사 turncoat가 '배신자'의 의미로 잘 쓰인다. 서양 역사에서 고대 시대부터 자신이 지지하는 지도자나 정당의 상징색 외투를 입고 배지(badge)나 핀을 달고 다니다가 그것을 거꾸로 입으면 그런 자신의 정체성을 가릴 수 있었던 데서 생겨난 의미라고 한다. 우리는 그런 배신의 정치 행태를 보이는 정치꾼(a turncoat)을 철이 바뀔 때마다 서식지를 옮겨 다니는 '철새'로 은유한다.

He's a turncoat. He does anything to get elected again. He betrayed his own party by switching to the opposing party.
그는 배신자야. 재선되기 위해서라면 무슨 일이든 하지. 그는 상대편 당으로 이적해서 자기 당을 배신했어.

다음으로, 역사 서적을 읽다 보면 petticoat regime[government]이라는 표현을 자주 접하게 된다. petticoat는 본래 스커트 안에 입는 속옷을 말하는데, 이것이 여성성을 환유하여 petticoat regime이라고 하면 여성이 정치적 지배력을 장악한 정권이나 정부를 뜻한다.
오래전 조선 중종 때 무소불위의 권력을 쥐고 권모술수로 정치판을 흔들었던 문정왕후와 정난정의 이야기를 다루어서 큰 인기를 끌었던 '여인천하'라는 드라마가 방영된 적이 있다. 이 드라마의 영어 제목을 어떤 번역가가 Petticoat regime이라고 했는데 잘된 번역이라는 생각이 들었다. 외국인에게 이 드라마를 본 적이 있느냐는 질문을 한다면 다음과 같이 말할 수 있다.

Have you ever watched the Korean drama titled *Yeoinchunha*, which described a true story of "**petticoat regime**" during the Chosun dynasty?

조선 시대의 '여성 장악 정권' 실화를 그린 '여인천하'라는 제목의 한국 드라마를 본 적 있나요?

"No strings attached" – 광고 단골 문구

Clothing Metaphor (3) shirt, collar, tie, cuff

셔츠(shirt)는 남자들이 주로 입는 옷이다. 그래서인지 셔츠에서 파생한 두드러진 은유 표현으로 keep your shirt on이 가장 먼저 떠오른다. 말 그대로 '셔츠를 그대로 입고 있으라'는 뜻인데 그 뜻이 은유 확대되어 '흥분하지 말고 침착하라(calm down)'는 의미를 나타낸다. 남자들이 싸울 때 흥분해서 흔히 셔츠를 벗고 상대방에게 덤벼드는 모습이 은유의 원천이 된 것 같다. 예를 들어 지나치게 흥분하여 주먹다툼까지 벌이려는 사람에게 다음과 같이 말할 수 있다.

Don't lose your cool! **Keep your shirt on.**
냉정을 잃지 말아요! **침착하세요.**

목을 감싸는 셔츠의 윗부분을 collar라고 한다. 우리말과 영어 모두에서 collar의 색깔을 응용한 환유 표현이 널리 쓰이고 있다. 화이트칼라(white collar)는 전문직 등 사무 직종에 종사하는 사람들을, 블루칼라(blue collar)는 육체노동을 주로 하는 사람들을 가리킨다. 사무실에서 일하는 사람들이 전형적으로 흰색 와이셔츠를 입고, 공장이나 생산 현장에서 일하는 사람들이 주로 진한 청색 계열 작업복을 입는 데서 생긴 환유 표현이다.

과거에는 화이트칼라 직종이 더 높은 소득을 올리는 경향이 지배적이었지만 요즈음은 사무직 계통의 임금 수준이 떨어지고 오히려 숙련된 노동자를 우대하는 경향으로 직종 간 구분이 두드러지지 않게 되었다. 이런 사회적 변화를 다음과 같이 표현할 수 있다.

The difference between blue collar and white collar jobs has been fading away due to the low pay scale of the white collar jobs and high demand of skilled labors.

화이트칼라 직종의 급여가 낮아지고 숙련된 기술자의 수요가 증가하면서 블루칼라와 화이트칼라 직종의 차이가 감소하고 있다.

전문직이나 사무직 종사자들은 전형적으로 흰색 와이셔츠에 넥타이를 매고 출근한다. 미국 영어에서는 '넥타이'라고는 잘 하지 않고 간단히 tie라고 말한다. tie는 본래 '매다'라는 뜻인데 그 뜻이 은유 확대되어 '관계' 혹은 '연결'의 뜻을 나타낸다.

최근 한국 경제가 아세안 국가들 특히 베트남과의 강화된 경제 관계로 중국과의 무역에 지나치게 의존하던 틀을 벗어나고 있다는 말을 다음과 같이 할 수 있다.

Korea has been moving away from its trade dependence on China with renewed strong economic ties with the ASEAN countries, most notably with Vietnam.
한국은 아세안 국가들 특히 베트남과의 경제적 유대 관계가 새롭게 강화되면서 중국에 대한 무역 의존에서 벗어나고 있다.

미국 영어에서 tie가 들어간 반드시 익혀두어야 할 표현으로 tie the knot이 있다. 이것은 to get married(결혼하다)라는 뜻이다. 이 표현이 왜 이런 뜻이 되었는지 배경은 확실하지 않지만, 옛날 결혼식에서 결혼하는 남녀의 결합을 상징하기 위해 끈으로 묶는 의식을 한 데서 시작되었다고 추정된다. 어떤 남녀가 10년의 긴 연애 끝에 마침내 다음 달에 결혼하게 되었다면 다음과 같이 말할 수 있을 것이다.

Finally, the couple is going to tie the knot next month after a ten-year long romance.
드디어 그 커플은 10년간의 긴 연애 끝에 다음 달에 결혼할 예정이에요.

몸에 묶는 패션 관련 표현은 아니지만, 미국 영어에서 널리 쓰이는 표현으로 no strings attached가 있다. 필자가 미국에 살기 시작하고 나서야 알게 된 표현으로, 광고 문구에 전형적으로 등장하곤 했다. 이 표현은 without any special conditions or restrictions(어떤 조건이나 제한도 없는)의 뜻이다. 왜 이런 뜻이 되었을까? 과거에 섬유 공장에서 하자가 있는 천에 작은 실을 매어 놓은 데서 기인했다고 한다. 미국 신문이나 잡지 전면 세일 광고 등에 이 표현이 다음과 같은 식으로 전형적으로 등장한다.

Huge year end sale at your local Hyundai dealers. You can get up to $2,000 cash back. **No strings attached!**
지역 현대 딜러 숍에서 연말 대박 세일을 합니다. 2,000달러까지 현금을 돌려 드립니다. 어떤 조건도 제한도 없습니다!

다시 셔츠 얘기로 돌아가서 중요한 관련 표현을 살펴보도록 하자. 셔츠 소매 끝의 접은 부분을 cuff(소맷부리)라고 하는데, on the cuff와 off the cuff 표현들이 잘 쓰인다. 둘 다 소맷부리에 간단히 뭔가를 적던 관습에서 파생하고 발전한 표현이다. 전자는 on credit or for free(공짜로)라는 뜻인데 바텐더가 술 주문을 받을 때 손님이 맥주 몇 잔을 시켰는지 잘 기억하기 위해 소맷부리에 표시를 하던 습관에서 시작되었다고 한다.
미국 레스토랑에서는 종업원, 즉 waiter나 waitress가 음식물을 손님에게 흘리는 등의 실수를 하면 매니저(manager)가 와서 정중히 사과하고 주문한 음식을 무료로 주는 경우가 있는데 이 상황을 다음과 같이 표현할 수 있다.

As the waitress accidentally spilled coffee on my wife, the manager apologized politely to us and offered us our meal **on the cuff**.
웨이트리스가 어쩌다 잘못해서 내 아내에게 커피를 쏟았기 때문에, 매니저가 우리에게 공손하게 사과하고 공짜로 음식을 제공했어요.

off the cuff는 without planning or preparation, instantly(계획이나 준비 없이 즉석에서)라는 뜻의 부사인데, 짧은 연설 같은 것을 앞두고 소맷부리 부분에 간단히 할 말을 적어 기억하던 습관에서 유래한 뜻이라고 한다. 예를 들어 정치인 중 준비되지 않고 정제되지 않은 말을 함부로 해서 일부러 논란을 만드는 사람들이 있는데 형용사 off-the-cuff를 써서 다음과 같이 묘사할 수 있다.

The politician has a notorious reputation. He often makes **off-the-cuff** remarks to create controversy.
그 정치인은 악명이 높아요. 그는 논쟁거리를 만들기 위해서 즉흥적인 실언을 종종 하지요.

have an ace up one's sleeves - 비장의 카드를 꺼내 들다

Clothing Metaphor (4) unbutton, wrinkles, sleeve

미국 사람들의 셔츠(shirt) 패션(fashion)에 흥미로운 점이 있다. 필자가 미국 유학 시절 경험한 미국 남자들의 셔츠 패션은 한국과 근본적으로 다른 면이 있었다. 한국에서는 셔츠 안에 '런닝 셔츠(흔히 '런닝'이라고 하는 속옷)'를 입는 반면, 미국에서는 속옷을 입지 않고 맨살 위에 그대로 셔츠를 입는다. 그래서 미국 셔츠들은 대부분 맨살에 그대로 입을 수 있는 면 100%로 되어 있다. 미국에서 한국식으로 셔츠 속에 런닝 셔츠를 입고 출근을 하면 동료로부터 오늘 아침에 런닝 셔츠 입고 조깅하다가 시간이 없어서 샤워도 못하고 그대로 출근했냐는 난처한 질문을 받을 수 있다.

필자가 관찰한 바로는 미국 남자들이 맨살에 셔츠를 그대로 입는 데에는 자신들의 남성미를 드러내려는 의도가 크게 작용하는 듯하다. 남성미의 핵심은 떡 벌어진 어깨와 탄탄한 가슴 근육(pectoral muscle)인데 이런 식으로 맨살에 셔츠를 입을 경우 그 육체미가 더 잘 드러나기 때문인 듯하다. 미국 남자들은 그래서 틈틈이 체육관에 가서 운동하는 것(workout)을 게을리하지 않는다. 남자들끼리 체육관에서 만나면 흔히 다음과 같은 대화가 오가곤 한다.

A : Hey, Man. You've got a **big and strong upper chest**.

와. 너 정말 가슴이 크고 강해 보이네.

B : Regular **workout** and a lot of push-ups in between. That's the key.

규칙적으로 운동하고 틈틈이 팔굽혀펴기를 많이 했지. 그게 비결이야.

더구나 맨 위의 단추를 한두 개 풀어 놓으면 근육미가 더 극대화될 수 있다. 흥미로운 것은 미국 영어에선 단추를 풀다의 뜻인 동사 un-button을 은유 확대된 의미인 to relax(긴장을 풀다)의 뜻으로도 잘 쓴다는 점이다. 필자가 유학 초기 미국식 파티 문화에 익숙하지 않았을 때 파티 중 한 미국 친구가 내게 이렇게 말했던 것을 지금도 생생히 기억하고 있다.

Come on! **Unbutton** yourself and enjoy the party.

자, 자! 긴장 풀고 파티를 즐겨 봐.

미국에서는 100% 면 셔츠를 주로 입기 때문에 주름(wrinkle) 없이 깨끗하게 다림질하여 입는 것이 중요하다. wrinkle은 크게 2가지 방향으로 은유 확대되어 쓰인다. 첫째로, new wrinkle은 셔츠에 어느새 성가신 주름이 새로 생기는 상황적 의미가 확대되어 a different or unexpected development, action, or idea(다른 또는 예기치 못하게 발생한 일, 행위, 혹은 생각)의 뜻을 나타낸다.

어떤 사건이 예상치 못했던 새로운 일을 초래한 경우 'bring a new wrinkle to ~'를 널리 쓴다. 이 표현은 전형적으로 학계나 산업 분야의 새로운 연구 결과나 기술 개발이 뜻하지 않게 다른 쪽 연구나 기술 개발에도 영향을 끼쳤을 경우에 잘 쓴다. 다림질을 하다 보면 주름을 다 깨끗이 없앴다고 생각했지만 어느새 다른 곳에 주름이 새로 잡혀 있는 것을 발견할 때가 있는데 그때의 의아한 느낌을 떠올리면 이 은유 확대 의미를 잘 이해할 수 있다.

어떤 새로운 연구 결과가 암이 우리 몸에서 어떻게 자라는지 이해하는 데 새로운 방향을 제공해 주었다면 다음과 같이 표현할 수 있을 것이다.

The new research result **has brought a new wrinkle to** our understanding of cancer growth in human body.
새로운 연구 결과는 인체에서 암이 자라는 것에 대한 우리의 이해에 **새로운 방향을 제시했다.**

둘째로, wrinkles는 small or minor problems(작고 사소한 문제들)의 뜻을 나타낸다. '다림질하여 주름을 없애다'의 iron out the wrinkles가 은유 확대되어 to solve or remove minor problems(작은 문제들을 해결하거나 제거하다)라는 뜻으로 잘 쓰인다. 예를 들어 어느 소프트웨어 개발 회사에서 신제품을 출시하기에 앞서 몇 가지 작은 문제점들만 해결하면 되는 상태라는 말을 다음과 같이 할 수 있다.

Our new software product is almost done; we just need to **iron out some wrinkles** before the release.
우리의 새 소프트웨어 상품은 거의 개발이 끝났어요. 출시에 앞서서 몇 가지 작은 문제점들을 해결하기만 하면 됩니다.

미국 영어에는 유난히 소매 관련 표현이 발달해 있다. 먼저, 남자들이 편하게 일하려고 셔츠의 소맷부리(cuff) 부분을 팔꿈치까지 접어 올리는 경우가 많은데 이것을 영어로 roll up one's sleeves라고 한다. 이 표현의 뜻이 확대되어 to get ready for a hard work(힘든 일을 할 준비를 하다)의 뜻을 나타낸다. 예를 들어 회사에서 부서 간 이사를 할 일이 있어서 모두 협동해서 짐을 날라야 한다면 상사가 다음과 같이 말할 수 있다.

It's time **to roll up our sleeves** and start moving these boxes.
이제 소매를 걷어붙이고 이 상자들을 옮길 시간입니다.

일상생활에서 상대방이 웃기는 말이나 우스운 행동을 하면 소리 내어 웃기도 하지만 드러내지 않고 속으로 웃는 경우도 적지 않다. 미국 영어에서는 이렇게 속으로 웃는 것을 laugh up one's sleeve라고 표현한다. 이 표현에 왜 '소매(sleeve)'를 응용하게 된 것일까? 서양 의복 역사에 소매가 풍선처럼 부푼 셔츠를 입던 시절이 있었는데, 웃는 모습을 들키고 싶지 않으면 그 큰 소매에 얼굴을 묻고 웃던 관습에서 생겨나 발전한 표현이라고 한다. 그래서 이 표현은 본래 laugh in one's sleeve였는데 laugh up one's sleeve로 바뀌게 되었다고 한다. 예를 들어 회사에서 어리석은 짓을 해서 상사에게 야단을 맞고 자기 자리로 돌아갈 때 동료들이 겉으로는 동정하는 표정을 짓고 있지만 속으로는 웃고 있을 거라는 걸 알고 쓸쓸한 심정을 다음과 같이 표현할 수 있다.

My colleagues looked sympathetic, but I knew that they were laughing up their sleeves.
내 동료들이 안됐다는 표정을 지었지만, 나는 그들이 속으로는 웃고 있다는 것을 알고 있었어요.

미국 영어에서 sleeve가 들어간 표현으로 가장 널리 쓰는 것이 an ace up one's sleeve이다. 여기서 ace는 카드 게임에서 최고 카드인 ace card를 뜻하며, 이 표현은 포커(poker) 같은 게임을 할 때 소매에 ace card를 숨기고 있다가 결정적인 순간에 쓰는 속임수 행위를 묘사한 데서 파생한 것이라고 한다. 이 뜻이 확대되어 a hidden or secret advantage or resource(숨겨진 비밀스러운 이점 혹은 자산)를 뜻한다. 예를 들어 상사가 협상의 중요한 순간에 결정적인 호소를 하여 상대방을 설득하는 능력을 가지고 있다면 다음과 같이 말할 수 있다.

Again, I count on my boss to **have an ace up his sleeve** at the last minute in this negotiation.
또 나는 상사가 이 협상의 마지막 순간에 꺼내 들 결정적인 카드를 갖고 있다고 믿어요.

caught with one's pants down – 불륜 현장 발각

Clothing Metaphor (5) belt, skirt, pants

이제 눈을 하의로 돌려서 벨트(belt)부터 시작해서 스커트(skirt)와 바지 (pants) 관련 표현들을 살펴보기로 한다.

belt는 허리 부위에 차서 바지나 스커트를 고정하는 기능을 한다. 개 인의 기호에 따라 느슨하게 혹은 꽉 조일 정도로 차기도 한다. 우리 말에서 '허리띠를 졸라매다'라는 말은 '경제적으로 힘든 상황에서 최대한 절약하며 힘을 내어 노력하다'의 뜻으로 잘 쓰인다. 영어에 서도 tighten one's belt는 그 뜻이 은유 확대되어 to reduce or limit one's budget, to live more modestly(지출을 줄이고 절약하며 살다)의 뜻을 나 타낸다. 예를 들어 회사 상황이 안 좋을 때 한동안 모두 절약해서 힘 을 비축하면 다시 일어날 수 있다는 취지의 말을 다음과 같이 할 수 있다.

We can overcome this difficult time, if all of us **tighten our belts** for a while.

우리 모두 잠시 허리띠를 졸라매면 이 어려운 시기를 극복할 수 있어요.

belt에서 파생돼 널리 쓰이는 관용 표현으로 꼭 익혀야 할 것이 'have ~ under one's belt'이다. 이 표현은 이미 먹은 음식을 잘 소화한 상황적 의미가 은유 확대되어 과거에 경험했거나 이미 성취한 상황을 뜻한다. 예를 들어 대학 영문과의 셰익스피어(Shakespeare) 강의 시간 중 교수가 학생들에게, 『햄릿(Hamlet)』을 다 읽었으므로 『맥베스(Macbeth)』 읽기에 나설 수 있다는 말을 다음과 같이 할 수 있다.

Now that you've got *Hamlet* **under your belt**, you can challenge yourself to read *Macbeth*.

이제 여러분은 『햄릿』을 다 끝냈으니 『멕베스』 읽기에 도전할 수 있습니다.

belt에서 파생된 잘 쓰는 관용 표현으로 또 알아 두어야 할 것이 hit ~ below the belt이다. 이 표현은 본래 권투(boxing) 경기에서 금지하는 벨트 밑의 급소를 가격하는 반칙 행위(illegal blow)를 가리키는데 그 뜻이 은유 확대되어 to deal someone an unfair blow(~에게 불공정한 공격을 가하다)의 뜻을 나타낸다. 예를 들어 회사의 같은 부서에 승진 경쟁 상대가 있는데, 그가 승진에 눈이 멀어서 상사에게 자신의 사적인 문제점을 일러바치는 비겁한 공격을 했다면 다음과 같이 말할 수 있을 것이다.

I know that Bill desperately wants to get promoted. But he hit me below the belt when he told the boss about my personal problems.
빌이 승진하기를 간절하게 원한다는 것을 저도 압니다. 하지만 그가 상사에게 내 개인적인 문제들에 대해서 말한 건 비겁한 공격을 한 거라고요.

belt는 허리에 착용하면 둥근 띠의 형태를 이룬다. 그래서 이 형태적 특성을 환유한 표현으로 beltway라는 용어가 잘 쓰인다. 이때 beltway는 a high-speed highway that encircles or skirts an urban area(도시 지역을 둘러싸거나 외곽을 도는 고속도로)를 뜻한다.
미국 수도인 워싱턴 D.C.(Washington D.C.) 외곽에는 beltway가 잘 발달해 있다. 우리 수도 서울의 '외곽순환고속도로'를 영어로 번역할 때이 표현을 쓰면 적합하다. 외국인이 성남 지역에서 부천까지 어떻게갈 수 있는지 길을 묻는다면 외곽순환고속도로를 타고 중동 IC에서나가라는 말을 다음과 같이 할 수 있을 것이다.

Take the Seoul Beltway (Route 100) north to the Ilsan direction and exit at the Jungdong IC.
서울외곽순환고속도로(100번 도로)를 일산 방향으로 타고 중동 IC에서 나가세요.

바로 앞에서 소개한 beltway의 영문 정의에서 skirt를 다시 살펴보자. 명사로는 '치마'를 뜻하는 skirt를 동사로 써서 '~의 바깥 혹은 외곽을 돌다'라는 뜻을 나타내었다. 이 뜻은 스커트가 바지와 달리 바깥으로 넓게 벌어진 형상적 특징에서 환유한 것으로 보인다. 이 뜻과 관련해 가장 많이 쓰는 단어가 outskirts이다. 이것은 the part or region remote from a central district, as of a city or town(시나 읍의 중심지에서 멀리 떨어진 지역)을 뜻하는 용어로 널리 쓰인다. 앞의 예문에 나온 일산 신도시를 이 표현을 써서 다음과 같이 설명할 수 있다.

Ilsan is a new town in the outskirts of Seoul, which is about 20 kms away to the north of Seoul.
일산은 서울 외곽 지역에 있는 신도시인데, 서울 북쪽으로 20킬로미터 정도 떨어져 있어요.

같은 맥락의 표현인 'skirt around ~'는 to avoid or evade ~ (~을 피하거나 회피하다)의 뜻으로 잘 쓰인다. 회사에서 성 평등 문제를 제기할 때마다 계속 은근히 회피하는 상사를 다음과 같이 비판할 수 있다.

My boss seems to be a sexist. He skirts around the issue whenever we bring up the problems related to gender equality in the workplace.

내 상사는 성차별주의자인 거 같아요. 우리가 직장에서 성 평등과 관련된 문제를 꺼낼 때마다 그 쟁점을 슬슬 피해 가거든요.

미국 영어에서 바지(pants)와 관련해 널리 쓰이는 표현이 caught with one's pants down이다. 말 그대로 '바지를 내린 채 잡힌'의 뜻인데 그 당혹스러운 상황적 의미가 확대되어 discovered in an embarrassing situation(당황스러운 상황에서 남에게 들킨)의 의미로 잘 쓰인다.

이 표현의 기원은 고대 로마 시대 때 행군 중 급하게 길가에서 바지를 내리고 용변을 보다가 실제로 총을 맞고 죽은 황제에서부터, 미국의 개척 시대에 화장실에서 용변을 보다가 인디언의 불시 공격을 당한 카우보이들까지 이야기가 다양하다. 가장 설득력 있고 직접적으로 와닿는 상황은 아마도 다른 여자와 바람을 피우다가 그 모습 그대로 들켰을 경우일 것이다. 이 표현은 특히 평소에 점잖은 언행을 하던 사람이 창피한 일을 저지른 후 당혹스러운 처지에 몰린 상황을 묘사할 때 효과적이다. 예를 들어 도덕과 가정의 중요성을 설파하던 정치인이 자신의 비서와 불미스러운 정사 스캔들에 휘말려 곤경에 처한 상황을 다음과 같이 보도할 수 있다.

After years of raising his voice about morality and family values, the politician **was caught with his pants down** when he was approached by a reporter and asked about his affair with his secretary.

도덕과 가족의 가치에 관해 수년간 목소리를 높여 왔던 그 정치인은 기자가 다가와 비서와의 염문에 대해서 질문하자 곤경에 처하게 되었다.

pants에서 파생된, 잘 쓰이는 표현을 또 하나 살펴보도록 하자. by the seat of one's pants라는 표현은 본래 2차 세계대전 당시 공군 조종사들이 비행기 계기판이 고장 나고 나쁜 날씨로 시야 확보가 안 될 때 조종석에 앉아서 그냥 감으로 조종한 것에서 기인했다고 한다. 이 뜻이 확대되어서 to use intuition and improvisation rather than method or experiences(방법이나 경험이 아니라 직관이나 즉흥적 판단을 이용하다)라는 뜻으로 쓰인다.

어떤 벤처 사업가를 소개받았는데 그가 확실한 계획과 체계적 준비로 사업을 하는 것이 아니라 그냥 즉흥적으로 감에 의존해서 하고 있다는 판단이 들었다면 이 표현을 써서 다음과 같이 말할 수 있다.

I think he's just an amateur. He seems to be running his business venture by the seat of his pants.

그는 그냥 아마추어인 것 같아요. 벤처 기업을 즉흥적으로 감에 의존해서 운영하고 있는 것 같거든요.

in my pocket – 내 손 안에

Clothing Metaphor (6) pocket, bag, stocking

미국 영어에는 pocket과 관련한 표현이 많이 발달해 있다. 먼저 어떤 물건을 내 주머니 속에 가지고 다닌다는 뜻의 have ~ in my pocket을 은유 확장하여 잘 쓴다. 목적어가 사람일 경우에는 to have someone under one's control or influence(누군가를 자기의 통제와 영향권 아래에 두다)라는 뜻을 나타낸다. 우리말의 '~은 내 손 안에 있다'와 유사한 표현이다. 예를 들어 회사에서 회의 도중 말을 잘 안 듣는 사원에 대한 얘기가 나왔다면, 그는 내가 잘 통제하고 있으니 걱정하지 말라는 말을 다음과 같이 할 수 있다.

Don't worry. Jason will just do what I ask him to do. I've got him in my pocket.
걱정하지 마세요. 제이슨은 제가 하라고 하는 일은 그냥 할 거예요. 그는 제 손 안에 있거든요.

이 표현은 정치나 사회 같은 큰 영역에서 재력과 권력을 이용하여 정치적 압력 등을 통해 사람을 장악하고 있다는 은밀한 불법적 통제 상태를 묘사하는 데도 널리 쓰인다. 예를 들어 몇몇 재벌 기업들(con-glomerates)이 썩은 언론인들을 매수하여 자사에 유리한 쪽으로 보도 방향과 내용을 왜곡해 온 것이 엄연한 사실이라는 말을 이 표현을 써서 다음과 같이 할 수 있다.

It is no secret that conglomerates have many corrupt journalists in their pockets.
재벌들이 많은 타락한 언론인들을 자기들 손에 쥐고 있다는 것은 비밀이 아니다.

이 표현의 목적어로 어떤 게임이나 선거 등이 올 때는 확실히 이길 것이라는 확신을 나타낸다. 예를 들어 다음 미국 대통령 선거에서는 민주당 후보가 이길 것이라는 전망을 하면서 다음과 같이 말할 수 있다.

The Democratic candidate will have the next election in his or her pocket.
민주당 후보는 다음 선거 당선을 자기 손에 쥔 상황일 겁니다.

in one's pocket의 반대 표현인 out of pocket은 말 그대로 주머니 속에서 돈을 꺼내어 쓰는 상황을 묘사한다. 이것이 형용사로 쓰인 out-of-pocket expense는 반드시 익혀 두어야 하는 중요한 표현이다. 이것은 공무로 출장 등을 갈 때 미리 받아온 교통비와 숙박비 이외에 추가로 현금을 써서 직접 쓴 비용을 가리킨다. 필자가 이 표현을 처음 듣고 익히게 된 것은 유학 시절 어느 학회에 논문을 발표하러 가게 되었을 때였다. 학과 행정 비서(department secretary)가 학회 참가 비용을 정산해 주는(reimburse) 과정을 설명하면서 다음과 같이 말했다.

All of your traveling cost will be reimbursed, including **out-of-pocket expenses** such as your meal or snacks. Save every receipt.
당신의 모든 여행 비용들이 환급될 것입니다. 식사와 간식 같은, 현금 꺼내서 쓰신 비용도 포함해서요. 모든 영수증을 챙기세요.

pocket 관련해 많이 쓰는 또 다른 표현으로 deep pockets가 있다. 말 그대로 '깊은 주머니들'이라는 뜻인데 그 상황적 의미가 은유 확대되어 abundant financial resources(풍족한 재정적 자원)를 나타낸다. 어느 회사가 풍족한 재정 능력으로 경쟁력 있는 새 상품 연구와 개발(new product R&D)에 대규모 투자를 해 온 강점이 있다는 사실을 다음과 같이 지적할 수 있다.

The strength of this company is that it has been investing massively in new product R&D with its **deep pockets**.

이 회사의 강점은 풍족한 재정적 자원으로 새 상품 연구 개발에 대규모로 투자해 왔다는 점입니다.

다음은 가방 관련 표현을 살펴보자. in the bag은 어떤 물건을 가방 속에 넣은 상태를 뜻하는데 이 뜻이 은유 확대되어 achieved or won almost as a certainty(거의 확실하게 성취하거나 이룬 것)를 뜻한다. 예를 들어 선거를 앞두고 여론 조사에서 압도적인 지지를 받던 어느 당이 확실히 이길 것으로 보았는데 돌발적인 스캔들이 일어나서 형세가 급변했다면 다음과 같이 표현할 수 있다.

With the election all but in the bag, the scandal broke out and everything has changed since then.
선거를 거의 다 이기고 있는 상황에서 그 스캔들이 터졌고 그때 이후로 모든 것이 변했습니다.

여성의 각선미를 돋보이게 하는 패션 소품은 스타킹(stocking)이다. 스타킹 관련해 잘 쓰는 표현이 2개 있다. 첫 번째는 silk stocking인데, 최고 양질의 실크로 만든 스타킹이라는 본래의 뜻이 확대되어 a wealthy, aristocratic, or elegantly dressed person(부유하고 귀족적인, 또는 옷을 우아하게 입은 사람)을 뜻한다. 연어(collocation) 표현으로 silk stocking district는 도시에서 가장 부유한 상류층이 사는 곳이라는 뜻으로 널리 쓴다. 예를 들어 뉴욕시에서 상류층이 많이 사는 곳을 다음과 같이 묘사할 수 있다.

The upper east side of Manhattan is the silk stocking district in the city.
맨해튼의 북동부 구역은 시의 상류층 동네이다.

두 번째 표현은 bluestocking이다. 이 표현은 18세기 런던에서 남자들에 비해 교육받을 기회가 적었던 여자들이 모여서 문학 작품을 읽고 공부하던 클럽에서 유래했다고 한다. 그녀들이 청색 스타킹을 신곤 했기에 현대 영어에서 bluestocking은 a scholarly, literary, or cultured woman(학구적이고 교양 있는 문학 여성)을 뜻한다. 흥미로운 것은, 이것이 여자들의 지적인 활동을 남자들이 조롱 섞인 시선으로 보면서 시작된 용어이기 때문인지 현대 영어에서도 지적인 여성을 폄하하는 느낌으로 잘 쓰인다는 점이다. 예를 들어 외모나 이성에 신경쓰기보다는 공부에 열중하는 여자들을 못난 남자들이 부정적인 시선으로 보며 다음과 같이 말하곤 한다.

She is a bluestocking who is much more interested in books than men.
그녀는 남자보다는 책에 훨씬 더 관심이 더 많은 교양녀야.

Every Jack has his Jill – 짚신도 짝이 있다

Clothing Metaphor (7) socks, shoes, boots

이제는 발과 다리로 눈을 돌려서 양말(socks)과 신발(shoes), 장화(boots) 관련 표현들을 살펴보기로 한다.

먼저 양말(socks)에서 파생된 의미 확장 표현으로 미국 영어에서 널리 쓰이는 것이 있다. knock one's socks off는 동사 knock off ~ (~을 때려서 넘어뜨리다)의 이미지에서 짐작할 수 있듯이 to impress or overwhelm ~ (강한 인상을 주어 ~을 압도하다)의 뜻으로 잘 쓰인다. 예를 들어 어떤 밴드의 공연에 갔는데 그들의 열정적인 음악에 매료되고 압도당했다면 다음과 같이 그 소감을 표현할 수 있다.

The performance of the band knocked my socks off!
난 그 밴드의 공연에 압도적으로 매료됐어요!

미국 영어에서는 신발(shoes)에서 파생된 은유 확대 표현이 많이 발견된다. 상대방의 입장이 되어서 생각해 보라는 뜻을 영어에서는 put yourself in one's shoes라고 한다. 즉 그 사람의 신을 신어 본다는 뜻이 은유 확장되어 '역지사지'의 뜻을 표현한다. 예를 들어 어떤 동료의 행동에 비판적이기만 한 친구가 있다면, 그 동료의 입장에서 생각해 보면 다른 선택을 하기가 말처럼 쉽지 않았을 거라고 일깨워 주면서 다음과 같이 말할 수 있을 것이다.

I understand you're critical of what Jenny did. But put yourself in her shoes and tell me what you could have done differently. It's easier said than done.
네가 제니가 한 일에 비판적인 것은 알겠어. 하지만 그녀의 입장에서 생각해 보고 너라면 무엇을 다르게 할 수 있었을지 말해 봐. 행동보다 말이 쉬울 뿐이야.

또 하나 잘 쓰는 표현은 fill one's shoes이다. 이 표현은 말 그대로 '누군가의 신발을 채우다'라는 뜻인데 그 뜻이 은유 확대되어 to take the place of someone and do his/her work satisfactorily(누군가의 자리를 대신하여 그 사람의 역할을 만족스럽게 해내다)의 뜻으로 널리 쓰인다. 예를 들어 회사에서 일을 정말 잘하던 직원이 떠나고 난 공백 상황을 다음과 같이 표현할 수 있다.

Since Susan left, it's been hard to fill her shoes. We now realize that she did so much for the company.

수잔이 떠난 이래로 그녀의 공백을 채우기가 어려웠습니다. 그녀가 회사를 위해서 그리도 많은 일을 했다는 것을 이제 깨닫게 됩니다.

새 신발을 사서 신으면 아직 발에 잘 맞게 길들지 않아서 아픈 부분이 생기기도 하는데 그런 부분을 영어로 where the shoe pinches라고 한다. 이 표현의 뜻이 은유 확대되어 where trouble or stress originates(문제점이나 갈등이 생긴 곳)를 의미한다. 예를 들어 회사에서 새로 시작한 사업이 노력과 투자에 비해서 별로 성과가 나고 있지 않아서 걱정이라는 표현을 다음과 같이 할 수 있다.

It might be too early to say this, but I think that this new project is where the shoe pinches. We are putting in too much work with too little payoff.

이렇게 말하기에는 너무 이를 수도 있겠지만 나는 이 새 프로젝트가 문제가 생기는 부분이라고 생각해요. 일과 노력을 너무 많이 들이는 데 비해 이득은 너무 적게 보고 있어요.

미국 영어에는 장화(boots)에서 파생해 은유 확장된 표현들도 발달해 있다. 가장 흥미로운 표현은 '해고하다'를 나타내는 give ~ the boot

이다. 이 표현에서 떠오르는 이미지는 장화 신은 발로 상대방을 차는 것인데, 어떤 결정적인 잘못을 한 사람을 해고한다는 뜻으로 잘 쓰인다. 예를 들어 식당에서 종업원(waiter)이 손님에게 뜨거운 수프(soup)를 쏟아서 화상을 입히는 치명적인 실수를 한 후 해고를 당했다면 다음과 같이 묘사할 수 있다.

After the waiter accidentally spilled the hot soup on the VIP's lap, the manager gave him the boot.
웨이터가 VIP 손님의 무릎 위에 뜨거운 수프를 실수로 쏟은 후 매니저는 그를 해고했다.

이와 대조적으로 우리말에는 옛날에 신던 전통 신발에서 파생된 표현들이 발달한 것이 흥미롭다. 먼저 '고무신'이 들어간 표현으로 '고무신을 거꾸로 신었다'가 있다. 군대에 간 남자 친구를 기다리지 않고 다른 남자와 사귀게 된 상황을 가리키며 잘 쓰이는 말이다. 또한 '짚신도 짝이 있다'는 표현은 언뜻 보기에는 매력이 없는 사람이라도 좋아하는 사람이 있다는 뜻으로 쓰인다. 영어로는 "Every Jack has his Jill."이 이것과 같은 뜻이다. 예를 들어 회사에서 외모도 떨어지고 말도 늘 어눌하게 하는 동료를 두고 다음과 같은 대화가 오갈 수 있을 것이다.

A : I wonder whether Jack has ever gone out with a girl.

　　나는 잭이 여자와 데이트라도 한번 해봤는지 모르겠어.

B : Why do you say that? Every Jack has his Jill.

　　왜 그런 말을 해? 짚신도 다 짝이 있는 법이거늘.

boot에서 파생한 또 하나의 흥미로운 표현이 있다. die with one's boots on은 말 그대로 '장화를 신은 채로 죽다'라는 뜻인데 그 상황적 의미가 은유 확대되어 to die while still active on one's duty(근무 수행 중 죽다), 즉 '순직하다'라는 뜻으로 널리 쓰인다. 전투 중 병사가 군화를 신고 죽은 상황에서 유래했다는 설이 가장 설득력이 있다. 현대 영어에서는 '자신이 평생 사랑하던 일을 끝까지 수행하다가 그 현장에서 죽다'라는 뜻을 나타낼 때 잘 쓰인다. 예를 들어 삼촌이 학교에서 스포츠 팀의 코치로 일을 하다가 갑자기 심장마비로 사망하였을 때 슬프기도 하지만 그가 평생 사랑하던 일을 하다가 그 현장에서 돌아가신 것에 자랑스러운 느낌도 든다는 취지의 말을 조카로서 다음과 같이 할 수 있을 것이다.

I feel so sad, but I also feel proud to hear that my uncle died with his boots on while he was coaching his high school football team. I guess at least he died while doing what he loved throughout his life in his favorite place.

저는 삼촌이 고등학교 미식축구팀 감독 일을 하시다가 일하는 중에 돌아가셨다는 소식을 듣고 너무도 슬프지만 자랑스럽기도 합니다. 적어도 삼촌이 가장 아끼는 장소에서 그분의 인생 내내 가장 좋아하던 일을 하다가 돌아가신 것일 테니까요.

hang by a thread – 한 올의 실에 매달린 듯한 위기

Clothing Metaphor (8) hand-me-down, tailor, seams,
patch, shred, thread, needle

우리가 입는 옷은 소모품이다. 옷을 입다 보면 수선할 곳이 생기기도
하고 변색이 일어나거나 낡게 된다. 여기서는 새 옷과 헌 옷, 옷의 수
선 관련 표현들이 은유 확대된 예들을 분석해 보기로 한다.

이 주제와 관련해 가장 먼저 떠오르는 영어 표현이 hand-me-down
이다. 말 그대로 '내게 내려준 것'이라는 뜻인데 의미 확장되어 '집안
에서 물려받는 헌 옷'의 뜻으로 널리 쓰인다. 손위 형제나 자매가 있
는 집의 막내라서 늘 언니가 입던 옷을 물려받아서 입다가 어느 날
부모님이 자신만을 위한 새 옷을 사주었다면 그 감격을 오랫동안 잊
지 못할 것이다. 그 기쁨을 다음과 같이 표현할 수 있다.

I vividly remember the day when I finally put on a new coat my

Mom bought for me after years of hand-me-downs from my older sister.

나는 수년 동안 언니한테 물려받은 옷만 입다가 마침내 엄마가 나에게 사 준 새 외투를 입었던 날을 생생하게 기억해요.

특별한 경우에 남자들은 셔츠나 양복, 여자들은 블라우스나 정장 등을 맞추어 입기도 한다. 옷을 맞추어 입는 것을 영어로는 tailor로 표현하는데 그 뜻을 은유 확대하여 '특정 기호나 수요에 맞추다'의 뜻으로 많이 쓴다.

4장에서 대학 강의의 목표 같은 것을 서술할 때 자동차 은유로 'be geared to ~' 표현을 잘 쓴다고 소개했는데, 'be tailored to ~'도 같은 맥락의 은유 확장 표현으로 쓰인다. 예를 들어 대학 강의 계획서에는 첫 문장으로 다음과 같은 문장이 전형적으로 등장한다.

This course is tailored to those students who want to improve their listening comprehension abilities in English.

이 과목은 영어 청해 능력을 향상시키고 싶어 하는 학생들에게 맞추어져 있습니다.

형용사 tailor-made는 다음과 같이 어떤 직업이나 직책을 특정인에게 맞추어 만들었다는 뜻으로 자주 쓰인다.

200

This position is tailor-made for you.
이 직급은 당신을 위해서 맞춘 자리입니다.

옷을 오래 입다 보면 셔츠나 블라우스의 실로 꿰맨 이음매(seams), 즉 솔기 부분이 뜯어지기도 하는데 이것을 come apart at the seams라고 한다. 이 뜻이 확대되어 정상적으로 잘하던 일을 망치게 된 상황을 묘사할 때 잘 쓰인다. 특히 스포츠 분야에서 잘 싸우던 팀이 마지막 중요한 승부의 분기점에서 결정적인 실수를 해서 경기를 망치고 졌을 경우에 자주 쓴다.

We played relatively well throughout the game. It's too bad that we came apart at the seams at the last minutes of the game.
우리는 경기 내내 비교적 잘 싸웠습니다. 그런데 마지막 몇 분을 남기고 와르르 무너져서 정말 속상해요.

seams에서 파생해 널리 쓰이는 또 다른 은유 확대 표현으로 burst at the seams가 있다. 이 표현은 덩치가 큰 사람이 작은 옷을 입거나 가방 안에 너무 많은 물건을 넣으면 이음매의 실밥이 터지는 상황을 나타내는데 이 뜻이 은유 확대되어 to be overly crowded(넘치도록 지나치게 붐비다)의 의미로 잘 쓰인다.
매일 아침 서울의 출근길 지하철이 안 그래도 붐비는데 사고로 연착

이 되어서 정말 발을 디딜 틈도 없을 정도였다면 이 표현을 써서 다음과 같이 그 장면을 효과적으로 묘사할 수 있다.

Due to all the delays this morning, the train station **was bursting at the seams**.
오늘 오전, 거듭되는 연착 때문에 기차역이 터질 듯이 붐볐습니다.

또 옷이 낡아져서 구멍이 생기면 이때는 바늘과 실을 이용하여 헝겊을 대어 수선을 하게 된다. 이 일상적인 옷 수선일과 관련된 표현이 은유 확장되어 쓰이는 경우가 많다. 먼저 옷에 '헝겊을 대어 깁다'의 patch up이 은유 확대되어 옷 이외의 다른 것들의 손상된 부분을 수리할 때 잘 쓰인다. 예를 들어 도로에 생긴 구멍을 pothole이라고 하는데 이것을 때워서 공사할 때 이 표현을 쓴다.

When I was driving by, a team of road crews were **patching up** potholes.
차를 몰고 지나가고 있었는데 도로 공사 인부들 한 팀이 도로 구멍들을 때우고 있었다.

종이나 헝겊 조각을 shred라고 한다. 미국 영어에서 not a shred of evidence[proof]는 거의 굳어진 표현으로 널리 쓰인다. 말 그대로 '한 조각의 증거나 증명도 없다'는 뜻인데, 언론에서 의혹을 부풀려 보도를 하고 있지만 실제 증거는 하나도 없다는 뜻을 강조할 때 효과적으로 사용할 수 있다.

Despite all the scandalous reports by the media, the prosecutors haven't found a shred of evidence to prove she is guilty.
언론의 수많은 가십성 보도에도 불구하고 검사 측은 그녀가 유죄임을 증명할 증거를 한 조각도 발견하지 못했다.

우리는 밀접한 관계에 있는 두 사람을 '바늘과 실 같은 존재'라고 말하는데 영어에서는 "Where the needle goes, the thread follows(바늘 가는 곳에 실 따라간다)."는 식으로 잘 말한다. 실을 thread라고 하는데, 이 단어가 들어간 hang by a thread도 많이 쓰인다. 이 표현은 말 그대로 '실 한 올에 매달려 있다'인데 그 뜻이 은유 확대되어 to be in a risky and unstable situation(위험하고 불안정한 상황 속에 있다)으로 널리 쓰인다. 단추가 실 한 가닥에 매달려 간신히 떨어지지 않고 있는 상황을 떠올리면 그 확대된 은유의 뜻을 잘 이해할 수 있다. 예를 들어 어느 회사가 한 달 내에 한두 건의 대형 수주를 하지 못한다면 그냥 회사 문을 닫아야 할 위기라는 상황을 다음과 같이 묘사할 수 있다.

The future of this company hangs by a thread unless we get one or two big orders by the end of this month.

이번 달 말까지 한두 건의 큰 주문을 수주하지 못한다면 이 회사의 미래는 한 올의 실에 매달려 있는 것이나 마찬가지입니다.

끝으로 바늘(needle)을 동사로 쓴 표현이 은유 확대되어 쓰인 용례를 익히도록 하자. 우리말로도 '바늘로 콕콕 찌르는 두통'이라는 표현을 잘 쓰는데, 이런 두통을 영어로는 a pricking headache라고 말한다. 동사 needle은 이 성가시게 계속되는 공격성에 기초하여 to deliberately annoy someone by continuously making offensive remarks(계속 의도적으로 공격적인 말을 하여 상대방을 괴롭히다)의 뜻으로 잘 쓰인다. 예를 들어 검사가 법정에서 피고인 측에 유리한 증언을 하러 온 증인을 상대로 의도적으로 사적인 질문까지 하면서 괴롭혔다는 상황을 다음과 같이 묘사할 수 있다.

The prosecutor kept needling the witness with unnecessary questions about her personal life.

검사는 사생활 관련 불필요한 질문으로 증인을 바늘로 찌르듯이 계속 괴롭혔다.

영어에서 동사 wear는 wear a shirt, wear a scarf, wear a tie, wear shoes, wear glasses 등의 예에서 보듯이 우리 몸에 착용하는 것들에 대해서 만능 동사처럼 광범위하게 쓰인다. 반면 우리말에는 몸에 착용하는 부위와 방식에 따라 '입다, 두르다, 매다, 신다, 끼다' 등 훨씬 다양한 동사들이 발달했다.

언어는 문화를 반영한다. 한 언어에서 어떤 분야를 묘사하는 용어들이 다른 언어보다 더욱 발달했다는 것은 그 분야의 역사와 전통이 깊을 뿐 아니라 더욱 세심하고 정교한 기술이 발달해 있다는 사실을 증명한다. 흔히 우리나라가 미국보다 패션 산업이 뒤처져 있다고 여기지만 물질적 투자 여건이 부족해서 그 저력이 발휘되지 못한 것이지, 우리 조상들의 패션 감각과 섬세함이 훨씬 앞서 있었고, 이 잠재력이 점점 발휘되기 시작하고 있다는 생각이 든다.

이 사실을 좀 더 확대해서 생각해 보자. 우리 한국의 현대사를 생각해 보면 해방 후 극심한 이념 대립으로 분단의 아픔과 민족상잔의 시련을 겪은, 실로 수많은 질곡과 고통의 순간들이 점철된 역사였다. 그러나 우리는 OECD 국가들 중 유일하게 식민 지배를 극복하고 세계 선진국 대열에 진입한 놀랄 만한 성과를 이루어냈다. 이 성과의 저변에는 무엇보다도 우리 한국 사람들의 근면성과 우수성이 깔려 있다고 본다. 그런데 필자가 보기에는 실로 자랑스러운 이런 성과에도 불구하고 아직도 적지 않은 이들이 우리 민족의 우수성을 스스로 의심하고 폄하하며 남의 것을 동경하는 사대주의적 근성을 가지고 있는 것 같다. 35년의 일제강점기에 일제 세력이 우리를 학대하고 열등감을 깊이 심어 놓은 탓에 여전히 많은 한국인의 자아의식이 오염돼 있고, 근대화 과정에서 미국의 절대적 영향력으로 인해 서구 지향 사대주의를 제대로 극복하지 못한 이유도 크다고 할 수 있을 것이다.

세상이 급격하게 바뀌고 있다. 코로나 사태 이후 우리나라는 세계가 주목하는 방역과 경제 회복의 두 마리 토끼를 성공적으로 잡은 모범 사례를 보여 주면서 당당히 세계의 리더로 등장하고 있다. 이제 사대주의적 열패감에 사로잡혀서 미국과 일본을 동경하는 후진적인 나라가 아니며 오히려 저들이 보고 배워야 할 촛불혁명으로 주권재민의 모델을 만들고 아름다운 문화를 꽃피운 나라가 되었다. 더구나 한국 대중문화의 전 세계적 인기는 한국의 세계적 위상이 허상이 아님을 증명한다. 우리의 것을 자신 있게 보여 주며 남들을 이끄는 수준이 된 것을 깨닫고 당당히 세계를 이끄는 나라를 만들어 나가야 한다.

제 6 장
미국의 음식 문화(Food Metaphor)

언어는 문화의 거울이다. 각 문화권의 모습을 가장 잘 보여주는 것이 그 언어문화권에서 널리 쓰는 음식과 식생활 관련 은유 표현들이다. 인간의 가장 원초적인 생활 문화 중의 하나가 음식 문화일 것이다. 사람은 음식을 섭취하지 않고서는 살 수 없다. 그래서 인류는 사는 지역의 자연조건과 환경에 따라서 다양한 음식 문화를 발전시켜 왔다. 이번 장에서는 미국 영어에서 자주 쓰이는 음식 관련 은유와 환유 표현들을 집중 분석함으로써 미국인들의 생활 문화를 한국 문화와 비교해 조명해 보며 심층적으로 이해하기로 한다.

삼성의 bread and butter product는 반도체

Food Metaphor (1) bread winner, bread and butter, a piece of cake

우리 한국인의 주식은 밥이다. 요즈음은 빵과 피자 등 밀가루 음식을 자주 먹기도 하고 세계화 추세 덕분에 세계 각지의 다양한 음식도 즐기지만, 여전히 하루 한 끼는 밥을 먹지 않고 지내는 사람들이 드물 정도로 밥은 주된 음식이다. 밥의 익숙함과 중요함은 우리 언어에 그대로 드러나 있다. 우리는 일상에서 밥이 들어간 은유 표현들과 숙어 표현들을 광범위하게 사용한다. 예를 들어 '밥맛 없다' 혹은 '밥맛 떨어진다' 같은 표현을 은유 확대하여 불쾌한 기분을 일으키거나 마음에 들지 않는 사람을 묘사하는 데 쓴다. "밥 먹었니?" 또는 "밥은 먹고 다니냐?" 같은 말은 일상생활의 인사 표현으로 굳어져 쓰인다.

우리 한국인들에게 밥을 지어 함께 먹는 행위는 매우 의미 깊은 일체감을 준다. 이 때문인지 요즘은 솥에다 직접 밥을 지어 먹지는 않지만 '한솥밥을 먹다'라는 표현이 '한 팀이나 조직 속에 있다'는 뜻으로 잘 쓰인다. 예를 들어 신문의 스포츠 기사에서 다음과 같은 기사 제목을 자주 보게 된다.

류현진, 6년 동안 한솥밥을 먹었던 푸이그와의 대결에서 완승

흥미로운 것은 이전 소속 팀을 '친정 팀'이라고 은유하여 표현한다는 점이다. 미국 영어에서는 같은 뜻을 '이전의'라는 뜻의 형용사 former 를 써서 one's former team이라고 다소 무미건조하게 표현하는 것이 대조적이다.

미국인들의 주식은 빵이다. 미국 영어에서 빵(bread) 관련 은유와 환유 표현이 많이 쓰이는 것을 확인할 수 있다. 우리말에서는 가족의 생계를 책임지는 사람을 '가장(家長)'이라는 한자어로 표현한다. 반면 미국 영어에서는 같은 뜻을 bread winner라고 한다. 즉 집안 식구들이 먹을 것을 벌어 오는 사람이라는 뜻의 은유 표현이다.

미국인들이 빵을 먹는 전형적인 방식은 구워서(toast) 버터(butter)나 잼(jam)을 발라 먹는 것이다. 여기서 파생된 표현이 바로 bread and butter이다. 이 표현은 주로 2가지 문형에서 잘 쓰인다. 그중 하나는 one's bread and butter로, the thing that provides you with most of the money you need in order to live(생계유지를 위해 필요한 대부분의 돈을 벌게 해 주는 일)라는 뜻을 은유한다. 다른 하나는 이 표현을 형용사로 써서 bread and butter product[question/issue/play] 등의 언어 표현(collocation)을 만드는 것이다. 예를 들면 삼성의 주력 상품이 반도체라는 사실을 다음과 같이 2가지 형식을 빌려 표현할 수 있다.

Semiconductor business is **Samsung's bread and butter.**
반도체 사업이 삼성의 주력 사업이다.
Semiconductors are the **bread and butter product** of Samsung.
반도체가 삼성의 주력 상품이다.

bread and butter는 스포츠 분야에서도 널리 쓰인다. 어느 종목에서든지 가장 기본적으로 익혀야 하는 기술이 있게 마련인데 이것을 bread and butter play라고 말한다. 예를 들어 농구에서 공격할 때 일시적으로 상대방 수비수에게 몸을 밀착하여 장벽(screen, pick)을 만들었다가 동료 선수가 옆으로 드리블하여 전진할 때 돌아서면서(roll) 패스를 받는 기술을 pick and roll이라고 하는데 이것이 농구의 가장 기본적인 플레이이다. 이것을 다음과 같이 영어로 표현할 수 있다.

Pick and roll is the **bread and butter play** in basketball.
픽 앤 롤이 농구에서 기본 기술이다.

우리 문화권의 밥과 마찬가지로 영어의 bread는 매일 먹는 양식을 환유한다. 그리스도교 신앙인들의 주기도문에 등장하는 '우리에게 일용할 양식을 주시고…' 부분을 영어로는 Give us a daily bread and… 라고 표현한다. 또 가톨릭 신앙의 핵심은 성체 성사, 즉 예수님의 성체와 성혈을 받아먹음으로써 영원한 생명(eternal life)을 얻는다는 것이다. 한국어로는 예수님의 성체를 '생명의 빵' 혹은 '생명의 양식'이라고 하는데 영어에서는 이것을 bread of life라고 표현한다.

한국어 문화권에서는 쌀로 밥을 지어 먹기도 하지만 죽을 쑤거나 떡을 만들어 먹기도 한다. 마찬가지로 미국 영어 문화권에서도 밀가루로 cake, pancake, sandwich, pie, pizza 등 실로 다양한 종류와 형태의 빵을 만들어 먹는다. 우리에게 죽과 떡이 익숙한 먹거리라면 미국 사람들에게는 각종 케이크와 파이가 익숙한 먹거리인 셈이다. 이런 상대적인 익숙함이 언어에 그대로 투영되어 있다. 우리말에서는 일상생활에서 '어렵지 않고 수월하게 할 수 있는 일'을 '식은 죽 먹기' 혹은 '누워서 떡 먹기'라고 은유 표현하는 반면, 영어에서는 같은 뜻을 a piece of cake라고 한다. 예를 들어 중요한 발표를 앞두고 떨고 있는 동료에게 다음과 같이 말하면서 긴장을 풀어줄 수 있다.

Don't be too nervous. It's a piece of cake. You will do a good job.
너무 떨지 마세요. 아무것도 아닌 쉬운 일이에요. 당신은 잘할 겁니다.

호떡집에 불났다 *vs* selling like hotcakes

Food Metaphor (2) hotcake, pancake, toast, sandwich, pie

미국 영어에서는 주식인 빵(bread)의 다양한 종류에서 파생된 은유 확대 표현이 많이 관찰된다.

가장 먼저 cake 관련 표현으로서 sell like hotcakes를 반드시 알아야한다. 이것은 to be sold very quickly and in large amounts(대단위 양으로 매우 빨리 팔리다)라는 뜻을 나타내는 은유 표현이다. 우리말의 '호떡집에 불났다'는 표현과 비슷한 맥락의 뜻이다. 예를 들어 어느 자동차 회사가 새로 기획 출시한 SUV 모델이 시장에서 날개 돋친 듯이 팔리고 있다면 다음과 같이 말할 수 있다.

The new SUV model we have just launched is now **selling like hotcakes**.
우리가 막 출시한 새 SUV 모델이 지금 날개 돋친 듯 잘 팔리고 있습니다.

미국인들은 아침 식사로 팬케이크(pancake)를 즐겨 먹는다. pancake는 밀가루에 우유와 달걀을 넣어서 납작하게 구운 케이크로, 달콤한 syrup을 발라 먹는다. pancake를 동사로 써서 누군가를 pancake처럼 납작한(flat) 형상으로 만들었다는 의미를 나타낼 수 있는데, 이 표현이 미식축구 담화(American football talk)에서 널리 쓰인다.

미식축구 경기에서 공격 선수(offensive line)가 뒤에서 공을 잡고 전진하는 러닝백(running back)에게 길을 열어 주려고 상대방 수비 선수(defensive line)를 막아서 밀쳐 버리는 것을 block이라고 한다. 이때 힘이 너무 좋아서 상대방 선수를 밀쳐 바닥에 납작하게 넘어지게 해 큰 공격 구멍(hole)을 만들었다면 그 상대방 선수를 pancake 했다고 말한다.

Jon Runyan pancaked him and created a huge hole for the running back.

존 루냔이 그를 펜케이크처럼 납작하게 눌러 넘어뜨려서 러닝백을 위해 큰 구멍을 만들어 주었다.

미국 사람들이 아침으로 가장 흔하게 먹는 빵은 구운 식빵(toasted bread)이다. 가정에서는 물론 24시간 미국식 아침 식사(American style breakfast)를 제공하는 작은 식당(diner)에 가면 가장 전형적인 아침 식사로 커피와 함께 달걀 2개(two eggs)와 햄이나 베이컨 그리고 toasted bread를 버터나 잼에 발라 먹도록 내놓는다.

흥미로운 것은 미국 영어에서 뭔가 잘못을 저지른 상대방에게 "You're toast."라고 말하면서 "You're in big trouble."이라고 강한 경고성 발언을 하는 데 toast를 널리 쓴다는 점이다. 토스터(toaster)에 식빵을 넣어 구울 때 보통은 굽기 정도를 잘 조절하여 연한 갈색으로 먹기 좋게 식빵을 굽는다. 그런데 어떤 이유에서인지 식빵을 새까맣게 태워 도저히 먹을 수 없게 되는 경우가 있다. 이 상황이 돌이킬 수 없이 망했다는 뜻을 나타내게 된 듯하다. 즉 우리말로 '너는 이제 끝장이다'라는 뜻을 전달한다. 예를 들어 회사에서 불법적으로 사익을 취득하고 있는 동료에게 당장 그만두지 않으면 심각한 일이 일어날 것이라는 경고성 발언을 다음과 같이 할 수 있을 것이다.

You must stop doing this. If the boss finds out about it, you are toast.
너 이 일을 멈추어야 해. 상사가 알게 된다면 너는 끝장이야.

미국 사람들은 점심으로 hamburger나 sandwich 등을 즐겨 먹는다. 잘 알려진 것처럼 sandwich는 18세기 초 영국의 Sandwich 백작이 노름에 빠져서 식사할 시간도 아껴가며 노름을 계속하기 위해 빵 조각 사이에 다른 음식물을 끼워 넣어서 먹었던 데서 생겨났다고 한다. 이런 유래로 미국 영어에서는 sandwich를 동사로 써서 to be in a very small space between the two other things(좁은 공간 안에서 다른 두 개 사이에 끼어 있다)라는 상황적 의미를 나타낸다. 예를 들어 지하철에서 양쪽에 덩치가 매우 큰 사람들 사이에 앉아 있어서 불편했다면 그 상황을 다음과 같이 묘사할 수 있다.

I got sandwiched between the two huge men.
나는 두 덩치 큰 남자 사이에 끼여서 샌드위치가 되었다.

미국의 직장 생활 문화에서 널리 쓰는 표현으로 sandwich leave policy 가 있다. 회사에서 일 년 중 자신이 원하는 날짜만큼 쉬는 날을 갖는 것을 '연차를 내다'라고 표현하는데, 연차를 영어로는 annual leave라 고 하며 특정한 날에 연차를 내는 것을 'take leave on ~'이라고 한다. 회사들은 긴 휴일의 중간에 낀 근무일에 휴가를 낸 것을 연차 계산에 넣지 않는 경우가 많은데 이것을 sandwich leave policy라고 한다. 어 떤 회사들은 이것을 더 탄력적으로 적용해서 부가 혜택(fringe benefit)의 일부로 내세우는 경우도 있다. 이 상황을 다음과 같이 묘사한다.

We have a flexible **sandwich leave policy** as part of fringe bene-fits.
우리 회사에는 부가 혜택의 일부로 탄력적인 샌드위치 연가 정책이 있습니다.

미국 사람들은 식사 후 디저트(dessert)로 과일이 들어간 단맛의 파이

(pie)를 즐겨 먹는다. 이 빵은 피자처럼 둥근 한 판으로 구워서 먹기 때문에 각자 원하는 만큼 잘라서 먹는 식으로 제공된다. 이런 식의 serving 방식 때문에 미국 영어에서는 share of the pie라는 표현을 널리 은유 확대하여 쓴다. 예를 들면 경제 분야에서 일정한 양의 수요를 가진 시장(market)을 큰 한 덩어리 pie로 은유하고 그것을 나누어 먹는 상황을 은유적으로 표현한다. 시장점유율을 높일 방법을 찾기 위한 회의 중 자신이 생각하는 3가지 방법을 제시하면서 다음과 같이 말할 수 있을 것이다.

Every company is competing for a bigger share of the pie. Here's my two cents. Here are three ways to enlarge our share of the pie. 모든 회사가 (시장의) 더 큰 덩어리를 차지하기 위해 경쟁하고 있습니다. 제 소견으로는 우리가 차지할 수 있는 덩어리를 확대할 3가지 방법이 있습니다.

pie가 들어간 또 하나 널리 쓰이는 은유 표현이 have a finger in every pie이다. 이 표현은 to be involved in many different activities(많은 다른 일들에 관여하다)의 뜻을 나타낸다. 아마도 부엌에 너무도 맛난 냄새가 나는 pie가 놓여 있는 것을 보면 몰래 들어가서 손가락을 찔러 살짝 맛보고 싶은 충동이 일어나는 상황에 기초하여 은유 확대된 표현인 듯하다. 맛있어 보이는 pie마다 손가락을 찔러 보는 사람은 정말 욕심이 많은 사람일 것이다. 그래서 이 표현은 상대방이 원하지 않는데도 지나치게 모든 일을 다 자기가 하려고 하는 사람들을 부정적으로 묘사할 때 쓴다. 예를 들어 결혼식을 앞둔 신부가 지나치게 모든 결정을 자신의 뜻대로만 하려는 시어머니에 대해 다음과 같이 불평할 수 있을 것이다.

My mother-in-law **has a finger in every pie.** She has set the date and place for our wedding. Now, she's ordering the catering service. She's even choosing the flowers.

시어머니는 (욕심이 많아서) 모든 일을 주도하시는 스타일이에요. 우리 결혼식 날짜와 장소를 정하시더니 이제는 출장 요리 서비스도 부르고 있어요. 심지어 꽃까지 고르고 계시다니까요.

하지만 이 표현은 무슨 일이든 적극적으로 다 하려는 능력 있고 열정적인 사람을 묘사하는 데도 적지 않게 쓰인다. 회사에서 상사가 모든 일에 적극적으로 관여하며 솔선수범한다면 이 표현을 써서 긍정적인 의미로 칭찬하기 위해 다음과 같이 말할 수 있다.

My boss **has a finger in every pie.** She is involved in almost every aspect of management, grudging no time and effort.

우리 상사는 (욕심이 많아서) 모든 일을 주도하시는 스타일입니다. 그분은 시간과 노력을 아끼지 않고 거의 모든 경영 일에 관여하세요.

218

cream of the crop – 최고 중의 최고

Food Metaphor (3) cream of the crop, upper crust, butter up, jam, jell

계속해서 케이크(cake) 관련 은유 확대 표현을 살펴보자. 사람마다 다르겠지만 케이크에서 가장 맛있는 부분이 바로 빵 위를 덮은 크림일 것이다. 본래 크림(cream)은 우유를 저어서 맨 위에 뜬 가장 맛있는 거품 부분을 추출해서 만든다. 즉 가장 위의 가장 좋은 부분을 케이크를 만드는 크림으로 쓰는 것이다.

미국 영어에서는 프랑스어에서 쓰는 la crème de la crème(the cream of the cream)을 차용해서 발전시킨 cream of the crop 표현을 많이 쓴다. 이 표현은 the best people or things in a particular group, best of best(특정 그룹에서 가장 뛰어난 사람이나 물건들, 최고 중의 최고)를 뜻한다. 예를 들면 어느 대학교수이자 학자가 뛰어난 제자를 많이 길러냈는데 그중 특히 탁월한 제자 3명을 소개한다면 다음과 같이 말할 수 있다.

I have cultivated many outstanding students, but these three are the cream of the crop.

나는 많은 뛰어난 학생들을 키워냈지만, 이 세 사람은 최고 중의 최고입니다.

케이크 위에 크림을 윤기가 나게 바르는 것을 icing이라고 한다. 이미 맛있는 케이크이지만 icing 처리를 하고 나면 보기에도 훨씬 좋고 맛도 배로 증가한다. 미국 영어에서는 이 상황적 의미를 유사 상황에 은유 확대하여 만든 icing on the cake라는 표현이 널리 쓰인다. 이 표현은 something that makes a good situation even better(이미 좋은 상황을 훨씬 더 좋게 만드는 것)를 뜻한다. 예를 들어 IT 분야의 어느 학자가 Google 같은 세계적인 IT 회사에서 특강 초청을 받았다면 개인적으로 영광스러운 일일 것이다. 게다가 특강료도 두둑하게 받았다면 그야말로 '금상첨화'라 할 수 있다. 이 뿌듯한 감정을 다음과 같이 표현할 수 있다.

I was invited for a special talk by Google. The opportunity itself was a great honour for me and getting paid well for it was just icing on the cake.

구글에서 특강 요청을 받았습니다. 이 기회 자체가 큰 영광인데 보수도 후했던 것은 금상첨화였지요.

미국 사람들이 빵 관련 은유 표현인 줄도 모르고 널리 쓰는 것 중의 하나가 the upper crust이다. 이 표현은 본래 빵을 구웠을 때 제일 많이 구워진 윗부분을 뜻하는데, 미국 초기 역사에서는 가장 높은 사람들에게 이 부분을 먼저 먹도록 하였다고 한다. 이 역사적 배경이 highest social class(사회 최고위층) = upper crust(구운 빵의 윗부분)라는 은유 표현을 낳은 것으로 보인다. 주변 지인 중 자신이 사회 최상위층인 양 허풍을 떨지만 실제로는 무일푼의 가난뱅이인 사람이 있다면 다음과 같이 말할 수 있다.

He pretends to belong to the upper crust, but he is actually penniless.
그는 상류층에 속하는 척하지만, 실제로는 무일푼이야.

이번 장의 두 번째 내용에서 미국 사람들이 아침에 즐겨 먹는 toast(구운 식빵) 관련 표현을 소개한 바 있다. 구운 식빵에 발라 먹는 대표적인 것이 butter인데, 이것을 동사로 활용하는 은유 확장 표현이 있다. butter ~ up은 to say nice things to someone so that he or she will do what you want(누군가에게 좋은 말을 하여 그 사람이 자신이 원하는 것을 하도록 하다), 즉 '아부하다'의 뜻을 나타낸다. 한국어에서는 같은 뜻으로 '손을 비비다'라는 환유 표현을 쓰는 반면, 미국 영어에서는 익숙한 먹거리인 butter를 이용하여 '아부하다 = (빵 위에) 버터를 많이 바르다'라는 은유로 표현하는 차이가 흥미롭다. 예를 들면 회사에서 승진을 위해 늘 상사에게 아부만 하는 동료를 다음과 같이 말하며 흉볼 수 있을 것이다.

Ken always butters up his boss, trying to get a promotion.
켄은 승진하려고 노력하면서 늘 자기 상사한테 아부하지.

미국 사람들은 구운 빵 위에 과일로 만든 각종 jam도 즐겨 발라 먹는다. jam을 만드는 과정이 과일을 졸여서 끈적끈적한 상태로 만드는 것이기에 이 단어는 동사로 to press, squeeze, or wedge tightly between bodies or surfaces, so that motion is made difficult(물체나 표면 사이에 꽉 끼어서 움직이기 힘들어지다)의 뜻을 나타낸다. 필자가 이 표현을 처음 듣고 익히게 된 것은 미국에서 대학원 재학 시절 pick-up basketball(체육관이나 공원에 아무나 도착하는 대로 팀을 구성하여 농구 경기를 하는 것을 말함)을 즐겨 할 때였다. 농구 경기를 하다 보면 패스된 공을 잡으려다가 손가락이 부딪쳐서 삐거나 인대가 손상되는 부상을 당하기도 하는데 이것을 영어로 다음과 같이 표현한다.

I jammed my finger[got my finger jammed] badly while playing basketball.
농구 하다가 (손가락을 농구공에 부딪쳐서) 심하게 압박되는 부상을 당했어요.

그리고 길거리에 너무도 많은 차 때문에 교통체증이 일어난 것을 흔히 traffic jam이라고 말한다.

I'm sorry for being late. I got stuck in a bad **traffic jam**.
늦어서 죄송합니다. 지독한 교통체증에 걸렸어요.

미국인들이 배고플 때 가장 간단하게 먹는 샌드위치가 peanut butter and jelly sandwich이다. 빵을 굽지 않은 채로 식빵 사이에 peanut butter와 과일 jam을 함께 발라 먹는 것인데, peanut butter and jam sandwich라고 하지 않고 peanut butter and jelly sandwich라고 부르는 것이 특이하다. 본래 jelly는 과즙에 설탕과 물을 넣어 끓여서 젤라틴 성분의 부드러운 덩어리 형태로 만들어 주로 후식(dessert)으로 즐겨 먹는다. 여기서 나온 jell은 그 의미가 은유 확대되어 동사로 to work well in harmony as a group or team(어떤 그룹이나 팀이 조화를 이루어 일을 잘하다)의 뜻을 나타낸다. 예를 들어 팀원들이 모두 일치단결하여 조화를 이루어 일하게 되기까지 시간이 좀 걸렸다는 것을 다음과 같이 표현할 수 있다.

It took some time for our team to **jell**.
우리 팀이 하나로 뭉쳐 일하게 되기까지는 시간이 좀 걸렸습니다.

한 끼 때우다 *vs* have a quick bite

Food Metaphor (4) submarine sandwich, baloney,
cheesy, have a quick bite

미국인들이 즐겨 먹는 샌드위치(sandwich)는 다양하고 종류가 많은데 대표적인 것이 submarine sandwich(줄여서 sub라고 잘 부름)이다. 이 샌드위치는 본래 이탈리아에서 유래한 것인데 모양이 잠수함(submarine)처럼 생겨서 submarine sandwich라고 부르게 되었다고 한다.

미국의 지방에 따라 이 샌드위치를 부르는 고유의 이름이 발달해 그 지방 방언의 중요한 일부가 되었다. 미국 동부 뉴욕(New York) 지역에서는 이 샌드위치를 hero, 보스턴(Boston) 지역에서는 grinder, 그리고 필라델피아(Philadelphia) 지역에서는 hoagie라고 부른다. 남쪽의 플로리다(Florida)주 지역에서는 이 빵을 po'boy라고 부르는데, po'boy는 poor boy의 축약어로 '배가 고픈 불쌍한 소년이 먹을 수 있는 푸짐한 빵'이라는 뜻이다. 그 밖의 시카고(Chicago)와 LA 등 주요 대도시 지역에서는 간단히 sub이라고 부른다.

submarine sandwich 안에 넣는 내용물은 매우 친숙한 일상의 먹거리라서 미국 영어에는 그것을 은유 확대한 표현들이 많이 발달해 있다. 먼저 cold submarine sandwich에 흔히 넣는 각종 햄 종류 중 baloney에서 나온 표현을 보자. 속어(slang)로 a bunch of baloney는 nonsense(말이 안 되는 소리)를 뜻하는 말로 잘 쓴다. baloney는 본래 이탈리아 북부 볼로냐에서 쇠고기와 돼지고기를 혼합하여 훈제해 만든 소시지인데, 맛은 뛰어나지만 소고기인지 돼지고기인지 알 수 없는, 원래의 고기 맛을 잃어버린 소시지라는 점에 착안하여 '진실성이 없는 바보 같은 말'을 뜻하게 되었다고 한다.

필자는 유학 시절에 운전하면서 sports radio 방송을 즐겨 듣곤 했는데, 프로그램을 진행하는 talk show host가 있고, 스포츠팬들이 전화를 걸어서 스포츠 관련 의견을 활발히 교환하는 방송이었다. 이때 상대방이 말한 것이 말도 안 된다고 강하게 반대 의사를 표명할 때 다음과 같이 말하는 것을 자주 들었다.

I don't buy what you have just said. That's **a bunch of baloney**.
나는 당신이 지금 말한 것을 전혀 받아들일 수 없어요. 그건 말도 안 돼요.

미국 사람들은 cold sandwich든 hot sandwich든 치즈를 넣어 즐겨 먹는다. cheese의 형용사형 cheesy의 본래 의미는 '치즈 맛이 나는' 혹은 '치즈가 듬뿍 들어간'인데 이 뜻이 부정적인 의미로 은유 확장되어 of bad quality or uncool(별로 안 좋은, 세련되지 못한)의 뜻을 나타내는 속어로 널리 쓰인다. 예를 들어 어느 기념품 가게에 참신하지 않고 촌스러운(tacky) 기념품만 전시되어 있었다면 다음과 같이 말할 수 있다.

The shop was so tacky that they had only **cheesy** souvenirs.
그 가게는 너무 촌스러워서 세련되지 못한 기념품들밖에 없었어요.

cheesy는 또 여자가 마음에 들지 않는 남자를 묘사할 때도 자주 쓴다. 그 남자가 무조건 꽃만 보내는 등 진부한 방식으로 접근하면 여자는 다음과 같이 말하며 흉을 볼 것이다. 피자를 먹을 때 손가락에 성가시게 달라붙는 치즈의 끈적끈적한 속성을 떠올리면 이 표현이 왜 그런 뜻이 되었는지 이해가 간다.

Another bouquet of flowers? He's so **cheesy**.
또 꽃다발? 정말 끈질기네.

햄버거나 submarine sandwich는 미국인들의 가장 흔한 점심 먹거리이다. 이런 빵을 한 입 먹는 것을 have a[one] bite라고 하는데, 미국 영어에서 "간단히 먹으러 갈까?"라고 할 때 흔히 다음과 같이 말한다.

We don't have much time to eat. Let's **have a quick bite**.

226

식사할 시간이 많지 않아요. 빨리 간단히 한 입 합시다.

반면 우리 문화권에서는 같은 상황에서 '대충 ~으로 점심 때우자'라고 흔히 말한다. 한국어에서 동사 '때우다'는 본래 '구멍이 뚫리거나 깨진 곳을 다른 조각으로 대어 막다'라는 뜻인데 그 뜻이 은유 확장되어 '간단한 음식으로 끼니를 대신하다'라는 뜻으로 널리 쓰게 된 것이다. 이 두 표현을 비교해 보면 한국과 미국의 근본적인 식생활 문화 차이를 엿볼 수 있다. 즉 미국 문화권은 근본적으로 빵을 주식으로 하는 식생활 문화가 발달했기 때문에 간단한 음식으로 끼니를 대신하는 것을 a quick bite라고 표현하는 반면, 한국 문화권은 밥을 주식으로 하는 식생활 전통 때문에 시장기를 밥을 먹어서 때운다는 식으로 표현해 온 것이다. "입에 풀칠은 하고 다니냐?"는 말을 보면 밥의 풀 같은 식감에 기초한 표현들이 특히 발달했음을 알 수 있다. 이 간단한 차이를 통해 언어가 문화를 반영하는 거울이며 언어 분석은 문화를 이해하는 첩경임을 다시 확인할 수 있다.

That's the way the cookie crumbles – 불행의 연속

Food Metaphor (5) cookie

밀가루로 만든 빵류 음식 중 쿠키(cookie)는 주식보다는 간식(snack)이나 후식(dessert)으로 잘 먹는다. cookie에서 파생된 은유 확대 표현을 떠올려 보자니 필자가 유학 시절 겪었던 일이 한 가지 생각난다.

필자는 대학원 수학 기간과 교수 재직 시절을 포함해 미국에 사는 동안 단어 학습을 위한 flash card를 끊임없이 만들었다. 현재까지 만든 카드의 숫자가 1,000장 이상이 되며, 큰 박스에 넣어서 지금도 잘 보관하고 있다. 이 카드들을 수업 중 학생들에게 직접 보여주고 언어 학습에는 비법이 없으며, 꾸준하고 우직하게 단어 공부를 하는 것이 핵심이라고 강조하곤 한다. 그렇게 모은 표현들 가운데 특히 기억에 남는 것이 바로 That's the way the cookie crumbles.이다.

필자가 이 표현을 처음 접한 것은 뉴욕 컬럼비아 대학에서 전임강사

로 재직하던 1998년 4월 23일, *Philadelphia Inquirer*에서였다(필자는
flash card에 새로운 표현을 접한 날짜와 글의 출처를 표기한다). 이 일간지에 온 도
시의 큰 화젯거리가 된 살인 사건 기사가 실렸다. 어느 중년의 부유
한 남자가 스트립 클럽(strip club)의 한 댄서(dancer)와 바람이 나서 재산
을 탕진하고 빚에 몰리게 되자 보험금을 타기 위해 아내를 살해했다
는 것이었다. 기사에 따르면 그는 자신이 저지른 죄를 크게 후회하며
한 번 저지른 잘못이 연달아 불행을 몰고 온다는 것을 새삼 깨닫게
되었음을 다음과 같이 말하면서 고백했다고 한다.

I deeply regret what I did. I realize that's the way the cookie
crumbles.
내가 한 짓을 깊이 후회합니다. 나쁜 일은 바로 이런 식으로 연달아 일어나는 거군요.

cookie는 달고 고소한 맛이 나는 과자이지만 부서지기 쉬운 단점이
있다. 위 표현은 먹고 싶던 cookie가 부스러기가 되어 못 먹게 되는
상황을 은유 확대하여 어떤 실수나 잘못을 계기로 불행한 일들이 겹
쳐 일어나서 망하게 되는 상황을 뜻하는 것으로 굳어져 잘 쓰인다. 한
국어의 '엎친 데 덮친 격' 혹은 '설상가상'과 비슷한 맥락의 뜻이라고
할 수 있다. 예를 들어 직장을 잃고 침울해져 있는 상황에서 교통사
고까지 겹쳤다면 불행한 일들이 자신에게 연달아 일어나는 상황을
한탄하며 다음과 같이 말할 수 있다.

I lost my job and then had a car accident : oh, well, that's the way the cookie crumbles.

나는 직장을 잃고 자동차 사고까지 당했습니다. 아, 이게 바로 나쁜 일이 연달아 일어나는 식이군요.

cookie는 흥미롭게도 사람을 묘사하는 은유 표현으로도 잘 쓰인다. 이와 관련해 가장 널리 쓰이는 2개의 연어(collocation) 표현이 있는데, 바로 tough cookie와 smart cookie이다. tough cookie는 a strong, determined person who is not easily defeated(쉽게 지지 않는 강한 성격의 단호한 사람)를 뜻한다. 앞에서 소개한 살인 사건의 범인인 남편이 기사의 뒷부분에서 자기 아내에 대해 언급했을 때 이 표현을 썼던 것을 지금도 생생하게 기억하고 있다.

My wife was a tough cookie.

내 아내는 단호한 사람이었어요.

다음으로 smart cookie는 a clever person with good ideas(아이디어가 좋은 똑똑한 사람)를 뜻한다. 회사 팀 내에 늘 창의적인 아이디어를 내고 똑똑하게 일을 잘하는 부하 직원이 있다면 다음과 같이 말하며 칭찬하고 신뢰를 표현할 수 있다.

230

Helen is one smart cookie. She will do a good job in this project.
헬렌은 정말 똑똑한 친구예요. 그녀는 이 프로젝트를 잘해낼 겁니다.

이때 중요한 것은 cookie를 사람을 뜻하는 은유 표현으로 쓰는 용법은 비의례적인 것이므로 자신보다 나이가 어린 사람 혹은 최소한 동급의 사람들에게만 써야지 손윗사람에게 쓰면 매우 불손하게 느껴지기 때문에 주의를 기울여야 한다는 점이다.

There's no meat – 부실한 내용

Food Metaphor (6) beef, meat, bacon, cold shoulder

미국 사람들의 주식(staple diet)으로 빼놓을 수 없는 것이 고기류(meat)이다. beef는 미국인들이 가장 즐겨 먹는 고기이다. 일상에서 그들은 Where's the beef?라는 말을 속어(slang) 표현으로 잘 쓴다. 이 표현은 본래 미국과 캐나다의 대중적인 fast food 업체인 Wendy's에서 1984년에 Where's the beef?라는 선전 문구를 내세워서 크게 인기와 주목을 끈 이후 the substance of an idea, event, or product(어떤 생각이나 행사 혹은 상품 등의 실체)가 내실 있게 존재하는지를 묻는 뜻으로 널리 쓰이게 되었다고 한다. 예를 들면 회사에서 누군가 올린 사업 제안서가 겉으로는 멋있어 보이지만 독창적이지도 못하고 실체적 내용이 부실하다면 이 표현을 응용하여 다음과 같이 말할 수 있을 것이다.

His proposal looks good on paper, but **where's the beef**? There is nothing new.

그의 제안서는 겉으로는 좋아 보이지만, 내용이 있나요? 새로운 것이 없어요.

모든 종류의 고기류를 통칭하는 meat도 이와 유사한 뜻을 나타낸다. 미국 사람들은 일상에서 'There is no meat to ~'라는 표현을 많이 쓰는데 어떤 생각이나 주장이 설득력 있는 내용을 담고 있지 않다는 것을 고기가 들어 있어야 할 음식에 정작 핵심인 고기가 빠져 있는 상황에 은유하는 것이다. 예를 들어 상대방 주장이 설득력이 없다면 이 은유 표현을 써서 다음과 같이 말할 수 있다.

There's no meat to their argument.
그들의 주장에는 알맹이가 없어요.

미국 영어에서 널리 쓰이는 beef가 들어간 또 다른 관용 표현으로 'have (a) beef with ~'가 있다. 이 표현의 유래에 대해서는 여러 설이 있는데 미국 역사상 서부 개척 시대에 소를 키우던 농장주들이 땅을 더 차지하려고 다투다가 말로 하던 싸움이 주먹이 오가는 수준으로까지 악화되었을 때 얼굴이 마치 '간 쇠고기(ground beef)'처럼 뻘겋게 달아오른 것에서 생긴 표현이라는 설이 가장 설득력이 있는 듯하다. 현대 미국 영어에서 이 표현은 누군가와 논쟁을 하거나 싸움이 붙었을 때 그 갈등을 묘사하는 데 쓰인다. 한 예로, 직장에서 동료와 갈등이나 분쟁이 있을 때 어떻게 처신하는 것이 좋을지 조언(tips)을 해주는 어느 웹사이트의 제목이 다음과 같았다.

Trouble in Workplace : What to do when you have beef with a co-worker?
직장 내 곤란한 문제 : 동료와 갈등이 있을 때 어떻게 해야 할까요?

pork는 미국인들이 beef나 chicken보다 덜 먹는 편이다. 그래서인지 미국 영어에는 pork에서 파생한 은유 표현이 많지 않은데, 그들이 아침으로 즐겨 먹는, 돼지고기로 만든 bacon이 들어간 관용 표현 bring home the bacon은 널리 쓰인다. 이 표현은 to provide enough money to support your family(가족을 먹여 살릴 만큼 충분한 돈을 벌어오다)라는 뜻을 나타낸다.

이 표현의 유래에 대해서는 여러 가지 설이 있는데, 15세기에 영국의 한 작은 마을에서 기름을 바른 돼지를 맨손으로 잡는 사람에게 두둑한 상금을 주는 대회에서 유래했다는 설이 주목할 만하다. 본래 bacon은 돼지의 등과 옆구리 살에서 나온 기름진 살인데 17세기부터 사람의 몸을 뜻하는 속어 표현으로도 곧잘 쓰이다가 현대 영어에서 그 뜻의 연장으로 생계(livelihood)와 수입(income)을 나타내게 된 듯하다. 가족의 생계를 책임진 가장의 압박감을 음식물 관련 은유 표현들(bread winner, bring home the bacon)을 모두 응용하여 다음과 같이 표현할 수 있다.

As a sole **bread winner** in my family, I feel the pressure of **bringing home the bacon** on my shoulder every day.

우리 집에서 유일하게 돈 벌어 오는 가장으로서 저는 매일 생계를 책임져야 한다는 압박감으로 어깨가 무겁습니다.

고기류 관련 또 다른 은유 표현으로 give ~ the cold shoulder가 있는데, 누군가를 냉정하게 대하거나 무시한다는 뜻으로 널리 쓰인다. shoulder가 들어가 있으니 신체 은유 표현이 아닐까 생각하기 쉽다. 그러나 사실은 서양 역사에서 전통적으로 중요한 손님이 집에 오면 따뜻한 고기를 대접하는 반면, 환영할 이유가 없고 마음에 들지 않는 손님에게는 cold shoulder of mutton(차가운 양고기의 어깨 부위)을 내준 데서 기인한 음식 관련 은유 표현이다. 예를 들어 직장에서 무슨 나쁜 소문을 퍼뜨린 사람이 나라고 오해를 하여 동료가 일주일 내내 냉랭한 태도를 보였다면 다음과 같이 말할 수 있다.

She seems to think that I have started the rumor. She's been **giving me the cold shoulder** all week long.

그녀는 내가 그 소문을 퍼뜨렸다고 생각하는 것 같아요. 저한테 일주일 내내 냉랭한 눈길을 주고 있네요.

도박 중독자여, You must go cold turkey

Food Metaphor (7) meat and potatoes, dead meat,
with a grain of salt, fishy, go cold turkey

앞에서 명사 meat가 은유 확장되어 '실체' 혹은 '내실'을 뜻한다는 것을 알았다. 이와 관련해 미국 사람들이 일상에서 잘 쓰는 표현으로 meat and potatoes가 있다. 미국 사람들이 고기를 먹을 때 감자 요리를 함께 먹는 것에서 기인한 표현으로 the most basic or fundamental aspects of ~ (~의 가장 기본적이고도 기초적인 측면)를 뜻한다. 예를 들어 회사에서 팀장이 신입사원 교육을 부탁하면서 가장 기초적인 일부터 알려주고 시키라는 말을 이 표현을 써서 할 수 있을 것이다.

Too much information will overwhelm the new hire, so just give her the meat and potatoes.
너무 정보를 많이 주면 신입 직원이 감당을 못할 겁니다. 그러니 가장 기본적이고 기초적인 것만 알려 주세요.

meat가 쓰인 표현으로 반드시 익혀야 할 또 다른 것이 dead meat이다. 형용사 dead의 의미에서 짐작할 수 있듯이 말 그대로 a dead body being nothing but meat(고깃덩어리에 불과한 시체)라는 뜻이므로 in big trouble, as good as dead(죽은 것과 마찬가지의 심각한 곤경에 처한) 상태인 사람을 묘사한다. 이 표현은 자신에게 잘못한 상대방에게 강한 경고나 위협을 하기 위한 속어(slang)로 잘 쓰인다. 예를 들어 심한 장난을 하는 상대방에게 다음과 같이 말하며 준엄하게 경고할 수 있다.

If you play another prank on me, you'll be **dead meat**.
나한테 다시 한 번 장난치면 너는 끝이야.

미국 사람들이 가장 즐겨 먹는 저녁은 steak dinner라고 할 수 있다. 특히 금요일 저녁이나 주말 저녁이면 이웃이나 친지를 초대해 바비큐 그릴에 소고기와 감자, 옥수수 등을 구워서 와인이나 맥주를 함께 즐긴다. 바비큐 그릴에서 잘 구운 소고기에 소금과 후추(salt and peppers)를 살짝 뿌려서 바비큐 소스 등에 찍어 먹곤 한다. 이 식습관에서 나온 매우 중요한 은유 표현이 있다. 바로 take ~ with a grain of salt이다. 미국인은 일상에서 이 표현을 많이 쓰는데, 이건 말 그대로 구운 고기 등 음식을 먹을 때 그대로 먹지 않고 소금을 조금 찍어 먹는다는 뜻인데 그 뜻이 은유 확장되어 to take ~ with doubt or with some reserve(~을 있는 그대로가 아니라 다소 의심과 여유를 가지고 받아들이다)라는 뜻을 나타낸다.

이 표현은 로마 시대에 폼페이우스 장군이 전쟁에서 승리한 후 정복지에서 해독제 제조법(a recipe for an antidote)을 발견했는데, 필요한 재료들을 다 섞어서 해독제를 완성한 후 최종적으로 소금 한 알갱이를 넣어서 마시라고 되어 있던 데서 유래했다고 한다. 여기서 '소금을 넣어서'라는 표현이 최종 정화 작용의 완성을 뜻하게 된 듯하다. 이 표현은 일상에서 많이 쓰이는데, 예를 들면 말만 많고 정작 진실한 말은 하지 않는 사람을 곧이곧대로 믿어서는 안 된다고 다음과 같이 당부하며 쓸 수 있다.

Take what she says with a grain of salt. She doesn't always tell the truth.
그녀의 말은 좀 걸러서 들으세요. 그녀가 항상 진실을 말하지는 않거든요.

이와 관련해 '의심'의 뜻을 나타내는, 반드시 익혀 두어야 할 표현이 있다. 미국 영어에서 생선을 뜻하는 fish의 형용사형 fishy는 '의심이 가는' 혹은 '수상한 느낌을 주는'의 뜻으로 널리 쓰인다. 본래 생선의 속성이 눈에는 싱싱해 보여도 상하게 되면 숨길 수 없는 냄새가 나는데, 이것이 상황이 의심스럽다는 뜻으로 은유 확대된 것으로 보인다. 그들은 이상한 느낌이 드는 대상이나 사람을 접하게 되면

'There's something fishy about ~'이라고 잘 말한다. 어떤 사고가 일어났는데 우연한 것이 아니라 누군가 고의로 사고를 일으킨 듯한 고약한 느낌이 있다면 다음과 같이 말할 수 있다.

There's something **fishy** about this accident.
이 사고는 뭔가 수상한 냄새가 납니다.

미국 사람들에게는 특별한 고기를 먹는 중요한 휴일이 있다. 바로 추수감사절(Thanksgiving Day)이다. 잘 알려져 있듯이 이날 저녁으로는 칠면조 고기(turkey)를 구워 먹는다. 이 전통과 관련된 흥미로운 관용 표현이 있다. 바로 go cold turkey인데, 이는 to suddenly stop taking addictive substance, such as cigarettes or alcohol, or stop doing a bad habit(담배, 술 등 중독성이 있는 것의 섭취를 갑자기 멈추거나 나쁜 습관을 끝내다)이라는 뜻으로 널리 쓰인다.

이 표현의 유래로는 크게 두 가지 설이 유력하다. 하나는, 칠면조 고기는 오랫동안 오븐에서 정성스럽게 구워야 하기 때문에, 차게 식은 칠면조 고기(cold turkey)는 이런 정성과 준비 없이 급작스럽게 이루어진 것을 뜻한다. 그래서 go cold turkey라고 하면 급히 차가운 칠면조 고기를 먹는 것처럼 본래 즐기던 중독성이 있는 습관을 갑자기 그만둔 상황을 뜻한다는 것이다. 다른 설은, 중독성 있는 습관을 갑자기 그만두면 금단 현상으로 몸에 소름이 돋는데 이 소름 돋은 피부가 차가운 칠면조 고기의 살처럼 보여서 이를 go cold turkey라고 표현하게 되었다는 것이다. 어느 설을 믿든 이 표현은 현대 미국 영어에서 '마약이나 술, 담배 혹은 도박 같은 중독성 있는 나쁜 습관을 갑자기 끊다'라는 뜻을 나타내게 되었다. 예를 들어 가까운 친구가 도박에 중독되어(compulsive gambling) 빠져나오지 못하고 있다면 다음과 같이 말하면서 강한 충고의 말을 전해야 할 것이다.

Compulsive gambling is ruining your life. You must just stop now. You must **go cold turkey**.
못 참고 충동적으로 하는 노름이 네 삶을 파괴하고 있어. 지금 당장 그만두어야 해. 나쁜 습관을 단번에 끊어야 한다고.

spill the beans – 비밀을 누설하다

Food Metaphor (8) lemon, cucumber, nuts, beans

음식은 골고루 먹는 것이 좋다. 그래서 고기류 외에 꼭 섭취해야 하는 중요한 음식이 바로 과일과 채소이다. 여기서는 과일과 채소, 곡식과 견과류 관련 은유 표현들을 알아보자.

자동차 은유 표현에 관한 글들을 통해 소개한 바와 같이 미국에서 자동차는 일상에서 없어서는 안 될 필수품이다. 자동차 없이는 발이 묶여서 어디에도 못 가고 일도 제대로 할 수 없다. 그러니 자동차가 고장이 나면 여간 불편한 것이 아니다.

필자가 자동차에 문제가 생겨서 서비스 센터를 방문했을 때 고객 대기실에서 우연히 어떤 사람과 자동차 관련 얘기를 나누다가 익히게 된 중요한 표현이 있다. 그가 고장이 잘 나는 자기 차에 대해서 불평하면서 다음과 같이 말했던 것을 생생하게 기억한다.

My car is a lemon.
내 차는 고장이 너무 잘 나요.

레몬은 그것만을 먹기보다는 주로 즙을 짜내어 음식 위에 뿌려 풍미를 돋우거나 레모네이드 같은 음료로 만들어 먹는다. 즙을 짜고 나면 형태가 완전히 파괴되고 쓸모없는 두꺼운 껍질만 남기 때문에 어떤 물건이나 상품이 자주 고장이 나는 상황을 은유하게 된 듯하다.

자동차를 운전하다 보면 때로는 심각한 사고가 나기도 하는데 이때 침착하게 대응하는 것이 중요하다. '침착한'을 미국 영어에서는 채소인 오이의 시원한 맛에 은유하여 as cool as a cucumber라고 잘 표현한다. 큰 자동차 사고를 당했는데도 침착하고 의연하게 잘 대처한 사람이 있다면 다음과 같이 칭찬할 수 있다.

You are incredible. How could you be as cool as a cucumber even after such a serious accident?
당신 정말 대단하네요. 그런 심각한 사고를 당했는데도 어떻게 그렇게 침착할 수가 있었나요?

'침착한'의 반의어는 '흥분한'일 것이다. 흥분이 지나쳐서 이성을 잃고 미친 듯이 행동하게 되는 경우가 있는데 이때 쓰는 표현이 바로 형용사 crazy이다. 미국 영어에서는 이와 비슷한 뜻의 속어로 견과류를 뜻하는 nut을 은유 확장하여 잘 쓴다. 미국인들은 이해하기 힘든 언행을 보이는 상대방에게 Are you a nut?이라고 흔히 말한다. 예를 들어 내일 중요한 시험을 앞둔 친구가 도서관에서 공부하는 대신 학교 앞 단골 술집에서 다른 친구들과 어울려 늦은 시간까지 술 마시며 놀고 있었다면 다음과 같이 말할 수 있다.

Are you a nut? You have a test tomorrow.
너 미쳤냐? 내일 시험 있잖아.

go nuts는 to act in a way that is wild or out of control because of strong emotion(격한 감정으로 난폭하거나 통제할 수 없는 행동을 하다)의 뜻으로 특히 스포츠 상황에서 자주 쓰인다. 필자는 필라델피아 이글스(Philadelphia Eagles)의 열렬한 팬인데, 2018년 시즌에 팀 최초로 Super Bowl 결승전에서 우승을 차지했을 때 팬들이 모두 미친 듯이 열광했던 감동적인 장면을 지금도 기억하고 있다. 그 광경을 다음과 같이 묘사할 수 있다.

All the Philadelphia Eagles fans went nuts when their team finally won the first Super Bowl.
필라델피아 이글스 팬들은 자기 팀이 마침내 처음으로 슈퍼볼 챔피언이 되자 모두 광분했다.

곡식 관련 은유 표현으로 널리 쓰이는 반드시 알아두어야 할 표현이 spill the beans이다. 이 표현은 to reveal secret information unintentionally or indiscreetly(비밀 정보를 의도치 않게 혹은 부주의로 노출하다)의 뜻으로 많이 쓰인다. 이 표현은 고대 그리스 시대에 사람들이 중요한 안건을 두고 단지 안에 검정콩과 하얀 콩을 던져 넣어 투표를 한 데서 유래했다고 한다.

미국인들은 직장에서 동료에게 축하할 일이 있을 때 모두 비밀을 지키다가 surprise party(깜짝 파티) 열어 주는 것을 즐겨 한다. 그런데 가끔 누군가의 부주의로 이 비밀이 흘러나가게 되면 surprise party가 싱겁게 되어 버리는 경우가 있는데 이 상황을 다음과 같이 표현할 수 있다.

We had everything organized for Kathy's surprise party, but Chris accidentally **spilled the beans** to her yesterday. Too bad!!!
우린 캐시에게 깜짝 파티를 해 주려고 모든 걸 다 준비했는데 크리스가 어제 그녀에게 우연히 **비밀을 흘리고** 말았어요. 너무 속상해요!!!

She cuts the mustard – 그녀가 최적임자

Food Metaphor (9) half-baked, cut, slice, boil, stew

음식은 재료에 따라 다양한 방식으로 요리하게 된다. 요리를 잘하든 못하든 먹고 살려면 누구나 어떻게든 요리를 하게 마련이므로 다양한 방식의 요리 방법을 묘사하는 동사 표현들은 우리에게 매우 익숙한 편이다. 그래서 어느 언어에서나 이 동사들이 은유 확대된 예들을 많이 보게 된다.

가장 먼저 우리 한국인들의 주식인 밥에 관하여 생각해 보자. '밥을 만든다' 혹은 '밥을 요리하다'라고 하지 않고 왜 '밥을 짓는다'라고 할까? '짓다'는 주로 옷, 밥, 글, 심지어 집을 만들 때 쓰는 말이다. 하긴, 밥을 완성해 가는 과정을 고려해 보면 왜 '짓다'라는 동사 표현을 쓰는지 잘 이해할 수 있을 것도 같다.

요즈음에는 전기밥솥에 씻은 쌀을 넣고 적당한 양의 물만 넣어 주면 누구나 쉽게 할 수 있는 것이 밥이다. 하지만 예전에는 밥을 잘 짓기란 쉬운 일이 아니었다. 물의 양도 중요하지만 땔감에 불을 붙여 적절한 온도를 유지하다가 뜸을 잘 들여야 타지 않고 수분이 적절한 맛있는 밥을 지을 수 있었기 때문이다. 여기서 동사 '짓다'의 의미가 은유 확대된 예로 '글을 짓다' 표현에 주목할 필요가 있다. 글의 제목을 정하고 주요 내용을 정리한 후 글을 다듬어 쓰는 과정이 밥을 짓는 것과 흡사하기 때문에 생긴 은유 표현인 것이다.

또 흥미로운 점은 밥을 짓기가 쉬운 일이 아니기에 본래 밥을 잘 못했을 때 쓰는 표현이 은유 확대되어 잘 쓰인다는 사실이다. 밥 짓기를 망쳤을 때 쓰는 '죽을 쒔다' 혹은 '죽도 밥도 안 되었다' 등의 표현을 은유 확대하여 어떤 일을 그르치거나 만족할 만한 결과를 얻지 못했을 때 널리 쓴다.

미국인들은 '빵을 굽다'를 뜻하는 동사 표현으로 bake를 쓴다. 오븐 (oven)에서 적당한 온도로 잘 구워야 타지 않고 맛있는 빵을 만들 수 있다. 미국 사람들이 은유 표현인지도 인식하지 못하고 일상에서 널리 쓰는 굳어진 표현으로 half-baked가 있다. 이 표현은 '충분한 시간 동안 굽지 않아 덜 익은'의 뜻이 은유 확대되어 아직 구체적으로 완성되지 않은 생각이나 계획을 묘사하기 위해 쓰인다. 회사에서 어떤 직원의 프로젝트 제안이 구체적인 내용이 없는 구상에 그친 수준이라면 상사가 다음과 같이 말할 수 있을 것이다.

Your idea is only **half-baked** from the beginning, so I can't say anything decisive about it.
자네 생각은 시작부터 아직 어설픈 상태라서 내가 그것에 대해 어떤 결정적인 입장을 말할 수가 없네.

요리할 때 재료를 준비하면서 가장 많이 하는 행위가 다듬고 자르는 일이다. 미국 영어에서는 동사 cut을 은유 확대하여 부정적인 맥락에서 잘 쓴다. can't cut it 혹은 don't/doesn't cut it의 형태로 to not successfully complete or accomplish a desired or expected result(성공적으로 완수하지 못하거나 기대했던 수준에 못 미치다)가 바로 대표적인 표현이다. 예를 들어 다이어트를 위해 매일 점심으로 샐러드만 먹는 동료에게 그것만으로는 살을 뺄 수 없고 운동을 해야 한다고 다음과 같이 말할 수 있을 것이다.

Eating salads only for every lunch **won't cut it**. You have to exercise regularly.
점심으로 매번 샐러드만 먹는다고 될 일이 아니야. 규칙적으로 운동을 해야지.

동사 cut이 이런 뜻으로 은유 확장된 이유는 요리할 때 재료를 알맞은 크기로 멋지게 잘 자르면 먹음직스럽고 완성도 높은 요리가 탄생하듯이 cut의 뜻이 '어떤 능력이나 재능을 보이다'라는 뜻으로 확대

되었기 때문인 것 같다.

미국 영어에서 널리 쓰는 숙어 표현으로 cut the mustard가 있는데 '어떤 일을 하는 데 최적임자이다'의 뜻이다. 본래 겨자(mustard)는 맵고 자극적인 양념을 만드는 식물인데 미국 영어에서는 맵고 자극적인 맛을 '매력적이고 능력 있는'의 뜻으로 은유 확대하는 경향이 있기 때문에 능력이 뛰어난 매력적인 사람을 묘사하는 상황에서 쓰게 된 듯하다. 예를 들어 누군가가 어떤 일의 최적임자이니 그에게 맡겨 보자고 다음과 같이 표현할 수 있다.

Susan is the perfect person for this role. She definitely cuts the mustard.

수잔은 이 역할을 맡기에 완벽한 사람입니다. 분명히 최적임자입니다.

요리 관련 동사 slice의 뜻이 은유 확대된 표현으로 anyway you slice it 혹은 no matter how you slice it을 많이 쓴다. 이 표현은 재료를 어떤 식으로 자르든, 모양이 달라져도 그 근본적인 맛은 변하지 않는다는 뜻에 근거하여 '어떤 식으로 돌려서 말해도'의 뜻을 나타낸다. 심각한 잘못을 한 상대방에게 어떤 식으로 돌려서 말해도 도저히 용납할 수 없다는 입장을 다음과 같이 표현할 수 있다.

No matter how you slice it, what you did is unacceptable.

어떤 식으로 돌려서 말해도 당신이 한 일은 도저히 용납할 수 없습니다.

국과 찌개 등 국물 요리를 할 때 쓰는 동사가 '끓이다(boil)'이다. 이 동사의 뜻이 은유 확대된 용법으로 반드시 알아야 할 표현이 'boil down to ~'이다. to reduce to the most fundamental or essential elements(가장 근본적이고 중요한 요소로 귀결되다)라는 뜻인데, 이것 대신 'come down to ~'도 같은 뜻으로 널리 쓰인다. 국이나 찌개를 계속 끓이면 국물은 다 없어지고 마지막에 남는 것이 가장 중요한 건더기인 상황에 은유하여 생긴 표현이다.

미국 사람들은 어떤 쟁점이나 문제점에 관하여 의견을 교환하며 토론할 때 자신이 생각하기에 최종적으로 중요하게 고려해야 할 사항을 강조하고 싶을 때 이 표현을 많이 쓴다. 예를 들면 회사에서 새 프로젝트에 관해 의논하던 중, 다른 사람들이 지엽적인 의견만 내면서 겉돌고 있기에, 과연 이 일을 벌여서 회사가 순익을 낼 수 있는지를 따져야 한다고 강력하게 의견을 피력하고 싶다면 이 표현을 써서 효과적으로 전달할 수 있다.

I think that it all **boils down to** the question of whether we can make profit out of this new project.
나는 모든 것이 이 새 프로젝트를 통해서 우리가 이익을 창출할 수 있을지 없을지의 문제로 귀결된다고 생각합니다.

국과는 달리 찌개를 끓일 때는 물을 적게 하고 재료의 맛이 충분히 배어 나오도록 잘 끓여야 하는데 미국 영어에서는 stew를 동사로 써서 이 뜻을 은유 확대하여 to leave ~ in a state of agitation, uneasiness, or worry(~을 안심하지 못하고 걱정하는 상태로 마음고생하도록 내버려 두다)의 뜻으로 잘 쓴다. 예를 들면 선생님이 교실에서 심한 장난을 친 학생들을 꾸짖고 난 후 그들에게 어떤 벌이나 처분을 내리기 전에 조용히 반성하는 시간을 갖게 했다고 해보자. 학생들은 선생님이 어떤 처분을 내리실지 마음이 불안하고 편치 않을 것이다. 그것을 다음과 같이 표현할 수 있다.

I let the students **stew** in the classroom before I announced my disciplinary decision.
나는 벌칙을 선언하기 전에 학생들이 교실에서 생각도 하고 마음을 졸이게 했다.

simmer down – 조용해지다

Food Metaphor (10) cooked, raw, grill, simmer down, mull over, stir up

요리와 관련된 동사가 은유 확장된 표현들을 집중 분석해 보자. '요리하다'의 동사 cook도 은유 확대되어 잘 사용된다. 수동형으로 어떤 잘못을 한 행위를 들켰을 때의 상황을 묘사하기도 하는데, 이 은유 확대 의미는 날 것의 재료가 일단 요리가 되면 원래 상태로 돌아갈 수 없는 것에 기인한 듯하다. 예를 들어 회사에서 뭔가 잘못한 것이 있어서 불안한 마음이었는데 상사가 자기 책상 바로 뒤에 와서 화난 표정으로 서 있다면 다음과 같이 말할 수 있을 것이다.

I knew I **was cooked** when I saw my boss standing behind my desk with an angry look.
상사가 내 책상 바로 뒤에 화난 표정으로 서 있는 것을 봤을 때 난 이제 끝장이라는 것을 알았어요.

바로 앞에서 '날 것'이라는 표현을 썼는데 이 뜻을 나타내는 형용사가 바로 raw이다. 이 형용사의 본래 의미는 raw meat 혹은 raw fish 등의 용례에서 보듯이 '요리하지 않은(uncooked)'이다. 이 뜻이 은유 확대된 예가 상당히 많은데 미국 영어에서 매우 널리 쓰이는 연어(collocation) 표현으로 2가지를 반드시 익혀 두어야 한다.

첫째는 raw가 inexperienced but having potential(경험은 없으나 잠재력이 있는)의 뜻으로 쓰인 예로, 아직 경력이 일천하지만 장래가 촉망되는 재능과 잠재력이 보이는 젊은이를 묘사할 때 raw talent라는 표현을 잘 쓴다. 예를 들어 오디션 프로그램에서 출연자 중 한 명이 아직 다 듬어지지는 않았지만 타고난 재능이 뛰어나서 앞으로 스타가 될 것이라고 다음과 같이 극찬을 하는 경우를 종종 보게 된다.

She has the raw talent to become a star some day.
그녀는 언젠가 스타가 될 수 있는, 다듬어지지는 않았지만 타고난 재능이 있어요.

두 번째로 익혀야 할 표현이 get[have] a raw deal이다. 이 표현은 제대로 요리된 음식이 아닌 날 것을 받은 상황에 은유하여 to receive an unfair or poor treatment(부당한 취급이나 홀대를 받다)라는 뜻을 나타낸다. 식당에 갔는데 다른 손님들과는 달리 나만 후식을 제공받지 못했다면 다음과 같이 화난 감정을 효과적으로 표현할 수 있다.

I got a raw deal at that restaurant. I was not offered a dessert unlike other customers.

나는 그 식당에서 차별 대우를 받았어요. 다른 손님들과는 달리 후식을 제공받지 못했거든요.

바비큐 디너(barbeque dinner) 때 고기를 굽는 grill(그릴)을 동사로 쓰면 본래 의미는 이 그릴 위에서 고기나 생선을 굽는 것을 뜻하는데, 이 뜻이 은유 확대되어 검찰이나 경찰의 심문을 받거나 재판 중 곤란한 질문으로 괴롭힘을 당하는 상황적 의미로 널리 쓰인다. 예를 들어 검사가 피고인 쪽에 유리한 증언을 하러 법정에 나온 목격자를 날카롭고 대답하기 곤란한 질문으로 다그치고 괴롭혔다면 다음과 같이 그 상황을 묘사할 수 있다.

The prosecutor grilled the witness on the stand with tough questions.

검사는 증인대에 선 증인을 곤란한 질문으로 닦달했다.

앞에서 국과 찌개 이야기를 하면서 동사 boil이 은유 확대된 표현을 소개했다. '끓이다'의 뜻을 가진 동사에서 은유 확대된 구동사(phrasal verb)로 일상에서 많이 쓰이는 2가지 표현이 더 있다.

첫째는 simmer down이다. simmer는 본래 자동사로 to be cooked gently or remain just at or below the boiling point(살짝 요리되거나, 딱 끓는점에 있거나 그 이하에 남아 있다)라는 뜻이다. 이 뜻이 은유 확대되어 simmer down은 '어떤 소란이나 시끄러운 사태가 잦아들다,' 즉 to become calm after excitement or anger의 뜻으로 널리 쓰인다. 예를 들어 어느 시상식에서 대상 수상자가 누구인지 발표가 되었을 때 청중들이 박수를 치고 환호성을 지르다가 수상자가 수상 소감을 말하기 시작하자 마치 끓어오르던 국 요리가 식어가는 것처럼 차츰 조용해지기 시작했다는 것을 다음과 같이 묘사할 수 있다.

As the star actress started speaking, the crowd began to simmer down to listen to her speech.
그 스타 여배우가 말을 하기 시작하자 청중들은 그녀의 연설을 듣기 위해서 차츰 조용해졌다.

두 번째 표현은 mull over이다. mull은 본래 to heat (wine, ale, etc.) with sugar and spices to make a hot drink(더운 음료를 만들기 위해 (와인이나 에일 맥주 등에) 설탕과 다른 향신료를 추가하여 가열하다)의 뜻이다. 이것이 은유 확대되어 어떤 문제를 놓고 '심사숙고하다'의 의미로 쓰인다. 프랑스 등지에서 감기 기운이 있을 때 즐겨 마시는, '뱅쇼'라고 불리는 뜨겁게 데운 와인 등을 만들 때 와인에 첨가물을 넣어서 오랫동안 뭉

근히 끓이는 장면을 생각하면 왜 'mull over ~'가 '~에 대해서 오랫동안 깊이 생각하다' 즉 '심사숙고하다(ponder)'의 뜻을 나타내게 되었는지 잘 이해할 수 있다. 예를 들어 중요한 협상을 진행 중인 상대방 회사가 흥미 있는 대안들을 제시해 왔는데 그중 하나를 최종 선택하기 전에 심사숙고할 필요가 있다는 취지의 말을 이 표현을 써서 다음과 같이 효과적으로 말할 수 있다.

They have presented some interesting options to us. We have to mull them over before picking one final option.
그들이 우리에게 몇 가지 흥미로운 선택을 제시했습니다. 우리는 최종 선택을 하기 전에 그에 대해 심사숙고해야 합니다.

음식을 요리할 때 매우 자주 하는 행위 중의 하나가 식재료를 물이나 다른 액체 먹거리에 섞어 잘 젓는 일이다. 영어로 '젓다'를 뜻하는 동사가 stir인데 구동사 'stir up ~'은 그 뜻이 은유 확대되어 to arouse or excite feelings and passions(감정이나 열정을 불어넣거나 흥분시키다)라는 뜻을 나타낸다.
지도자의 덕목 중 하나는 대중을 감화하는 연설 능력이다. 예를 들어 어느 회사의 사장이 임직원 모두 함께 뭉쳐서 열심히 일해야 한다는, 열정을 불어넣는 감동적인 연설을 했다면 다음과 같이 그 상황을 묘사할 수 있다.

I was deeply moved by the president's speech. His speech really stirred up the crowd.

나는 사장님의 연설에 깊이 감명을 받았어요. 그분의 연설은 청중을 정말 감동으로 흔들어 놓았습니다.

엎질러진 물 *vs* spilt milk

Food Metaphor (11) 음식 관련 속담

우리 김치 이야기를 시작으로 한국어와 미국 영어에서 잘 쓰는 음식 관련 숙어와 속담 표현들을 비교 분석해 보자.

한국적 특성을 잘 드러내는 대표적인 음식을 꼽으라면 누구나 김치를 떠올린다. 김치는 우리나라 사람들이 밥과 함께 먹는 가장 중요한 반찬이면서 다양한 한국 음식의 재료가 된다. 김치의 종류도 무척 많다. 배추김치, 깍두기, 열무김치, 파김치, 물김치, 동치미 등. 워낙 익숙한 먹거리이므로 한국어에는 유독 김치가 들어간 은유와 그것이 확대된 관용 숙어 표현이 많이 발달해 있다.

대표적인 예로 우리는 힘든 일을 하고 난 후 정말 피곤하고 지쳤을 때 푹 익은 파김치에 은유하여 '파김치가 되었다'고 한다. 미국 영어에서는 같은 뜻을 과거분사형 형용사 exhausted를 써서 "I got exhausted."라고 흔히 말한다. 이 파김치 은유 표현은 너무 익어서 팍 삭은 파김치를 실제로 보고, 맛보지 않은 사람에게는 잘 와 닿지 않을 것이다.

굳어진 다른 숙어 표현으로 '김칫국부터 마신다'를 자주 쓴다. '떡 줄 사람은 생각도 안 하는데 김칫국부터 마신다'는 속담이 줄어든 것으로, 상황을 잘 파악하지 못하고 성급하게 기대만 하는 경우를 묘사하기 위해 널리 쓴다. 이 표현은 한국 음식 문화에서 인절미 등 떡을 먹을 때 김칫국을 함께 먹던 전통에서 유래한 것이다.

미국 영어에서는 같은 맥락을 Don't count your chickens before they hatch.라는 속담으로 표현한다. 병아리가 알을 깨고 나오기도 전에 몇 마리인지부터 세지 말라는 뜻으로, 결과가 확실히 보장되지 않은 상황에서 성급하게 기대를 하거나 섣부른 계획을 세우지 말라는 취지의 말을 할 때 잘 쓴다. 예를 들어 job interview를 잘했다고 거의 취직을 한 것처럼 들떠서 축배를 들겠다고 하는 친구를 진정시키며 다음과 같이 말할 수 있다.

You will get the job, but don't count your chickens before they hatch. Wait until you get the formal letter before you throw a party.
넌 그 직장을 얻게 되겠지만 병아리가 부화하기 전에 숫자부터 세지는 마. 파티를 열기 전에 공식 편지를 받을 때까지 기다리라고.

미국 사람들이 아침으로 즐겨 먹는 음식 중의 하나가 오믈렛(omelette) 이다. 잘게 썬 각종 채소를 햄, 치즈 등과 함께 볶은 후 달걀부침을 덮어서 만든 것이다. 미국 사람들은 You cannot make an omelette without breaking eggs.라는 속담을 널리 쓴다. 이것은 It is impossible to achieve something important without there being some bad effects or sacrifice.(다소 나쁜 일이나 희생을 감수하지 않고서는 어떤 중요한 일을 성취할 수 없다)라는 뜻이다. 예를 들어 경영상 어려움에 처한 회사의 사장으로 서 살아남기 위해 임금을 삭감하지 않을 수 없는 곤란한 상황을 다음 과 같이 표현할 수 있을 것이다.

If I don't cut people's salaries, the company will go bankrupt soon. It's a painful decision, but you can't make an omelette without breaking eggs.
직원들의 임금을 삭감하지 않으면 회사가 곧 파산하게 될 겁니다. 고통스러 운 결정이지만, 달걀을 깨지 않고서 오믈렛 요리를 할 수는 없어요.

이와 딱 일치하지는 않지만 비슷한 맥락의 뜻을 지닌 우리말 속담으 로 '구더기 무서워서 장 못 담그랴'가 있다. 다소 방해가 되는 일이 나 부작용이 있다고 하더라도 마땅히 할 일은 해야 한다는 취지를 나 타낸다.
영어 문법 패턴을 배우기 시작할 때 접하는 매우 잘 알려진 영어 속담 중 There's no use crying over spilt milk. 혹은 줄여서 No use crying over spilt milk.가 있다. 엎질러진 우유를 두고 울어 봐도 소용없다는 뜻으로, 이미 일어난 어떤 나쁜 결과에 후회해도 소용없다는 의미이다. 예를 들어 다 이긴 경기를 결정적인 순간의 바보 같은 실수로 졌다고 계속 자책을 하며 실의에 빠진 동료들에게 잊어버리고 다음 경기를 이기면 된다고 다음과 같이 말할 수 있을 것이다.

This loss is tough to swallow, but there's no use crying over spilt milk. Let's move on and do our best to win the next game.
이 패배는 받아들이기 힘들지만 우유를 엎질러 놓고 울어 봤자 소용이 없지. 다음 경기를 이기기 위해 다시 시작하고 최선을 다하자.

우리말에는 같은 맥락의 뜻을 나타내는 속담으로 '이미 엎지른 물이다'가 있다. 어디에서 이 차이가 생긴 것일까? 이 책에서 여러 번 강조한 바와 같이 언어는 문화를 비추는 거울이자 역사를 담은 그릇이다. 이 글에서 살펴보고 있는 음식 속담 표현을 비교해 보면 우리와 미국 문화와 역사의 근원적인 차이를 볼 수 있다.
미국 사람들은 오래전부터 젖소를 키우면서 젖을 짜서 우유를 생산하는 데 익숙했기에 애써 짠 우유 통이 엎질러졌을 때의 실망감에 은유했을 것이다. 반면 우리는 마실 물을 물지게를 지어서 직접 날라서 먹던 열악한 시절에 소중한 물을 엎질러 못 쓰게 되었을 때의 실망과 좌절에 은유했던 것으로 보인다.

한국의 밥과 쌀을 주식으로 하는 문화에서 빼놓을 수 없는 음식이 국과 찌개이다. 밥을 먹을 때 국을 항상 같이 먹는 습관 때문에 한국어에서는 '국물도 없다'는 속어 표현을 자주 쓴다. 이 표현은 밥은커녕 국도 기대하지 말라는 뜻으로 전혀 기대할 수 없는 상황이나 경우를 묘사하기 위해 쓰인다.

흥미로운 것은 밥과 국의 밀접성을 모르는 외국인들에게 이 한국어 표현을 직역해서 "There's no soup!"이라고 아무리 야박한 표정으로 말하더라도 전혀 뜻이 전달되지 않는다는 점이다. 영어로 같은 뜻을 나타내려면 "Fat Chance!"라는 속어 표현을 쓰면 된다. 예를 들어 지독한 구두쇠 친구가 돈을 빌려줄 가능성이 거의 없다는 말을 다음과 같이 할 수 있을 것이다.

You think he'll lend you the money? Fat chance!
그가 돈을 빌려줄 거라고 생각해? 퍽이나!

미국 사람들도 국과 비슷한 soup이나 broth를 끓여 먹는다. 미국 영어에서 broth가 들어가 널리 쓰이는 속담 표현으로 Too many cooks spoil the broth.가 있다. 이 표현은 chicken broth 같은 닭고기 육수를 잘 만들려면 한 사람이 온도를 조절하면서 집중해야 하는데 여러 사람이 참견을 하다 보니 의도했던 맛을 만들지 못한 상황에서 생긴 표현인 듯하다. 예를 들어 어떤 프로젝트를 진행하는데 너무 많은 사람이 실제적인 일은 안 하고 자기 방식대로 지휘만 하려고 해서 일의 진척이 없을 때 다음과 같이 말할 수 있을 것이다.

There are too many bosses in our team. We are going nowhere in this project. **Too many cooks are spoiling the broth.**
우리 팀에는 대장 노릇을 하는 사람이 너무 많아요. 이 프로젝트가 진전이 안 되고 있어요. 너무 여러 사람이 나서서 일을 망치고 있습니다.

우리말에서는 같은 맥락의 뜻을 음식 은유 확장 표현을 쓰지 않고 배를 탔을 때의 상황에 견주어 '사공이 많으면 배가 산으로 간다'고 표현한다는 점이 다르다.

그림의 떡 *vs* pie in the sky

Food Metaphor (12) double dipping, plate, pie in the sky, grass greener

우리나라와 미국의 식사 문화를 비교해 보자. 네덜란드의 세계적인 문화학자인 호프스테드(Hofstede)는 전 세계의 문화를 비교문화적 시각에서 분석하기 위한 비교 틀을 제시한 바 있다. 그가 제시한 틀 중 가장 대표적인 것이 집단주의(collectivism, groupism)와 개인주의(individualism) 틀이다. 한국 사회에는 집단주의 성향이 강한 문화적 전통이 이어져 왔다. 이 집단주의 성향은 우리 일상 문화의 다양한 단면들에 잘 반영되어 있는데 식사 문화에도 그 특징이 그대로 반영되어 있다.

우리는 집단으로 모여서 함께 식사하는 것을 중시하며 특유의 회식 문화를 발전시켜 왔다. 많이 나아지기는 했지만, 지금도 밥과 국은 각자 먹고 찌개는 덜어 먹지만, 다른 주요리와 반찬들은 자기 접시에 따로 덜지 않고 보통 함께 먹는 경우가 많다. 특히 찌개 등을 먹을 때 각자의 수저로 공동으로 먹는 것을 영어로 double-dipping이라고 하는데 외국인들이 이 장면을 볼 때면 비위생적이라고 지적한다. 우리 한국인들은 왜 이런 식사 습관을 갖게 된 것일까? 오래전부터 가족 단위로 식사하며, 함께 식사하는 사람을 '식구(食口)'라는 용어로 지칭하는 것에서 볼 수 있듯이 '함께 밥을 먹는 사람'을 한 가족처럼 대하는 가족주의(familism) 전통이 강했다. 어느 정도의 친분이 있는 사람이 식사를 하면서 찌개를 함께 먹지 않고 따로 접시에 먹겠다고 고집한다면 정이 없는 사람으로 생각할 정도였다.

외국인들이 한국 사람들은 왜 찌개 같은 음식을 비위생적인데도 불구하고 함께 공유하여 먹는지를 묻는다면 다음과 같이 영어로 대답할 수 있을 것이다.

Double-dipping is insanitary, of course, but it's very common in Korean culture because of the influence of groupism.

국물 요리를 함께 먹는 것은 물론 비위생적이지만 집단주의 영향 때문에 한국 문화에서는 매우 흔한 일입니다.

반면 미국식 식사는 모여서 함께 먹더라도 공유할 음식을 자신의 접시(plate) 위에 가져다가 먹는 식으로 이루어진다. 이것은 개인주의적 특징이 식사 문화에 잘 드러난 현상이다. 미국 영어에서 널리 쓰이는 굳어진 표현으로 clean[empty] your plate가 있다. 이 표현은 말 그대로 자기가 먹으려고 가져온 음식을 모두 다 먹으라는 뜻이다.

미국 가정에서는 어머니가 자녀들에게 어렸을 때부터 맛있는 후식을 먹고 싶으면 먼저 자기 접시에 가져온 음식을 다 먹어야 한다는 식사 예절을 다음과 같이 강조하곤 한다.

You have to clean your plate, if you want dessert.
후식을 먹고 싶으면 자기 접시는 다 비워야 해요.

한국 사람들은 손님을 식사에 초대하고 "차린 건 없지만 많이 드십시오!"라고 한다. 실제로는 상다리가 휘어질 정도로 많은 음식을 차리고도 이렇게 과장법 인사를 하는 데는 한국 특유의 체면 문화가 깔려 있는 것 같다. 반면 미국인들은 주로 "Help yourself!"라고 말한다. 또는 영어로 직역하면 good appetite에 해당하는 프랑스어 차용 표현을 아래와 같이 말하기도 한다.

"Everyone. Bon Appetite!"
여러분. 맛있게 많이 드세요!

영어의 이 두 표현을 보면 식사에 초대한 손님에게 자신의 체면을 내세우기보다는 각 개인에게 맛있고 즐거운 식사가 되기를 바란다는 개인주의적 성향의 인사말이 발달해 있음을 엿볼 수 있다. 이 예들을 통해 우리는 식사 때 흔히 쓰는 인사말이 그 문화권 사람들의 특징적 사고나 가치관을 잘 드러내고 있음을 관찰하게 된다.

한국어에서는 떡 관련 표현들이 광범위하게 쓰이는 편이다. 요즈음은 빵에 밀려서 떡을 먹는 문화가 쇠퇴한 것이 사실이다. 하지만 필자가 어렸을 때만 해도 명절은 물론 생일을 비롯한 잔칫날 혹은 집안에 좋은 일이 있을 때 떡을 만들어 이웃에게 돌리는 일이 매우 흔했다. 특히 고사떡으로 팥떡을 만든 후 동네 이웃들과 골고루 나누어 먹는 것은 매우 중요한 풍습 중의 하나였다. 그래서 우리말에는 유독 '떡'을 근원 영역으로 한 은유 표현이 많이 발달해 있다. 예를 들어 기대하지 않았던 대접을 받거나 좋은 일이 생기면 "이게 웬 떡이냐?"라고 말하며 기뻐한다. 이 표현을 비롯하여 떡의 의미가 은유 확대된 속담과 관용 표현이 다음과 같이 부지기수로 많다.

그림의 떡
싼 게 비지떡
굿이나 보고 떡이나 먹자.
남의 떡이 더 커 보인다.

앞의 표현 중 '그림의 떡'과 '남의 떡이 더 커 보인다'를 영어로 어떻게 표현하는지 비교하고 분석해 보자. 먼저 '그림의 떡'은 이룰 수 없는 허황한 꿈을 꾸거나 마음에는 드는데 차지할 수 없는 대상을 두고 아쉬움을 표현할 때 널리 쓴다.

흥미로운 것은 영어에서도 음식 은유로 비슷한 맥락을 표현한다는 사실이다. 미국 영어에서는 이와 비슷한 뜻으로 pie in the sky가 있다. 이 표현은 an impossible, unlikely, or fanciful idea or plan(불가능하거나 가능성이 거의 없는 환상적인 생각이나 계획)을 묘사할 때 잘 쓴다. 요즈음 한류 아이돌 스타들의 인기에 현혹되어 별다른 노력 없이 아이돌 가수가 되는 것이 꿈이라고 말하는 청소년이 적지 않다. 정당한 노력 없이 허황한 꿈을 꾸는 소년과 소녀에게 이 표현을 써서 다음과 같이 점잖게 충고할 수 있을 것이다.

You keep saying that your dream is to become an idol star some day. It's just pie in the sky, if you don't make serious effort.
넌 언젠가 아이돌 스타가 되는 것이 꿈이라고 계속 말하는구나. 네가 진지하게 노력하지 않는다면 그건 하늘에 떠 있는 파이일 뿐이야.

앞에서 열거한 마지막 예로 '남의 떡이 더 커 보인다'에 대해서 생각해 보자. 같은 크기로 고르게 잘랐다 해도 남의 떡이 내 떡보다 더 커 보인다는 상황적 의미를 은유 확대하여 자신의 처지보다 남의 처지가 더 좋아 보인다는 뜻으로 쓰게 된 듯하다.

미국 영어에서는 이와 비슷한 뜻으로 음식 은유를 쓰는 대신 주택 문화 관련 표현을 쓴다. 그들은 실제로는 안 그런데 남의 것이 더 좋아 보인다는 감정을 자기 집에서 바라볼 때 남의 집 잔디가 더 푸르게 잘 가꾸어져 있고 예뻐 보이는 상황에 비유하여 흔히 "The grass is greener on the other side of the fence."라고 말한다. 예를 들어 회사 동료가 불평이 심하고 좋은 회사에서 일하는 고마움을 잘 모른다고 생각이 든다면 다음과 같이 써서 '자신이 가진 것을 소중히 여길 줄 알아야 한다'는 함축된 의미를 잘 전달할 수 있다.

A: My job is so boring here. I wish I could work in another company.

여기서 하는 내 일이 정말 지루해. 다른 회사에서 일할 수 있으면 좋겠어.

B: Well.... The grass is always greener on the other side of the fence. This is a very good company to work for.

글쎄…. 늘 울타리 건너 이웃집 잔디가 더 푸르게 보이는 법이야. 이 회사는 일하기에 정말 좋은 곳이라고.

✿✿✿

미국 영어와 한국어를 비교해 보면 흥미로운 차이 한 가지를 발견하게 된다. 한국어에서는 소나 돼지 등 가축의 이름 뒤에 '고기'라는 명사를 붙여서 합성 명사로 쓰지만, 영어에서는 소고기(beef)와 돼지고기(pork)를 뜻하는 명사와 가축을 지칭하는 명사(bull, cow, pig)를 따로 쓴다. 왜 이런 차이가 있을까?

이를 이해하기 위해서는 영어의 역사를 살펴보아야 한다. 영국 역사를 들여다보면 1066년에 프랑스 노르망디 공국의 윌리엄(William) 공작(후에 William the Conqueror라고 불림)이 영국을 침략 정복하여(이 역사적 사건을 Norman Conquest라고 함) 오랫동안 영국이 프랑스의 지배 하에 놓이게 된 적이 있다. 그 결과 지배층인 귀족의 언어는 프랑스어가 되었고 피지배층의 언어로는 영어가 그대로 쓰이게 되어 두 언어가 공존하게 되었다. 위에서 던진 질문과 관련하여 생각해 보면 그 당시 평민이었던 영국인들은 가축을 키우는 일에 종사하였으므로 소와 돼지를 그들의 언어인 영어 단어(bull, cow, pig)로 불렀던 반면, 귀족층으로서 식탁에 올려진 고기를 먹던 프랑스인들은 그 고기를 자신들의 언어인 불어 단어(boef, porc)로 불렀을 것임을 쉽게 상상할 수 있다. boef가 후에 영어식 발음에 가깝게 변해서 beef가 되었고 porc가 pork가 되었던 것이다. 이 시기를 거치면서 영어는 자연스럽게 프랑스어에서 수많은 단어를 차용하게 되었다.

이처럼 영국과 프랑스는 언어 측면에서 긴밀한 접촉과 영향을 끼친 사이였지만 제국주의 팽창 시대 이래 유럽의 맹주로서 패권을 다투던 심한 라이벌이기도 했다. 아프리카를 비롯해 아시아권까지 식민 국가를 늘리며 다투던 때에 프랑스는 영국 못지않은 패권 국가였다.

여기서 흥미로운 것은 영국과 프랑스가 다른 나라를 식민화하고 난 후의 언어 정책이 정반대였다는 점이다. 영국은 식민국 민족어의 간섭과 영향을 받은 다양한 영어를 모두 환영하는 포용 정책을 편 반면, 프랑스는 본토의 순수 프랑스어 보급을 고집하며 지역의 다양한 프랑스어를 폄하하는 배타적 정책을 폈다. 사실 프랑스인들의 순수 프랑스어 집착은 놀랄 만하다. 심지어 캐나다 퀘백주에서 쓰는 프랑스어도 파리 프랑스어(Parisian French)가 아니라고 폄하할 정도이다.

이 언어 정책의 차이는 두 국가의 문화적 팽창의 결정적인 차이로 이어졌다. 영어는 거의 모든 나라에서 수용하고 습득하는 세계어로 성장했지만, 프랑스어는 그 정도 수준으로 퍼져나가지 못했던 것이다. 언어가 문화이고 문화가 언어에 의해 전파되는 것이므로 이 결정적 차이는 문화적 전파력과 영향력의 차이로 이어졌다.

오늘날 세계어로서의 영어의 지배적 지위와 세계 곳곳에 스며든 영어권 국가의 문화는 그들의 보이지 않는 언어문화적 전파력에 힘입은 것이다. 프랑스는 한때 영국에 버금가는 힘을 가진 나라였지만 자국 언어에 대한 그릇된 순수주의적 집착과 사랑으로 배타적 언어 정책을 고집함으로써 언어문화적 외연의 성장을 저해하는 결과를 가져오고 말았다.

이 역사적 사실은 요즘 우리 한국어와 한국 문화가 세계적으로 주목

받고 인기를 끌고 있는 이때 매우 중요한 교훈을 던져 주고 있다. 우리는 역사로부터 배워야 한다. 다른 나라 사람들이 쓰는 한국어와 그들이 수용해서 자기들의 문화와 융합한 다양한 한국 문화의 모습들을 환영하고 포용하고 적극적으로 지원해야 한다. 그렇게 해야만 한국어와 한국 문화를 더욱 널리 퍼뜨리고 성장시킬 수 있기 때문이다. 사실, 이 역사적 교훈은 우리 개인 각자의 삶의 태도에도 매우 중요한 시사점을 준다. 우리는 주변에서 각자의 분야에서 뛰어난 능력을 발휘하는 실력 있는 사람들을 보게 된다. 그런데 그들 중 남들로부터 더욱 인정을 받고 큰 인물로 성장하는 사람들이란 바로 남을 사랑하고 포용할 줄 아는 이들임을 쉽게 관찰하게 된다.

파리 프랑스어(Parisian French)의 순수성을 고집하는 틀에 갇힌 프랑스의 모습은 자기 능력을 맹신하고 자신만이 옳다는 착각과 오만으로 좀처럼 자기의 세계에서 나오지 않고 남들과 교류할 줄 모르는 사람을 떠올리게 한다. 개인이든 국가든 그릇된 자만심의 틀 속에 스스로를 가둔 상태에서 어떻게 남을 받아들일 여유와 탄력이 생길 수 있을까? 자신의 마음을 열고 있어야 남이 다가올 수 있고, 진심으로 남에게 다가갈 때 의미 있고 진정한 교류가 시작된다는 평범한 진리를 명심하자.

제 7 장
미국의 음주 문화(Drinking Metaphor)

한 사회의 문화적 특징을 극명하게 드러내는 중요한 문화적 현상 중의 하나가 음주 문화(drinking culture)이다.

우리의 음주 문화는 집단주의(groupism)적 성격이 강하다. 친구나 직장 동료들과 모여서 친분과 연대감을 확인하면서 결속을 다지는 식이다. 스스로 술잔에 술을 부어 마시기보다는 옆 사람에게 술을 권하고 따라주기도 하며 함께 잔을 부딪치면서 일체감을 강조하며 마신다. 잔을 돌리거나 도미노 게임하듯 연이어 마시기도 하면서 특유의 집단주의적 음주 관행을 발전시켜 왔다. 대학생들은 술 마시기와 게임을 결합하여 독특한 술자리를 즐기기도 한다. 물론 모두 코로나 감염증이 유행하기 전의 일이지만 말이다.

미국의 음주 문화는 개인주의(individualism)적 성격이 지배적이다. 남들과 함께 마시더라도 자기 스스로 술잔에 술을 부어 마시는 식이다. 미국의 음주 문화는 파티 중 서서 병맥주를 들고 마시며 자유롭게 얘기를 나누는 방식이다. 술을 잘 마시지 못하는 사람에게 술을 권하거나 자기와 같은 속도나 양으로 마시기를 바라지 않는다. 오로지 스스로의 결정과 통제로 즐길 뿐이다.

미국인에게 술을 마시느냐고 물어보면 곧잘 "I don't drink much, but I'm a good social drinker."라고 말해 의아했던 적이 있다. 술은 거의 안 마시는 편이지만 남들과 어울리기 위해 와인(wine) 정도는 마신다는 뜻인데, 한국의 음주 문화에 익숙했던 필자에게는 술은 남과 함께 마시는 것이라는 인식이 있었기 때문에 social drinker라는 말이 중복적으로 느껴져 의아했던 것 같다. 미국 사람들에게는 "Do you drink?"라는 질문에 당연히 집에서 혼자 마시는 것도 즐기느냐는 내용도 포함된 것으로 여겨진다. 실제로 집에서 술을 혼자 마시다가 알코올 중독자(alcoholic)가 되는 불행한 일이 많이 생기기도 한다.

사회 변화에 따라 음주 문화도 바뀐다. 우리 사회에도 소위 혼술족(혼자서 술을 마시는 사람들)이 늘었다. 퇴근 후 조용한 술집에서 간단히 한잔하거나, 술을 사다가 집에서 혼자 마시며 SNS에 사진과 글을 올리는 사람들이 많아졌다. 코로나 유행 이후에는 더욱 그렇다. 그렇지만, 여전히 우리에게는 '술이란 남과 어울리기 위해서 마시는 것'이라는 전통적인 인식이 짙게 깔린 것이 사실이다. 반면 미국에서는 '술은 함께 마셔도 좋지만 내가 알아서 즐기는 것'이라는 인식이 강하다.

먼저 한잔하고 *vs* business first drink later

Drinking Metaphor (1) propose a toast, bomb drink, avoiding uncertainty, close but no cigar

미국의 음주 문화는 근본적으로 개인주의적이다. 특히 맥주를 마실 때는 병맥주를 따서 그대로 병째 마시면서 서서 얘기하기를 좋아한다. 하지만 미국 사람들도 술을 집단으로 마실 때가 있고, 함께 축하할 일이 있거나 의미 깊은 말을 하고 싶은 경우에 건배를 제안하기도 하는데 이것을 propose a toast라고 표현한다. 예를 들어 오랫동안 같은 회사에서 일한 동료의 은퇴를 축하하고 앞으로의 생을 축복하기 위해 다음과 같이 말하면서 건배를 제안할 수 있을 것이다.

I'd like to **propose a toast** in honor of Bill's retirement. We all deeply appreciate your hard work and dedication for our company. We also hope that your retirement marks the beginning of another happy life.
빌의 은퇴를 기념하며 건배 제의를 하고 싶습니다. 우리 모두 당신이 우리 회사를 위해서 열심히 일하고 헌신해 주신 점에 깊이 감사합니다. 우리는 당신의 은퇴가 또 다른 행복한 삶의 시작을 뜻하기를 바랍니다.

한국 음주 문화의 가장 큰 특징 하나가 폭탄주(bomb drink)이다. 폭탄주는 본래 hard liquor(독한 술)인 위스키 등 양주에 맥주를 섞은 것을 뜻하곤 했는데 소주와 맥주를 결합한 이른바 '소맥 폭탄주'도 크게 유행하고 있다. 회식 자리에서 화려한 폭탄주 제조 손기술을 자랑하는 모습을 담은 동영상도 관심을 모았다.

우리 한국인들은 왜 그토록 폭탄주를 열광적으로 좋아할까? 그 이유는 두 가지 문화적 특징으로 설명할 수 있을 것이다.

첫 번째 이유는 폭탄주가 한국인 특유의 집단주의적 음주 문화에 적합하기 때문인 듯하다. 코로나 유행 이전까지는 퇴근 후 직장 동료들과 삼겹살을 함께 구워 먹으면서 첫잔으로 소맥 폭탄주를 만들어 큰 소리로 "위하여!!!"라고 외치고 마시는 것이 한국인들의 흔하고 소소한 일상의 모습이었다. 이때 한 사람도 예외 없이 각자의 폭탄주를 남기지 않고 바닥까지 다 마시는 행위는 그 집단에 속해 있다는 소속감과 일체감을 확인하는 의식이기도 했다.

두 번째로 우리의 폭탄주 문화는 호프스테드(Hofstede) 교수가 세계 문화를 비교 연구하기 위한 잣대로 제시한 비교 틀 중 Avoiding Uncertainty(불확정적인 것을 피하는) 성향으로 설명할 수 있다.

우리나라 사람들은 불확정적인 상황을 피하고 싶어 하는 성향이 강하다. 자신과 비슷한 성향의 사람과 어울리기를 좋아하며 조금이라도 다른 사람이 섞여서 불안한 감정이 생기는 불확정성 혹은 불안정성을 매우 싫어하는 경향이 있다.

학자들은 우리 한국인들이 이 성향을 갖게 된 배경으로 역사적 요인을 지적한다. 오랜 역사 동안 수많은 외부 침략에 시달려 왔기에 주변에 자기와 비슷한 동네 사람 대신 이방인들이 보이게 되면 극도로 불안해하곤 했다. 이 성향은 인사 표현에 그대로 반영되어 있다. "안녕하세요?"는 영어로 직역하면 "Are you in peace?"이다. 우리 조상들은 아침에 일어나서 밤새 어떤 침략도 없이 평화로운 상태임을 서로 확인하는 것이 중요한 일상의 인사였던 것이다.

지금까지 설명한 한국인의 Avoiding Uncertainty 성향을 다음과 같이 영어로 표현할 수 있다.

Koreans have a strong tendency of "**Avoiding Uncertainty**" because of their historical background. They have been invaded so many times by their strong neighbors like Japan and China. Their ancestors used to feel insecure and uncomfortable when they see foreigners or any other people from outside. This experience has had a strong influence on Korean people's mind set; that is, they don't like seeing something or someone unfamiliar.

한국인들은 역사적 배경 때문에 '**불확실성을 회피하는**' 성향이 강하다. 그들은 일본과 중국 같은 강한 이웃 국가들로부터 수없이 침략을 받아왔다. 그들의 조상들은 외국인이나 외부에서 온 다른 사람들을 보면 불안하고 불편한 느낌을 갖게 되었다. 이 경험이 한국 사람들의 기저 심리에 강한 영향을 주었다. 즉, 그들은 친숙하지 않은 것이나 사람들을 보는 것을 좋아하지 않는다.

바로 이 성향 때문에 일상의 일 처리에서 폭탄주 같은 독한 술을 빨리 마셔서 상대방이 적이 아니고 자기편임을 확인하는 걸 중요하게 여기게 된 듯하다. 그래서 사업상 누군가를 처음 만났을 때도 먼저 독한 폭탄주를 함께 마시면서 서로 신뢰하는 친구 사이임을 확인하고 술기운을 빌려서 인간적인 교감을 먼저 쌓아 그것을 토대로 사업 얘기를 하는 경우가 많다. 사업뿐만 아니라 다른 일을 할 때도 상대방에게 "일단 한잔하시고…"식의 말로 서로 인간적으로 친구가 될 수 있는지 확인하는 것을 중시한다.

이와 대조적으로 미국 사람들은 사업에 관한 모든 공식적인 일을 다 끝낸 후 계약이 성사된 것을 축하하기 위해서 술을 마신다. 이 차이를 다음과 같이 영어로 표현할 수 있다.

Koreans drink first before business, while Americans do business first and then drink to celebrate the deal done. Actually, drinking is an important part of business for Korean people. Koreans have a unique "bomb drink" culture while doing business.

They want to confirm their partners as their friends by sharing this strong drink first before the real business talk.

한국 사람들은 비즈니스를 하기 전에 먼저 술을 마시는 반면, 미국 사람들은 비즈니스를 한 후에 일이 성사된 것을 축하하기 위해 술을 나중에 마신다. 사실 음주는 한국 사람들에게는 비즈니스의 중요한 일부이다. 그들에게는 비즈니스 중 '폭탄주'를 마시는 독특한 문화가 있다. 그들은 본격적인 사업 이야기를 하기 전에 먼저 이 독주를 마시면서 그들의 파트너가 친구임을 확인하고 싶어 하는 것이다.

흥미로운 것은, 미국 사람들은 매우 중요한 사업 계약이 성사되었을 때 술보다는 큰 담배(cigar)에 불을 붙여 피우며 축하하는 전통이 있다는 점이다. 그래서 미국 영어에서는 close but no cigar라는 표현이 매우 널리 쓰인다. 아래 예에서 보듯이 거의 계약이 성사될 뻔했는데 마지막 순간 어떤 이유로 일이 이루어지지 않았을 때의 상황을 묘사한다.

We almost had a deal done, but at the last minute, they didn't sign. Close but no cigar.

계약이 거의 성사될 뻔했지만, 마지막 순간에 그들이 서명을 하지 않았습니다. 아슬아슬하게 실패했죠.

이 표현은 또 일상에서 누군가에게 퀴즈 등 질문을 던졌는데 상대방이 정답은 아니지만 정답에 매우 가까운 답을 말했을 때의 상황에서도 유용하게 쓰인다.

Your answer is almost right, but not exactly correct. Close but no cigar.
네 대답은 거의 맞지만 정확하게 맞진 않아. 거의 맞혔는데 정답은 아냐.

세계화 시대를 맞이하여 한국인으로서 한국 문화와 한국의 것을 영어로 외국인들에게 설명할 수 있는 능력이 매우 중요해졌다. 특히 우리의 음식과 음주 문화에 관한 관심이 커져서 외국인들이 관련된 질문을 할 때가 많다. 여기서 소개하는 한국 음주 문화의 특징 관련 표현들을 잘 익혀 두면 앞으로 외국인들과의 영어 대화에서 유용하게 쓸 수 있을 것이다.

new wines in old bottles – 사회 개혁

Drinking Metaphor (2) beer, wine

미국인들이 일상에서 가장 즐겨 마시는 술은 맥주(beer)이다. beer의 뜻이 은유 확대되어 잘 쓰이는 2가지 표현을 먼저 소개하기로 한다.

첫째는 small beer이다. 이 표현은 본래 알코올 성분이 약한 맥주를 뜻했는데 그 뜻이 확장되어 something unimportant or trivial(중요하지 않거나 사소한 것)을 뜻한다.

미국 사람들은 보험을 중시하는데, 주택 화재 보험에 매달 내는 돈이 많아 보여도 혹시라도 실제 화재가 나서 치르게 될 손해액에 비하면 아무것도 아니라는 뜻을 이 표현을 써서 다음과 같이 효과적으로 나타낼 수 있다.

The insurance premium you pay every month is small beer compared to what you'd have to pay if your house burned down.

당신이 매달 내는 보험금은 당신 집에 화재가 나서 무너졌을 때 치러야 하는 액수에 비하면 아무것도 아닙니다.

둘째는 beer and skittles이다. 말 그대로 '맥주를 마시며 볼링(bowling)을 하다'라는 뜻인데 주로 앞에 부정의 뜻을 나타내는 not을 붙여서 그리 즐겁지 않은 삶을 뜻하는 부정적인 의미로 널리 쓴다. 특히 미국 대학생들은 입학 후 다음과 같은 말을 자주 하곤 한다.

College life is not beer and skittles. We suffer from so many tests and assignments every week.

대학 생활이 그저 맥주나 마시고 볼링하고 노는 식이 아니에요. 매주 많은 시험과 과제로 고생한다고요.

그래서 그런지 미국 대학생들은 시험과 과제로 시달리다가 목요일과 금요일 저녁이 되면 광적으로 술을 많이 마신다. 특히 신입생들은 입학 후 남녀 학생 사조직 단체인 fraternity and sorority(대학마다 오랜 전통 속에 이어오는 사교클럽으로, 별도의 기숙사에 살면서 공부와 봉사활동과 파티 등을 함께 하며 소속감과 자긍심이 대단하지만, 일반 학생들에게는 배타적인 느낌을 주기도 함)에 가입할 때 한국 대학생들의 신고식 때처럼 많은 양의 술을 한꺼번에 마시는 의례를 치른다. 이런 식으로 '죽도록 많은 양의 술을 마시는 것'을 영어로 binge drinking이라고 한다. 불행하게도 몇몇 학생들이 이 binge drinking 관습 때문에 실제로 사망에 이르는 사고도 있었다. 미국 사회에서 대학생 사조직 기숙사에서 이런 식의 폭주 문화가 심각한 사회 문제가 되었다는 사실을 다음과 같이 표현할 수 있다.

Binge drinking during the fraternity and sorority parties has been so common in American college campuses and it has become a serious social issue.

남녀 학생 사교클럽 파티 동안 폭음을 하는 의식이 미국 대학 캠퍼스에서는 너무도 흔한 일이 되었고 심각한 사회 문제가 되었다.

맥주는 거품이 생명이라는 말이 있다. 즉 맥주를 맥주다운 맛으로 만드는 핵심이 거품이라는 뜻인데 이 거품이 너무 많으면 실제 맥주 양이 적어지는 관계로 한국에서는 '거품이 너무 많다'는 표현이 어떤 일에 내실이 없다는 뜻으로 잘 쓰인다.

영어로 '거품'을 뜻하는 단어는 3개가 있다. 맥주 거품 자체를 뜻하는 froth, 면도액 등의 거품을 주로 뜻하는 foam, 비누 거품을 뜻하는 bubble이 있는데 bubble이 맥주 거품을 뜻하기도 한다.

미국 영어에서도 우리말에서처럼 거품이 지나친 것을 내실이 없는 상황을 은유하는 데 잘 쓰는데, 이때 bubble을 많이 쓴다. 한국어에서도 널리 쓰는 '부동산 거품'을 영어로는 real estate bubble이라고 표현한다. 한국 사회에서 부동산 거품 현상으로 서울의 치솟는 집값 잡기는 커다란 골칫거리가 되었으며 열심히 일해서 집을 장만하겠다는 젊은이들을 힘들게 하고 있다. 이 상황을 다음과 같이 영어로 표현할 수 있다.

Real estate bubble is getting out of control in Korea. Many young people feel frustrated because it is so hard for them to buy a home in the Seoul Metropolitan Area, even after working to the bone and saving money.

부동산 거품이 한국에서 통제 불능 상태가 되고 있다. 많은 젊은이가 뼈 빠지게 열심히 일하고 저축을 해도 서울 수도권 지역에서 집을 사기가 너무도 어렵기 때문에 좌절을 느끼고 있다.

다음은 포도주(wine) 관련 표현들을 살펴보도록 하자. 포도주는 서양 음식과 음주 문화에서 매우 중요한 역할을 해 온 술이다. 미국 문화에서도 포도주는 맥주와 달리 따로 마시기보다 어울리는 특별한 음식과 함께 즐기는 경향이 강하다.

미국 영어에서 잘 쓰는 굳어진 타동사 표현으로 'wine and dine ~'이 있다. 이 표현은 to entertain someone with lavish meals, typically in order to gain their favor in some way(환심을 사기 위해 누군가를 고급 음식으

로 접대하다)의 뜻으로 쓰인다. 예를 들어 회사에서 상사가 부하 직원에게 중요한 외국 손님이 방문하니 고급 음식점에서 접대를 잘하라는 당부의 말을 다음과 같이 할 수 있다.

He is the VIP for our company. Make sure you wine and dine him right.
그분은 우리 회사의 VIP 손님입니다. 반드시 극진히 대접하세요.

포도주(wine)는 유독 성경(The Bible)에서 중요한 음료로 등장한다. 그런 이유로 성경에서 파생된 은유와 환유 확대 표현이 현대 미국 영어에서 관용구로 많이 쓰인다.

가톨릭 미사(Catholic mass) 중 영성체(communion) 때 밀떡과 포도주 한 모금을 마시는 의식을 행하는데, 이 의식은 성경에 기록된 예수님의 최후의 만찬(the Last Supper, the Eucharist) 동안 예수님이 제자들 앞에서 자신의 몸과 피를 빵과 포도주로 만드신 의식에 근거한다. 그래서 영어에서 bread and wine은 하나의 굳어진 표현으로 예수님의 몸과 피를 환유한다. 이 종교적 믿음을 다음과 같이 영어로 표현할 수 있다.

Catholics eat a small piece of bread and drink a sip of wine during the mass. This ceremony is called "communion" and "bread and wine" symbolizes Jesus Christ's body and blood.

가톨릭 신자들은 미사 중 작은 빵 조각을 먹고 포도주 한 모금을 마신다. 이 의식을 '영성체'라고 부르며 '빵과 포도주'는 예수님의 몸과 피를 상징한다.

마태복음(Matthew 9:17)을 비롯한 다른 복음서에도 예수님께서 '새 포도주를 낡은 병에 담지 말라'고 했다고 기록되어 있다. 여기에서 유래하여 미국 영어에서는 new wine in old bottles라는 굳어진 표현을 널리 쓴다. 이 표현은 a change or innovation added to an established or longstanding organization, system, or method(기존에 확립된 단체, 제도, 방법 등에 가해진 변화나 혁신)의 뜻을 나타낸다. 이 표현은 사회 개혁 관련 주제를 다룰 때 효과적으로 원용되곤 한다. 예를 들어 미국의 저명한 한국 역사학자인 브루스 커밍스(Bruce Cummings) 교수는 유명한 저서인 『Korea's Place in the Sun : A Modern History (브루스 커밍스의 한국현대사)』에서 구한말 대원군의 개혁을 논하면서 일본의 메이지 유신과 비교하며 다음과 같이 서술하고 있다.

To use a different metaphor, the Meiji leaders were pouring new wine into old bottles ; the Koreans were pouring old wine into old bottles.

다른 비유 표현을 써보자면, 메이지 시대 지도자들이 헌 와인 병에 새 와인을 붓고 있었다면 한국 사람들은 헌 와인 병에 헌 와인을 붓고 있었다.

wine이 들어간 관용구 중에서 잘 쓰는 Good wines need no bush.라는 표현도 익혀 두어야 한다. 이 표현은 품질이 우수한 것은 굳이 선전할 필요가 없다, 즉 Something of good quality does not need to be advertised.라는 뜻을 나타낸다. 포도주를 파는 술집에서 포도나무 가지나 아이비 같은 것들을 바깥에 보이도록 키워서 선전하곤 했던 것에서 유래했다고 한다. 좋은 예로, 이미 시장에서 인정을 받은 뛰어난 제품을 광고하는 데 지나치게 돈을 쓸 필요가 없다는 취지의 의견을 회사 회의에서 밝힌 후 이 표현을 덧붙이면 그 뜻을 더욱 효과적으로 전달할 수 있을 것이다.

We have a great product and there is already an increasing demand among many people. I don't think we need to spend much money for advertisement. Good wines need no bush.
우리는 뛰어난 제품을 갖고 있으며 이미 많은 사람들 사이에서 수요가 증가하고 있습니다. 저는 광고에 많은 돈을 쓸 필요가 없다고 생각합니다. 품질이 우수한 제품은 선전이 필요 없는 법이니까요.

정신 차려 *vs* Wake up and smell the coffee

Drinking Metaphor (3) 사이다, soda, coffee, tea

이번에는 청량음료(soft drink)와 커피(coffee), 차(tea) 관련 표현들을 중심으로 한국과 미국 문화권의 특징을 비교하기로 한다.

미국 사람들은 햄버거를 즐겨 먹는다. 이때 전형적으로 함께 마시는 청량음료를 통칭해서 soft drink라고 한다. 흥미로운 것은 미국 각 지역에 따라 이를 지칭하는 용어가 달라서 혼동을 줄 때가 있다는 점이다. 미국 서해안과 동부 지역에서는 soda라고 부르는데, 남부에서는 모든 청량음료를 coke라고 부른다. 또 시카고(Chicago)를 중심으로 하는 중서부 지역에서는 pop이라고 한다.

언어는 시대 변화에 민감하다. 최근 우리 젊은이들 사이에서 널리 쓰이는 은유 표현 중 하나로 '사이다 발언'이 있다. 이 표현은 사이다의 톡 쏘는 시원한 맛의 뜻을 은유 확장하여 자신이 하고 싶은 말을 남이 시원스럽게 했을 때의 상황을 묘사하는 데 쓰인다. 특히 '고구마'처럼 속 터지게 전개되던 드라마에서 주인공이 마침내 시원한 정의의 한 마디를 터뜨리며 문제를 해결한다든지, 똑똑한 논객이 정치 쟁점 등에 관해 억지 논리를 펴는 상대방을 정확한 논리로 압도하는 순간에 느끼는 통쾌한 감정을 생각하면 속이 더부룩한 상태에서 사이다를 마셨을 때 느끼는 청량감과 일맥상통함을 잘 이해할 수 있다.

미국 영어에서는 비슷한 맥락의 뜻으로 돈의 은유(money metaphor)를 써서 right on the money라는 표현을 즐겨 쓴다. 이 표현은 어떤 사람의 말이나 의견 표출이 핵심 사항을 통찰력 있고 정확하게 파악하는 상황을 묘사한다.

Her comments on the issue were right on the money.
그 쟁점에 관한 그녀의 발언은 핵심을 찌르는 정답이었다.

한국어에서는 같은 뜻을 나타내는 은유 표현으로 '정곡을 찌르다'를 잘 쓴다. 다른 사람들의 의견은 겉돌거나 핵심을 비켜 가는 반면 누군가 화살 과녁의 정중앙을 꿰뚫듯이 정확한 의견을 제시했을 때 쓰는 표현이다. 미국 영어에서는 같은 뜻을 화살 과녁 대신 망치로 못을 칠 때의 상황에 은유하여 "You nailed it."이라고 흔히 말한다. 이 표현의 은유 의미는 못을 박을 때 못의 정중앙을 정확히 때려 잘 박았을 때의 통쾌함과 성취감을 떠올리면 쉽게 이해할 수 있다. 예를 들어 회의 중 동료가 남들이 생각하지 못하던 핵심을 정확히 지적했다면 적극적으로 동감을 표현하면서 다음과 같이 칭찬할 수 있다.

I completely agree with you. **You nailed it.**
전적으로 동의합니다. 정곡을 찔렀네요.

커피(coffee)는 빵을 주식으로 하는 미국인들에게 매우 중요한 음료이다. 요즈음은 미국식으로 원두커피를 필터에 걸러 마시는 것이 일반화되었지만 필자가 대학생이었을 때만 해도 인스턴트커피를 크림, 설탕과 타서 먹는 것이 보통이었다. 그래서 예전에는 '커피를 타(서) 마시다'라는 표현이 지배적으로 쓰이다가 요즈음에는 '커피를 내려 마시다'라는 말이 더 널리 쓰인다. 이런 언어적 변화가 시대 변화를 잘 반영한다.

커피가 미국 사람들에게 매우 익숙한 생활의 일부인데도 일상 영어에서 커피의 뜻이 은유 확장된 표현들이 별로 없다는 점은 다소 의아하다. 그러나 한 가지 주목할 표현이 있다. 그들은 일상에서 wake up and smell the coffee라는 굳어진 표현을 잘 쓴다. 아침에 일어나자마자 커피를 만들어 마시는 것이 미국인의 전형적인 하루 시작이다. 그래서 커피 냄새를 맡으며 잠을 깨고 잠자리에서 일어나는 익숙한 모습이 광고에서 줄곧 응용된다.

광고는 짧은 시간 내에 사람들에게 응집력 있게 호소할 수 있는 콘텐츠를 담기 때문에 그 사회의 문화적 정체성과 가치관을 잘 드러낸다. 미국 서민들에게 매우 익숙한 커피 제품으로 Foldgers라는 브랜드가 있는데 이 회사의 TV 광고가 고전적인 인기 광고로 꼽힌다. 익숙한 멜로디의 정다운 음악과 함께 "The best part of waking up, Foldgers in your cup(잠에서 깨어날 때 가장 좋은 것, 당신 컵 속의 폴저스)."이라는 선전 문구를 내세우면서 단란한 가족들이 커피 냄새를 맡으면서 아침에 차례로 일어나는 훈훈한 모습을 보여주곤 한다. 특히 크리스마스 때 방영되었던, 멀리 떠나 있던 아들이 아침에 집에 돌아와서 Foldgers coffee를 끓여 놓았더니 어머니가 익숙한 냄새를 맡고 "You're home(너 집에 왔구나)!"이라고 반가워하는 광고는 큰 인기를 얻었다. 이 커피 광고는 자식들이 각자 다른 곳에서 자립(self-reliance) 정신을 갖고 열심히 일하다가 Thanksgiving Day나 Christmas 같은 명절에 모두 모여서 서로 격려하고 사랑을 확인하는 미국 사람들의 holiday spirit을 잘 보여준다.

wake up and smell the coffee는 이렇듯 커피 냄새를 마시며 잠에서 깨어 일어나는 생활 경험 의미가 은유 확대되어 주로 명령문 "Start to be more realistic and pay attention to what is happening(좀 더 현실적이 되어서 주변에 일어나고 있는 일에 주의를 기울여라)."이라는, 즉 '정신을 차리라'는 뜻을 나타낸다. 예를 들어 친구가 늘 너무 순진하고 비현실적

인 생각에 빠져 산다면 이 표현을 써서 다음과 같이 준엄하게 일깨워
줄 수 있을 것이다.

Laura. **Wake up and smell the coffee.** The world is a very cruel
place. Stop acting like a teenager.
로라. 꿈에서 깨어나서 정신 좀 차려. 세상은 매우 냉정한 곳이야. 10대처럼 구
는 건 그만하라고.

은유 표현은 아니지만, 이 맥락의 뜻을 전달하기 위해 일상에서 더 잘
쓰는 표현이 "Get real."이다. 이 문장을 직역하면, "현실적이 되어라."
로, 현실 문제와 곤란한 상황을 제대로 인식 못하고 자기는 잘못한 게
없다는 착각에 빠져 사는 사람에게 흔히 다음과 같이 말하곤 한다.

Get real. Look at yourself in the mirror.
정신 좀 차려. 너 자신을 거울에 비춰 봐.

미국 사람들에게 커피가 있다면 영국 사람들에게는 차(tea)가 있어서,
미국 사람들보다 훨씬 다양한 차를 즐겨 마신다. 하지만 자신의 취향
에 맞는 차를 즐겨 마시는 미국인도 적지 않다. 이런 전통과 관습을
반영하여 일상 미국 영어에서 널리 쓰는, 차의 뜻이 은유 확대된 중
요한 표현이 있다.

먼저 not one's cup of tea 이 표현은 not something one prefers, desires or enjoys(자기가 좋아하거나 원하거나 즐기는 것이 아닌)의 뜻을 나타낸다. 다른 사람이 호의를 베풀었는데 미안하게도 좋아하는 것이 아니어서 정중히 사양해야 하는 일이 생겼을 때 이 표현을 효과적으로 사용할 수 있다.

Thank you for the tickets, but going to a concert is not my cup of tea.
표 고마워요. 하지만 콘서트 가는 건 제가 별로 즐기질 않아서요.

또 하나 익힐 표현은 tea and sympathy이다. 이 표현은 슬픔이나 곤경에 처한 사람에게 따뜻한 차 한잔을 건네며 위로를 하는 상황적 의미가 확대되어 soothing someone while listening to their troubles(곤경에 빠진 사람의 얘기를 들어주며 위로하는 것)의 뜻을 나타낸다. 예를 들어 힘든 일을 당한 친구의 이야기를 들어주고 따뜻한 위로의 말을 전하는 건 친구로서 당연하다는 취지의 말을 다음과 같이 할 수 있다.

As her best friend, the least I can do is to offer Jenny tea and sympathy during her time of grief.
가장 친한 친구로서 내가 할 수 있는 최소한의 일은 제니가 슬퍼하는 동안 차 한잔과 위로를 건네는 거야.

이 책에서 이미 소개한 많은 은유 표현에서 확인할 수 있듯이 영어 표현을 한국어로 직역하면 그 뜻이 잘 전달이 안 된다. 우리는 그 이유를 이미 잘 알고 있다. 은유 표현들은 그 문화권 고유의 일상 문화와 가치관을 반영하기에, 다른 문화권에서는 같은 근원 영역 현상이 아예 없거나 익숙한 것이 아니어서 표현 기제 자체가 없거나 다르기 때문이다. 흥미로운 점은 두 언어문화권 사이의 언어가 직역이 안 되듯이, 해야 할 행동 혹은 해서는 안 될 행동(do's and don'ts)도 문화 간 직역이 안 된다는 점이다.

필자가 미국에 갔을 때 본 가장 생소한 장면 중의 하나가 길거리의 거지들이 낮에 편의점 앞에서 맥주를 갈색 종이봉투에 숨겨 넣어서 마시는 것이었다. 우리나라 동네 가게 앞에서 대낮에도 사람들이 모여 맥주를 마시는 것을 자주 보던 내게는 매우 신기한 모습이었다. 미국에서는 많은 주가 야외에서 술을 마시는 것 자체를 법으로 금지하고 있으며 술을 파는 장소도 매우 제한적이다. 한마디로 미국은 술에 관한 한 우리에 비해 매우 보수적인 나라이다. 미국의 술 문화가 보수적인 이유는 청교도 정신에서 그 뿌리를 찾을 수 있다. 청교도들은 노동과 검약을 중시하고 술과 춤과 카드놀이 등을 금지하는 청빈한 삶의 방식을 강조했다. 이 보수적인 삶의 자세와 방식이 미국의 음주 문화에 근본적인 영향을 끼쳐 왔다.

우리나라에서는 술주정을 부리는 것에 비교적 관대한 편이지만 미국에서 그런 짓을 했다가는 경찰에 잡혀서 실형을 살거나 알코올 중독자 수용소 같은 곳에 보내진다. 미국에서도 술 마시고 취하는 것은 용인이 되지만 취했다고 다른 사람에게 피해를 주는 것은 허용이 안된다. 술주정을 부리며 고성방가를 해도 그럴 만한 사정이 있는가 보다 하고 이해해 줄 것이라고 기대해서는 곤란하다. 술버릇이 고약한 사람은 미국에서 술을 먹을 때 주의해야 한다.

미국의 음주 문화와 관련해 우리 한국 사람들이 반드시 알아야 하는 보이지 않는 미국 문화의 중요한 규칙이 있는데 바로 개인적 공간(personal space) 개념이다. 미국인들은 술을 마실 때는 물론이고 다른 사람과 어울려 대화를 할 때 물리적으로 일정한 개인적 공간을 확보하려고 한다. 대화할 때 상대방과 일정한 거리(약 2.5 feet(=75cm) 정도)를 두어야 하는 것이다. 미국 사람들은 파티에서 맥주를 병째 마시며 대화하는 걸 즐기는데 이때 너무 가까이 다가가거나 친근감을 표한다고 신체에 손을 얹는 등의 행위를 하면 매우 불쾌하게 생각하므로 주의해야 한다.

개인적 공간 규칙은 대중교통을 이용할 때도 중요하다. 미국 사람들은 버스나 지하철 등을 타서 남과 가까이 있을 수밖에 없을 때도 몸 주위에 약 1인치 정도의 이른바 공간 포말(a bubble of space)을 유지하려 한다. 그래서 부득이한 경우가 아니면 다른 사람에게 바짝 다가가는 것을 피해야 한다. 그리고 부득이하게 몸이 닿게 되는 경우에는 반드시 "Excuse me."라고 말해야 한다. 그렇지 않으면 매우 무례하고 불쾌하게 생각한다. 그래서 미국 사람들은 지하철에 빈자리가 있어도 남과 가까이 앉는 것을 꺼려서 잘 앉지 않는 경향을 보이기도 한다. 그들이 개인적 공간을 중시하는 것은 물론 개인주의 성향이 깔려 있기 때문이지만, 또 한 가지 당연한 이유가 있다. 즉 미국은 땅이 워낙 넓어서 서로 충분한 공간을 두고 교류하는 데 익숙하다. 하지만 우리는 좁은 땅에 워낙 많은 사람이 모여 살기 때문에 개인적인 공간을 유지하기가 힘들다. 그러니 밀착된 거리에서 얘기를 나누거나 이동하는 것을 서로 용인할 수밖에 없고, 또 어느 정도 가까운 사이에서는 그것이 정이 있는 행동이라고까지 여기게 되는 것 같다. 이렇듯 사람들이 사는 공간의 크기와 여유 자체도 행동 문화를 결정짓는 중요한 요인임을 확인할 수 있다.

제 8 장

미국의 주거 문화(House, Furniture, and Lighting Metaphor)

집은 한 개인과 가족의 주거 공간이자 삶의 모습을 총체적으로 엿볼 수 있는 문화 공간이다. 누구에게나 건축물과 주거 문화 공간으로서의 집은 너무도 친숙하고 익숙한 일상생활의 일부분이므로 어느 언어문화권에서든지 집과 주거 생활 관련 표현들이 은유 확대된 예들이 발달해 있다. 모든 언어문화권에 공통적인 인간의 보편성을 알 수 있는 표현들도 있지만 각 문화권 고유의 특성을 엿볼 수 있는 흥미로운 표현들도 있다.

Pennsylvania주의 별명은 왜 Keystone State일까?

House Metaphor (1) foundation, cornerstone, stepping stone,
keystone, milestone, bedrock, pillar

건축물로서의 집은 특히 기초와 기둥 부분이 튼튼해야 한다. 기초가
튼튼하지 않으면 안전하고 편안한 집을 지을 수 없다. 우리말의 '~
의 기초가 되었다' 혹은 '~의 기초를 마련하다' 등의 관용 표현에서
도 확인할 수 있듯이 건축물의 기초는 널리 은유 확대하여 쓰는 근원
영역이다. 영어에서도 본래 건물의 기초를 뜻하는 foundation의 뜻
이 확대되어 fundamental and principal element(기초가 되는 주요한 요소)
의 뜻으로 잘 쓰인다. 예를 들어 서로 사랑하고 화목하며 서로를 지
지해 주는 가족이 있는 것은 행복한 삶의 가장 기초적이고도 중요한
요소라는 말을 이 표현을 써서 다음과 같이 할 수 있다.

Having a loving and supportive family is the foundation of our
happy life.

자신을 사랑하고 지지해 주는 가족이 있다는 건 우리의 행복한 삶의 기초이다.

요즈음은 집의 기초 공사를 할 때 시멘트 콘크리트를 쓰지만 과거에는 돌을 사용하는 경우가 흔했다. 이 역사의 흔적이 그대로 미국 영어의 은유 확대 표현에 잘 반영되어 있다.

먼저 cornerstone은 건축물의 두 벽을 연결하는 구석의 초석을 뜻하는데 그 뜻이 은유 확대되어 an indispensable and fundamental basis(없어서는 안 될 기초)의 뜻으로 잘 쓰인다. 예를 들어 특정 이론이 어느 학문 분야의 가장 기초적이면서도 혁신적인 이론적 성장의 토대가 되었다는 취지의 말을 할 때 이 표현을 잘 쓴다.

Einstein's theory of relativity has become the cornerstone of modern physics.
아인슈타인의 상대성 이론은 현대 물리학의 초석이 되었다.

한국어에서도 '디딤돌'이라는 용어를 은유 확대하여 잘 쓴다. 이것을 영어로 stepping stone이라고 부르는데 그 뜻을 은유 확대하여 an action or event that helps one to make progress towards a goal(목표를 향해 나아가는 데 도움을 주는 행위나 일)의 뜻으로 널리 쓴다. 예를 들어 지금 하는 일이 당장 마음에 들지는 않지만 앞으로의 경력 쌓기에 중요한 디딤돌 역할을 할 것으로 기대한다는 말을 다음과 같이 할 수 있다.

I expect that this job will be a good stepping stone to a better job for my career development.

저는 이 일이 제 경력 개발을 위해 더 나은 직장을 얻는 좋은 디딤돌이 될 것으로 기대합니다.

건물의 아치(arch)형 기둥 꼭대기 부분의 모든 돌을 이어주는 기능을 하는 정중앙에 있는 쐐기돌을 keystone이라고 한다. 이 중요한 기능적 뜻이 은유 확대되어 the central supporting element of a whole(전체를 지탱하는 중심 요소)의 뜻으로 잘 쓰인다. 예를 들어 이른바 소득 주도 성장(income-led growth) 정책이 문재인 정부의 중심 경제 정책이라는 말을 이 표현을 써서 다음과 같이 효과적으로 나타낼 수 있다.

The so-called "Income-led growth" policy comprises the keystone of J-nomics by the Moon government.

소위 '소득 주도 성장' 정책이 문재인 정부의 제이노믹스의 쐐기돌을 이루고 있다.

미국의 각 주는 그 주 고유의 역사와 자연 특성 등을 반영한 독특한 별명을 갖고 있는데, 그 주의 자동차 번호판에 이 별명을 새겨 놓는 전통이 있다. 필자가 유학 시절 살던 필라델피아(Philadelphia)는 펜실베이니아(Pennsylvania)주의 가장 큰 도시이다. 펜실베이니아주는 미국 독립 전 13개 주로 구성된 식민지에서 지정학적으로 쐐기돌 위치에 있었을 뿐만 아니라 정치적으로도 가장 중요한 역할을 하였기 때문에 Keystone State라고 불린다. 이 역사적 사실을 다음과 같이 묘사할 수 있다.

The State of Pennsylvania is called "Keystone State" Because it was geographically located at the center of the arch of the 13 original states of the newly formed Union and more importantly because it played a vital role in holding together the 13 states.
펜실베이니아주는 지리적으로 새롭게 형성되었던 13개 주 연합국의 아치 모양의 중앙에 위치했고, 더욱 중요한 것은 이 13개 주를 하나로 묶는 데 필수적인 역할을 했기 때문에 '쐐기돌 주'라고 부른다.

집의 기초 공사에 쓰이는 돌은 아니지만, 미국 영어에서 은유 확장하여 잘 쓰는 표현으로 milestone이 있다. milestone은 본래 길가에 세우는, 거리를 표시하는 돌을 뜻하는데 그 뜻이 은유 확대되어 an important turning point in life or history(인생이나 역사상 중요한 전환기가 된 사건)를 뜻하며 일상 영어에서 많이 쓰인다.
어떤 회사가 기록적인 매출을 달성하는 성과를 거두었을 때 reach a

milestone이라는 굳어진 연어(collocation) 표현을 잘 쓰는데, 경제 기사에 가장 흔히 등장하는 표현이기도 하다. 삼성에서 새로 출시한 모델이 획기적인 판매 기록을 세웠다면 다음과 같이 보도될 수 있다.

Samsung has reached another milestone! The new ○○○ Series sales have crossed over 5 million units worldwide.
삼성이 또 다른 기념비적 성과를 이루어냈다! 새 ○○○ 시리즈 판매가 전 세계적으로 5백만 대 이상을 넘어섰다.

돌로 집을 지을 때 기반이 되는 가장 단단하고 튼튼한 돌을 bedrock 이라고 한다. 미국 영어에서는 이 표현의 뜻을 은유 확대하여 a principle or ideas on which something is based(어떤 것이 기초하고 있는 원칙이나 사상)를 뜻하는 것으로 널리 쓴다. 예를 들어 긴밀한 협력 관계를 맺어온 두 회사 간의 성장과 번영의 기반에는 상호 신뢰가 있었다는 취지의 말을 이 표현을 응용해서 다음과 같이 고급스럽고 수사적으로 전달할 수 있다.

Mutual trust has been the bedrock of our strong partnership between the two companies.
상호 신뢰가 우리 두 회사 간 강한 협력 관계의 기반이 되어 왔다.

집의 기초 공사가 끝나면 구조물을 구축해 나가기 위해서 기둥을 세우게 된다. 우리말에도 '집안의 기둥' 혹은 '~의 기둥 역할을 하였다' 등과 같이 기둥을 은유 확대한 표현들이 발달해 있다. 미국 영어에서도 기둥을 뜻하는 pillar를 'a person or thing that plays a centrally important role for ~ (~에 중심이 되는 중요한 역할을 하는 사람이나 대상)'를 뜻하는 것으로 널리 쓴다. 특히 경제학, 경영학, 정치학, 행정학 등 사회과학 분야에서 어떤 기관이나 단체의 가장 중심이 되는 역할을 하는 요소나 요인들을 나열할 때 이 용어를 잘 쓴다. 구체적인 예로 성공적인 조직에는 3가지 필수 중심 요건이 있음을 설명할 때 다음과 같이 이 표현을 흔히 활용한다.

Three pillars of all successful organizations are engaged employees, loyal customers, and business results. These three elements reflect the key measures of any high performing organization.

모든 성공적인 조직의 3개 기둥은 열심히 일하는 직원, 충성스러운 고객과 사업 성과이다. 이 세 요인은 잘 나가는 조직의 가장 중요한 평가 요건을 반영한다.

glass ceiling – 양성 평등 기업 문화의 장애물

House Metaphor (2) floor, wall, ceiling, roof

이번에는 집을 구성하는 구조물 중 바닥(floor), 벽(wall), 천장(ceiling), 지붕(roof) 관련 표현들을 집중적으로 살펴보기로 한다.

바닥(floor)은 의회 등 공공 기관의 회의나 토론이 열리는 장소나 혹은 그 참가자를 뜻하며 널리 쓰인다. 특히 학회 발표 중 혹은 회사에서 회의 중 사회를 볼 때 발표가 끝난 후 사회자가 다음과 같이 청중들에게 질문을 던져 후속 질문과 의견 발표를 유도하곤 한다.

Are there any questions or comments from the floor?
청중 여러분 중에서 질문이나 발언 있습니까?

회의 중 공식적으로 발언권을 얻어서 단상에 올라가 발언하는 것을 take the floor라고 한다. 예를 들어 이사들이 이사회를 열어 회사의 미래에 관해 의견을 차례로 발표했다는 말을 다음과 같이 표현할 수 있다.

The board members **took the floor** one after another to discuss the future of the company.
이사들은 회사의 미래에 대해서 논의하기 위해 한 사람씩 단상에 올라가서 발언을 했다.

같은 맥락에서 나온, 반드시 익혀 둘 표현이 있다. 정치 분야 용어로서, '원내총무' 혹은 '원내대표'를 floor leader라고 한다. 어느 정당의 원내대표를 선출할 시점이 되면 다음과 같은 기사가 전형적으로 등장한다.

The race to become the next **floor leader** of the ruling party is heating up, with all eyes on who will be selected to lead the party in the National Assembly.
누가 국회에서 당을 이끌어갈지에 모든 사람의 눈이 쏠리면서 집권 여당의 차기 원내대표가 되기 위한 경쟁이 뜨거워지고 있다.

건물에서 벽(wall)은 공간 사이의 경계 역할을 한다. 이 공간적 역할의 특성상 우리말에서도 '~의 벽을 실감했다' 혹은 '대화의 벽을 느꼈다'처럼 벽을 '극복할 수 없는 상황'으로 흔히 은유 확대하여 쓰는 경향이 있다. 회의 주제가 엄중하고 상황이 심각하면 아무도 적극적으로 의견을 내지 못하고 어색한 침묵의 시간이 흐르곤 한다. 이런 상황을 바로 wall of silence라고 한다.

When the chair asked the members to exchange their opinions freely concerning the future of the company, they all found themselves faced with a wall of silence.
의장이 회사의 미래에 대해서 회원들에게 의견을 자유롭게 개진해 달라고 요청하자 모두 침묵의 벽을 직면하게 되었다.

미국인들은 일상에서 one's back against the wall이라는 표현을 널리 쓴다. 말 그대로 등을 벽에 기대고 있어서 더는 물러날 곳이 없는 상황을 묘사하는데, 그 뜻을 은유 확대하여 being in a high-pressure situation in which one's choice is limited(선택의 폭이 제한되어 큰 압박감을 느끼는 상황에 있음)를 나타낼 때 잘 쓴다. 구체적인 예로 회사가 재정적 위기에 몰려서 문을 닫을 지경에 이르렀을 때 다음과 같이 말할 수 있을 것이다.

The company has its back against the wall. It will go bankrupt soon, unless we do something drastic.

회사가 더 물러설 곳이 없다. 뭔가 극적인 조치를 하지 않는다면 곧 파산하게 될 것이다.

또 한 가지 흥미 있는 표현은 bang (one's) head against the wall이다. 말 그대로 벽에 머리를 계속 박아대는 무모한 행위를 가리키는데, 그 상황적 뜻을 은유 확대하여 목적을 이룰 가능성이 희박한데도 계속 헛되이 시도하는 상황을 묘사하는 데 잘 쓴다. 예를 들어 정치 관련 쟁점을 두고 생각이 많이 다른 사람과 대화를 할 때는 좀처럼 의견 차이를 좁히기 힘든데, 이처럼 대화가 진전이 잘 안 되는 상황을 다음과 같이 효과적으로 전달할 수 있다.

I feel like **banging my head against the wall** when I talk with him over political matters.
정치 쟁점을 두고 그와 얘기할 때면 계속 헛발질만 해대는 기분이 듭니다.

다음으로 집 공간의 위쪽으로 시선을 돌려서 천장(ceiling)과 지붕(roof) 관련 표현들을 살펴보자. 천장(ceiling)은 공간의 위쪽 경계로서 그 이상 더 위로 올라갈 수 없는 한계(limit)를 뜻하는 식으로 흔히 은유 확대하여 쓴다. 치솟는 집값을 잡기 위해 정부가 정책적 개입으로 어느 가격 이상으로 부동산 거래하는 것을 금지하는 가격 상한제를 도입했는데, 이것을 영어로 price ceiling이라고 한다. 영문으로 발행되는 신문들을 보면 이와 관련해 다음과 같은 머리기사를 쉽게 접할 수 있다.

Government sets price ceiling on new apartments in affluent Seoul districts
정부, 부유한 서울 지역 신축 아파트에 가격 상한제 도입

ceiling을 활용한 매우 흥미로운 표현이 있다. glass ceiling은 an un-officially acknowledged barrier to advancement in a profession, especially affecting women and members of minorities(직장이나 직종에서 비공식적으로만 인식되는, 여성이나 소수 민족에게 특히 영향을 미치는 승진을 가로막는 장애물)를 뜻한다. 뛰어난 능력과 자질을 갖췄음에도 단순히 여자나 소수 민족이라는 이유로 승진이 안 되는 보이지 않는 장벽(barrier)을 투명한 유리로 된 천장에 비유한 것이다. 이런 보이지 않는 장벽에도 불구하고 워낙 뛰어나기에 불리함을 극복하고 CEO (Chief Executive Officer)라는 높은 위치에 오른 여성을 다음과 같이 묘사할 수 있을 것이다.

She is the first female CEO ever to break through the glass ceiling in this male-dominant company, due to her exceptional qualification and strong leadership abilities.
그녀는 뛰어난 자격 요건과 강한 리더십 능력으로 유리 천장[차별 장벽]을 뚫고 남성이 우세한 이 회사에서 최초로 여성 CEO가 된 사람이다.

이어서 집의 맨 위를 덮는 지붕(roof)과 관련된, 미국 일상 영어에서 널리 쓰이는 표현을 익히도록 하자. under one roof는 말 그대로 '한 지붕 밑에 있는'의 뜻인데 그 뜻을 은유 확대하여 '같은 빌딩에 사는 ~' 혹은 더 확대하여 '한곳에 묶어서 통일한 ~'의 뜻으로 잘 쓴다. 예를 들어 한국 사회에서 1960~70년대에는 대가족 제도 하에서 3대가 모여 살았다는 사실을 다음과 같이 서술할 수 있다.

Three generations used to live **under one roof** in Korean society in the 1960's and 70's.
1960년대와 1970년대 한국 사회에서는 3대가 한 지붕 밑에서 함께 살곤 했다.

이 표현이 더 은유 확대된 구체적인 예를 아래와 같이 보험 회사 광고에서 볼 수 있다.

All your insurance needs **under one roof** – car, home, life, health insurance, etc.
자동차, 집, 생명, 건강 보험 등 당신이 필요로 하는 모든 보험이 하나로 묶여 있습니다.

기회와 가능성을 열어주다

House Metaphor (3) room, door, window

이번에는 집의 구조물 중 방(room), 문(door), 창문(window) 관련 표현들을 집중적으로 살펴보기로 한다.

방(room)은 집에 거주하는 구성원들의 독립된 사적 공간이다. 영어에서는 근본적으로 '공간' 혹은 '여유'를 뜻하는 맥락 쪽으로 은유 확장하여 잘 쓰는데, 미국 일상 영어에서 잘 쓰이는 2가지 표현을 살펴보자. 커피 전문점에서 아메리카노를 주문하면 직원들이 컵에 크림(cream)과 설탕을 넣을 공간도 필요한지 다음과 같이 묻는다.

Do you need **room for cream and sugar**?
크림과 설탕을 넣을 공간이 필요하세요?

이 문장에서 room은 '여유' 혹은 '공간'의 뜻으로 쓰인 불가산명사

(uncountable noun)이므로 부정관사 a는 쓰지 않는 것을 명심하자.

같은 맥락의 예로 미국 사람들은 '실수나 실패의 여지 없이' 반드시 해내야 하는 일을 지칭할 때 no room for error라는 굳어진 표현을 쓴다. 회사의 사활이 걸린 일이기 때문에 절대로 실수가 있어서는 안 된다는 것을 강조하기 위해 다음과 같이 말할 수 있다.

We must do this right. There is no room for error.
우리는 이 일을 제대로 해야 합니다. 실수할 여지가 한치도 없습니다.

학술지 논문 심사평을 쓸 때 잘 쓰는 표현인 room for improvement도 같은 맥락의 예이다. 대체로 잘 쓴 논문이지만 여전히 수정과 보완을 거쳐서 향상시켜야 할 곳이 있다는 의미를 흔히 다음과 같이 표현한다.

This is a relatively well-written paper, but there is still room for improvement. There are some suggestions for correction and improvement below.
비교적 잘 쓴 논문이지만 여전히 향상시켜야 할 곳이 있습니다. 아래에 수정과 보완을 위한 제안이 있습니다.

문(door)은 방을 드나들게 만들어 놓은 구조물이므로 그 근본적인 은유 확장의 뜻이 어떤 기회를 주거나 막는다는 쪽으로 발달하였다. 미국 영어에서 '문을 열다'를 뜻하는 open the door는 '어떤 사람이나 단체에게 기회를 주거나 길을 터주다'의 뜻으로 널리 쓰며, 반대로 close[shut] the door는 그런 기회를 막거나 차단한다는 뜻으로 쓴다. 한국 영화 '기생충(Parasite)'이 아카데미상을 4개나 받는 대단한 성과를 거두어 큰 화제였다. 한국인 최초의 쾌거여서 자랑스럽기도 하지만 할리우드 영화 중심의 아카데미 시상식 전통을 깨고 비영어권 영화의 미국 시장 진출의 기회를 연 것도 이에 못지않게 중요한 의의가 있었다. 이 중요한 사실을 영자 신문에서 다음과 같은 머리기사 제목으로 보도한 적이 있다.

Parasite makes history with Oscar win, opening doors for international films
'기생충'이 오스카상 수상으로 외국 영화들에 문을 열어주는 역사를 만들다

동사 leave는 '어떤 상태로 내버려 두다'의 뜻을 나타낸다. 이 동사를 활용한 leave the door open은 to allow the possibility of change(변화의 가능성을 열어 두다)의 뜻으로 널리 쓴다. 문을 완전히 닫지 않고 살짝이라도 열어 놓았을 때의 상태를 생각해 보면 이 은유적 뜻을 잘 이해할 수 있다. 흔히 정치 분야에서 '협상의 여지를 남겨 두었다'는 말

을 많이 쓰는데 이때 이 표현을 효과적으로 쓸 수 있다.

The ruling party rejected the opposing party's proposal, but **left the door open** for future negotiations.
집권 여당은 야당의 제안을 거부했지만 추후 협상의 문을 열어 놓았다[의 여지를 남겨 두었다].

같은 맥락에서 복합어 표현으로 open door와 back door를 잘 쓴다. open-door policy는 본래 미국 역사에서 19세기 말과 20세기 초의 외교 개방 정책을 일컫는 용어로 시작되었는데, 현대 미국 영어에서는 기업 등에서 간부들이 자기 방을 열어 놓고 누구나 들어와서 의견을 개진할 수 있도록 한 개방적 분위기를 묘사하기 위해 널리 쓴다. 그러나 회사의 직원 중 일부는 이 개방 정책의 취지를 오해하여 건설적 비판과 의견을 개진하는 것이 아니라 무조건 불평을 늘어놓기도 하는데 이 상황을 개탄하며 다음과 같이 말할 수 있다.

It is lamentable to see that some employees misunderstand the concept of **the open-door policy** and think it is an opportunity to complain to upper management.
몇몇 직원들이 문호 개방 정책을 오해하고 그것을 상부 경영진에게 불평을 늘어놓을 기회라고 생각하는 것을 보니 개탄스럽습니다.

back door는 말 그대로 정문이 아니라 뒷문 혹은 쪽문을 가리킨다. 이 의미적 특성 때문에 정당한 방법이 아닌 은밀한 방법으로 일을 하는 상황을 묘사할 때 잘 쓴다. 예를 들어 어느 정치인이 정당한 절차로 후원금을 받은 것이 아니라 부당하고 은밀한 방법으로 정치 자금을 모은 혐의로 고발을 당했다면 다음과 같이 말할 수 있다.

The politician is being accused of having raised the campaign money through the back door.
그 정치인은 은밀한 뒷거래로 선거 자금을 모은 혐의를 받고 있다.

창문(window)은 문(door)과는 달리 방안을 드나드는 것이 아니라 바깥을 엿볼 수 있는 작은 문이다. 그래서 그 뜻을 주로 어떤 현상의 속이나 본질을 들여다볼 수 있는 맥락 쪽으로 은유 확대하여 쓴다. 예를 들어 학술 논문을 쓸 때 선행 연구 고찰 부분에서 'give us a window into ~'라는 식으로 잘 쓴다. 예로 실어증(aphasia)에 관련된 어느 선행 연구의 공헌과 한계를 동시에 언급하면서 다음과 같이 쓸 수 있다.

Her research gave us a window into how aphasia affects the brain, but failed to....
그녀의 연구는 실어증이 뇌에 어떤 영향을 주는지에 대한 이해의 창을 제공했지만 …을 하지는 못했다.

앞에서 문(door)이 기회(opportunity)의 뜻으로 은유 확대하여 쓰는 예들을 살펴보았는데, 창문 역시 기회라는 의미로 은유 확대하여 쓸 수 있다. 단, 지속적이지 않고 일시적이어서 즉시 잡아야 할 기회를 뜻한다는 차이점을 보인다.

미국 영어에서 널리 쓰는 굳어진 표현으로 a window of opportunity 가 있는데 이 표현은 a favorable opportunity that must be seized immediately if it is not to be missed(놓치지 않기 위해서는 반드시 즉시 잡아야 할 좋은 기회)를 뜻한다. 예를 들어 어떤 중요한 협상에서 즉시 결단해서 일을 성사시킬 수 있는 좋은 기회를 놓쳤다는 우려를 다음과 같이 표현할 수 있다.

Some fear that we have already missed the window of opportunity to get the deal done.
몇몇 사람들은 우리가 그 일을 성사시킬 수 있는 좋은 기회를 이미 놓쳤다고 우려하고 있습니다.

NIMBY – 우리 집 뒷마당에는 안 돼요

House Metaphor (4) fence, grass, backyard, ground

집을 둘러보면 가장 먼저 눈에 띄는 것이 마당이고 마당을 둘러싼 울타리(fence)일 것이다. 미국 사람들의 집은 우리와 달리 단독 주택이 대부분이다. 담장이 높지 않고 나무로 된 울타리를 둘러 집안을 다 볼 수 있도록 개방적이라는 것이 큰 특징이다. 한국은 배타적인 집단 주의 문화의 영향으로 담장을 높게 해서 안을 들여다볼 수 없을 정도로 폐쇄적인 집 구조를 유지해 왔는데 최근에는 개인 주택도 미국식으로 개방적으로 되어 가는 추세이다.

미국 사람들은 자기 집 마당에 잔디를 기르고 가꾸는 것을 중시한다. 이 일상 주거 문화적 특징이 그들의 언어에 그대로 반영되어 있다. 앞서 6장의 음식 문화 은유 표현에서 소개한 것처럼 미국 영어에서는 한국어의 '남의 떡이 더 커 보인다'는 뜻을 울타리 건너편 남의 집 잔디가 더 푸르고 좋아 보인다는 뜻에서 The grass is always greener on the other side of the fence.라고 표현한다.

사람은 누구나 자기 것보다 남의 것이 더 좋아 보이는 심리가 있는데 문화권에 따라 그 은유 표현의 원천이 되는 익숙한 근원 영역의 차이로 다른 표현을 쓰는 것이 흥미롭다. 우리나라에서는 전통적으로 익숙한 음식이 그 역할을 했고 미국에서는 집 마당 잔디를 가꾸는 일이 중요한 역할을 하게 된 것이다. 우리의 경우 떡과 같은 음식을 두고 남의 것이 더 커 보일 만큼 먹는 것이 중요하던, 한때 매우 가난한 나라였던 반면, 미국은 먹거리보다는 집을 단장하는 것이 더 익숙한, 상대적으로 여유 있고 부유한 삶을 사는 문화권이었다는 전통적 차이를 반영한 것으로 보인다.

다시 집 주변 시설물로 눈을 돌려보자. 미국 고급 주택에는 뒷마당에 풀장이 있는 경우도 많으며 날씨가 따뜻하고 좋은 날에는 야외에서 바비큐 파티를 즐기곤 한다. 뒷마당을 backyard라고 하는데, 미국 영어에서 not in my backyard가 굳어진 표현으로 잘 쓰인다. 직역하면 '내 뒷마당에는 안 된다'인데 공공의 이익에 부합하는 시설이라도 자신이 속한 지역에는 그 시설을 만들면 안 된다고 반대 행동을 할 때 자주 쓰는 말이다. 이 표현의 영어 머리글자만 따서 'NIMBY(님비) 현상'이라고도 부른다. 노숙자를 위한 어느 사이트에 이 현상이 다음과 같이 정의되어 있다.

NIMBY, an acronym for "Not In My Backyard," describes the phenomenon in which residents of a neighbourhood designate a new development (e.g. homeless shelter, waste facilities) as inappropriate or unwanted for their local area.

Not In my Backyard의 머리글자인 NIMBY는 어느 동네의 주민들이 새로운 개발 계획(노숙자 쉼터, 쓰레기 처리 시설 등)이 자기 지역에 부적절하거나 원치 않는 것이라고 여기는 현상을 말한다.

사실 이 님비 현상은 우리도 예외가 아니라서, 자기 동네에 공적인 목적이라고 하더라도 환경에 유해하다고 여겨지는 시설이나 집값을 떨어뜨리는 손해를 끼칠 시설이 설치된다고 하면 꺼리는 사람이 대부분이다. 반대로 집값을 올리는 데 결정적인 역할을 하는 좋은 학교 등의 이전은 적극적으로 원하는데, 이것은 'Please in my front yard (PIMFY) 신드롬'이라고 한다.

집은 땅 위에 건축한다. 땅을 뜻하는 ground는 다양한 방향으로 은유 확대되어 널리 쓰인다. 가장 먼저 'be grounded in[on] ~'은 '~에 기초하여 있다'는 뜻으로 쓰인다. 이 표현은 법적인 다툼이 일어났을 때 상대방의 고소와 고발 주장이 실제 사실에 근거하고 있지 않다고 주장할 때 잘 쓴다. 예를 들어 변호인이 원고(plaintiff) 측 주장이 실제 사실에 근거하고 있지 않다고 반박할 때 다음과 같이 말할 수 있다.

Most of the plaintiff's accusations are not grounded in facts.
원고 측의 고소 혐의는 대부분 사실에 근거하고 있지 않습니다.

동사 ground의 은유 확대 표현으로 반드시 알아 두어야 할 것이 있다. 미국에서는 미성년 자녀가 부모와 약속한 집안의 규칙을 어겼을 때 부모가 한동안 외출을 금지하는 벌을 내리곤 하는데 그것을 grounded라고 표현한다. 예를 들어 데이트 후 귀가 시간(curfew)을 어기고 늦게 들어온 고등학생 딸에게 아빠는 일주일 동안 외출 금지 벌을 내리면서 다음과 같이 말할 수 있다.

You will be grounded for a week since you've violated the curfew.
너는 통금 시간을 어겼으니까 일주일 동안 외출 금지야.

ground는 명사로서 '~의 기초나 근거'라는 뜻이 확대되어 '~의 원인이나 이유'의 뜻으로도 잘 쓰인다. 이때는 ground를 셀 수 있는 명사로 취급하여 복수형으로 잘 쓴다. 한 예로 이혼 소송을 담당하고 있는 판사가 신체적인 폭력뿐만 아니라 언어폭력도 이혼 사유가 될 수 있다는 말을 다음과 같이 할 수 있다.

Not only physical abuse but also verbal abuse can be grounds for divorce.

신체적인 학대뿐만 아니라 언어폭력도 이혼의 근거가 될 수 있습니다.

ground가 은유 확대되어 널리 쓰이는, 반드시 익혀야 할 표현이 2개 더 있다. 하나는 common[middle] ground이다. 이 표현을 직역하면 '공통[중간] 땅'이라는 뜻인데 그 뜻이 은유 확대되어 두 사람이나 단체가 공감하는 의견을 나타낸다. 예를 들어 국회의원 선거에서 두 후보자가 정치 성향이나 정책적인 면에서 간극이 너무 커서 공감하는 부분이 거의 없다면 다음과 같이 말할 수 있다.

The two candidates have little common ground.
그 두 후보는 공감하는 부분이 거의 없다.

다른 하나는 cover a lot of ground이다. 직역하면 '넓은 땅을 다니다', 즉 '먼 길을 여행하다'의 뜻인데, 은유 확대하여 '많은 부분[주제]을 다루다'로도 많이 쓴다. 예를 들어 회사에서 회의 중 주요 현안을 많이 논의했다면 다음과 같이 그 성과를 표현할 수 있다.

We were able to cover a lot of ground during the meeting.
우리는 회의 동안 많은 의제를 논의할 수 있었습니다.

국회 상임위 의원 배분과 상임위원장 임명

Furniture Metaphor (1) couch, table, chair, bed, closet

집을 살기 좋고 편안하고 아름답게 하기 위해서는 집안의 내부 장식 (interior design)이 중요하며, 편리하고 멋진 가구들이 있어야 한다. 미국 가정집 안에 들어가면 가장 먼저 보이는 곳이 거실(living room)이다. 거실에는 전형적으로 소파(sofa)가 있게 마련인데 미국 영어에서는 couch 라는 단어를 더 많이 쓴다.

잘 알려진 것처럼 couch potato는 운동을 하지 않고 소파에 앉아서 TV만 주로 보는 게으른 사람을 묘사할 때 잘 쓰는 표현이다. TV만 보고 게으름을 피우는 사람에게 흔히 다음과 같이 잔소리하곤 한다.

Don't be a **couch potato**. Get up and do something productive.
게으름뱅이가 되지 마. 일어나서 뭔가 생산적인 것 좀 해라.

집안에서 쓰는 필수 가구 중의 하나가 테이블(table)이다. 테이블은 평평한 표면 위에 일할 것을 올려놓고 쓰는 다목적 가구이다. 미국 영어에서 on the table은 그 본래 뜻을 은유 확대하여 up for consideration or discussion(고려하거나 논의할 사항을 올려놓은 상태인)을 뜻하는 것으로 널리 쓴다. 예를 들어 상대방 회사에서 최종 제안을 보내와서 논의해야 할 상황이라는 말을 다음과 같이 할 수 있다.

Their final offer is on the table.
그들의 최종 제안이 도착했습니다.

under the table의 말 그대로의 의미는 '테이블 밑으로'인데 이 표현은 속어(slang)로 비밀로 혹은 은밀하게 돈을 지급하는(making a payment secretly or covertly) 상황에서 널리 쓰인다. 뉴욕(New York)이나 LA 등 미국의 대도시 지역에서는 많은 불법 이민자들이 단순 노동을 한 후 세금 신고를 하지 않고 현금으로 임금을 받는 경우가 많다. 이 사실을 영어로 다음과 같이 표현할 수 있다.

It is no secret that many illegal immigrants work under the table in a big city like New York or LA.
뉴욕이나 LA 같은 대도시에서 많은 불법 이민자들이 세금을 내지 않고 은밀히 일한다는 것은 비밀이 아니다.

테이블(table)의 짝은 의자(chair)라고 할 수 있다. 의자의 기본 기능은 사람이 앉는 것인데, 보통 동그랗게 모여 앉아서 회의를 많이 하므로 의자(chair)는 회의를 주재하는 '의장' 혹은 '사회자'의 뜻으로 환유 확대하여 잘 쓴다. 예를 들어 국회에서 각 상임위 별로 소속 의원들을 배분하고 회의를 주재하는 상임위원장을 어느 정당 소속 의원으로 임명할 것인지가 중요한 정치적 쟁점이 되곤 하는데, 이것을 영어로 다음과 같이 표현할 수 있다.

How to distribute seats and chairs in committees is an important political issue in the parliament.
상임위와 위원장을 어떻게 배분할 것이냐는 국회에서 중요한 정치 쟁점이다.

과거에는 회장 혹은 의장을 chairman이라고 불렀지만 요즘에는 사회적으로 올바른 용어를 쓰려는 Politically Correct (PC) Movement의 영향으로 성 평등주의(Gender Equality)를 반영하여 chair 혹은 chairperson이라는 용어를 선호한다. 이 사실을 영어로 다음과 같이 표현할 수 있다.

These days, "chair" or "chairperson" is preferred over "chairman" due to the influence of the so-called PC (Politically Correct) Movement.

요즘에는 chair나 chairperson이 이른바 '정치적으로 옳은 표현 쓰기(PC) 운동'의 영향 때문에 chairman보다 선호된다.

침대(bed)는 누워 잘 수 있도록 만든 가구이다. 침대는 흔히 튼튼한 바닥에 쿠션을 놓고 이불 등 덮을 것으로 구성하는데, 이 기초 혹은 바닥의 뜻을 은유 확대하여 주로 그 위에 어떤 것을 올려놓는 기반(base)을 뜻하는 것으로 잘 쓴다. 예를 들어 요즘 한국 음식(K-food)이 세계적으로 큰 인기를 얻고 있는데, 그중에서도 삼겹살을 쌈장에 찍어 마늘과 파 등 채소와 함께 상추 위에 올려서 먹는 방식은 한국 음식 문화의 특징을 잘 보여준다. 삼겹살이 처음이라 어리둥절해하는 외국인 친구에게 먹는 법을 다음과 같이 영어로 가르쳐 줄 수 있다.

Put a piece of meat from the grill on a bed of lettuce like this. Apply ssamjang (fermented bean paste) to the base and add some onion and garlic to the top of the meat. Then, wrap the lettuce leaf together into a ball and you're good to go!
이렇게 불판에서 고기 한 점을 집어서 상추 위에다 올려놔. 밑에 쌈장(발효된 된장)을 바르고 고기 위에 양파와 마늘을 조금 추가해. 그러고 나서 상추를 공처럼 말아 싸면, 이제 먹어도 돼!

예전 우리나라에서는 안방(master bedroom)에 장롱을 별도의 가구로 설치하는 경우가 많았지만 미국에서는 대부분 집을 지을 때 장을 벽에 처음부터 붙여서 설치한다. 이것을 영어로 walk-in closet(붙박이장)이라고 한다. closet은 급할 때 들어가서 몸을 숨기기에 좋은 곳인데, 이 은밀성에 기초하여 생긴 표현이 바로 come out of the closet이다. 말 그대로의 의미는 '(숨어 있던) 벽장에서 나오다'인데 그 뜻이 은유 확대되어 자신의 은밀한 정체성, 특히 동성애자들이 성 정체성을 드러내고 고백한다는 뜻으로 잘 쓰인다. 줄인 표현으로 흔히 come out이라고 한다. 예를 들어 어느 유명 영화배우가 자신이 동성애자임을 고백하여 모두가 놀랐다는 말을 다음과 같이 표현할 수 있다.

Everyone was shocked when the famous movie star finally came out of the closet.
그 유명한 스타 영화배우가 마침내 커밍아웃했을 때 모두가 충격을 받았어요.

You nailed it – 정곡을 찌르는 말

Furniture Metaphor (2) groove, hinge, nail, hammer, screw, drill

미국 사람들은 집안에서 쓰는 가구들을 부속품을 사다가 직접 제작하거나 조립하기도 하며, 고장이 났을 때는 수리를 하곤 한다. 그래서 미국 영어에는 유독 가구 등 집안 시설물을 수리할 때 쓰는 표현들이 은유 확대된 게 많이 관찰된다.

옷장(closet)이나 캐비닛(cabinet) 등의 문은 미닫이식과 문 위쪽에 경첩(hinge)을 달아 앞뒤로 당겨서 열거나 닫는 여닫이식으로 크게 2가지 종류가 있다. 미닫이식 문의 홈을 영어로 groove라고 하는데, 전혀 뻑뻑한 느낌 없이 아주 부드럽게 미끄러지듯 잘 열리는 상태를 get into the groove라고 한다. 이 표현의 본래 의미가 확대되어 to get settled into a comfortable pace doing something(어떤 일을 익숙하게 잘하게 되다)이라는 뜻으로 잘 쓰인다. 예를 들어 회사에서 팀을 새로 구성했는데 처음에는 다소 어려움이 있었지만 팀원들이 이제는 합심하여 모든 일이 원만하게 잘 이루어지고 있다는 사실을 이 은유 확대 표현을 써서 다음과 같이 말할 수 있다.

After some initial struggles, every member of our team is now on the same page and we have finally got into the groove.
초기에는 좀 힘들었는데, 이제 팀의 모든 구성원이 합심해서 마침내 일을 원만히 잘 진행하고 있습니다.

'hinge on ~'의 말 그대로의 의미는 '~에 경첩으로 연결되어 있다' 인데 일상에서는 그 뜻을 확대하여 'depend on ~ (~에 달려 있다)' 는 뜻으로 널리 쓴다. 최근 자동차 산업 관련 경제지 기사를 보면 다음과 같은 제목을 흔히 접하게 된다.

Future of electric cars hinges on better batteries
전기차의 미래, 더 나은 배터리에 달려 있다

다양한 종류의 가구를 조립하고 분해할 때는 많은 도구를 쓰게 된다. 가장 흔히 짝으로 쓰는 도구들로 못(nail)과 망치(hammer) 및 나사(screw)와 드릴(drill)을 들 수 있다. 미국 영어에는 이 익숙한 도구 관련 은유 확대 표현들이 잘 발달해 있다.

먼저 못(nail)의 경우 일상 회화에서 매우 잘 쓰는 표현으로 "You nailed it."이 있다. 7장에서 살펴본 바와 같이 to do something right or to be exactly correct(어떤 일을 올바르게 하거나 정확하게 답을 맞추다)의 뜻을 나타내기 위해 쓴다. 이와 같이 살펴본 right on the money도 같이 써서 정곡을 찌르듯이 정확한 답을 했다는 감탄의 뜻을 추가할 수 있을 것이다.

Jenny. You've nailed it. Your answer is right on the money.
제니. 정곡을 찔렀네. 너의 대답은 날카로운 정답이야.

망치(hammer)는 동사로 잘 쓰인다. 주로 수동형인 be[get] hammered로써서 to be[get] defeated soundly(철저하게 패하다)의 뜻을 나타낸다. 못이 망치에 계속 두들겨 박히는 상황을 상상하면 이 뜻의 근원을 잘 이해할 수 있다. 이 의미적 특성 때문에 이 표현은 스포츠 분야에서 많이 쓰인다. 예를 들어 축구나 농구 같은 팀 스포츠에서 전반에는 어느 정도 괜찮게 경기를 하다가 후반에 수비가 무너져서 철저하게 패배했을 때 이 표현을 써서 좀 더 실감나게 묘사할 수 있다.

We played relatively well in the first half, but then the defense collapsed and we got hammered in the second half.
우리가 전반전에는 비교적 잘 싸웠는데, 후반에 수비가 무너져서 철저히 당했어요.

나사(screw)는 가구를 조립하고 분해할 때 많이 쓴다. 미국 영어에는 screw 관련 표현이 발달해 있다. 가장 잘 쓰는 속어 표현으로 screw up 이 있는데, to make a big mistake in doing a task(어떤 일을 하면서 실수를 하여 일을 망치다)의 뜻을 나타낸다. 나사를 잘못 박아서 조립을 망치게 된 상황을 생각해 보면 왜 이 표현이 그런 뜻을 나타내게 되었는지 짐작할 수 있다. 예를 들어 회사에서 중요한 발표를 하게 되었는데 너무 긴장해서 상사의 이름을 잘못 부르는 큰 실수를 했다면 다음과 같이 자책할 수 있다.

I really **screwed up** my presentation when I called my boss by a wrong name.
상사의 이름을 잘못 부르는 바람에 프레젠테이션을 완전히 망쳤어요.

tighten the screw의 본래 의미는 느슨해진 나사를 단단히 조인다는 뜻인데 그 뜻이 은유 확대되어 to put pressure on ~ (~에게 압력을 가하다) 의 뜻으로 널리 쓰인다. 부당한 방법으로 세금 징수를 피해 온 탈세 자들에게 정부가 더 강압적으로 징수할 수 있게 노력해야 한다는 말을 이 표현을 써서 다음과 같이 할 수 있다.

The government should **tighten the screws** on those who have evaded the tax.

정부는 세금을 탈세해 온 사람들에게 더 압박을 가해야 합니다.

드릴(drill)은 못이나 나사를 박을 때 먼저 구멍을 내는 데 쓰는 도구이다. 요즘에는 보통 전기 드릴을 많이 쓰는데 수동이든 자동이든 단단한 나무나 플라스틱 표면 위에 구멍을 뚫을 때면 인내심을 가지고 힘을 연속적으로 가해야만 한다. 이 상황적 뜻을 확대하여 동사 drill은 군대나 스포츠팀에서 '힘들게 훈련시키다/훈련하다' 혹은 재판이나 심문 도중 '난처한 질문으로 힘들게 하다'의 뜻으로 잘 쓴다. 예를 들어 재판에서 피고 쪽에 유리한 증언을 하기 위해 증언대에 선 증인을 상대로 검사가 집요하게 공격적인 질문으로 괴롭힌 상황을 다음과 같이 묘사할 수 있다.

The prosector kept drilling the witness with offensive questions.
검사는 공격적인 질문으로 그 증인을 계속 괴롭혔다.

a round peg in a square hole – 왕따

목재 등의 판을 연결할 때 잘 쓰는 부품 중의 하나가 너트와 볼트(nuts and bolts)이다. 미국 영어에서는 이 표현이 은유 확대되어서 the most fundamental or essential aspects of something(어떤 일의 가장 기초적이고도 필수적인 면)의 뜻으로 널리 쓰인다. 예를 들어 외국인 친구가 한글을 처음 접해 신기하고 배우기 어려워 보인다고 한다면, 한글이라는 문자 체계의 근간이 매우 과학적이고 이해하기 쉬워서 단시간에 배울 수 있다고 영어로 다음과 같이 설명할 수 있다.

Hangul looks exotic and difficult at first, but, actually, **the nuts and bolts** of the writing system are scientific and easy to understand. It's so easy to learn!

한글이 처음에는 신기하고 어려워 보이지만 실제로 그 문자 체계의 근간은 과학적이고 이해하기 쉽답니다. 배우기도 정말 쉬워요!

이 표현은 음식 은유(food metaphor)에서 소개한 meat and potatoes와 비슷한 맥락이다. 면접에서 경력이 많아 중요한 일들을 잘 파악하고 있다고 말하고 싶을 땐 이렇게 말할 수 있다.

I have been in this business long enough to know the nuts and bolts of operation.
저는 이 분야에서 충분히 오래 일해 왔기에 기초적으로 중요한 일들을 압니다.

가구를 조립할 때 잘 쓰는 또 다른 부품 중 하나가 구멍 속에 넣는 나무나 플라스틱으로 된 말뚝(peg)이다. 이 부품이 잘 맞지 않는 경우 일이 힘들어지고 짜증이 나게 된다. 이와 관련해 흥미로운 은유 확대 표현이 있다. a round peg in a square hole은 구멍은 정사각형인데 말뚝은 원형이라서 잘 맞지 않는다는 뜻으로, 미국인들은 이것을 은유 확대하여 어느 집단에 적응을 잘하지 못하는 개인, 즉 '왕따'를 묘사할 때 널리 쓴다. 예를 들어 어느 친구가 고등학교 시절에는 거의 왕따 수준이었는데 대학에 들어가서는 완전히 다른 사람이 되어 친구가 많아졌다면 다음과 같이 그 변화를 묘사할 수 있을 것이다.

Peggy was kind of a round peg in a square hole throughout high school. However, when she went to college, she became a completely different person. She now has so many friends around her.

페기는 고등학교 시절 내내 좀 거의 왕따였는데 대학을 가고 난 후 완전히 다른 사람이 됐어. 이제는 그 애 주변에 친구들이 매우 많아.

이 표현과 관련해 주목할 것은 원(round)과 정사각형(square) 등은 모두 형상을 나타내는데 그 형상에 기초한 은유 확대 표현이 한국어와 영어에서 거의 같다는 점이다. 한국어에서 성격이 좋은 사람을 묘사할 때 '성격이 둥글다'라고 하지 '성격이 정사각형이다'라고 하지 않는다. 영어에서도 성격이 원만하다는 말을 "She/He has a round personality."라고 한다. 우리말 '모가 났다'라는 표현은 자기 주장이 너무 강해서 남과 잘 어울리지 못한다는 뜻으로 잘 쓴다. 미국 영어에서는 정사각형(square)이 지나치게 엄격하고 고지식한 삶의 방식(life style)을 지닌 사람을 뜻하는 쪽으로 쓰인다. 예를 들어 회사 동료가 성격이 모가 나서 어울리기 힘들다기보다는 지나치게 건조하고 정확한 일상을 기계적으로 사는 스타일이라면 다음과 같이 말할 수 있다.

John is a real square. He comes exactly 10 minutes before 9 and leaves home at 5 sharp. He eats a chicken sandwich every day. He works straight for hours with no break. He never jokes around.
존은 정말 건조하고 재미없는 친구입니다. 그는 정확히 9시 10분 전에 오고 5시 정각에 퇴근합니다. 그는 매일 치킨 샌드위치를 먹습니다. 휴식 없이 몇 시간 내내 일해요. 농담도 전혀 안 해요.

각종 가구와 다양한 설치물을 고정하거나 연결할 때 잘 쓰는 부속품 중 하나가 핀(pin)이다. 미국 영어에서 널리 쓰는 표현으로 linchpin이 있다. 이것은 본래 마차가 중요한 역할을 하던 서부 개척 시대에 잘 쓰던 표현인데, 마차의 바퀴 끝에서 중앙 쪽으로 긴 막대기를 꽂아 넣어서 움직이지 못하게 하는 기능을 했다. 마치 자동차의 핸드 브레이크(hand brake) 같은 기능을 하는 것으로 볼 수 있다. 현대 미국 영어에서는 이 표현의 기능적 뜻이 은유 확대되어 a person or thing regarded as an essential or coordinating element in a complex structure(복잡한 조직 속에서 필수적인 통합 기능을 담당하는 개인이나 대상), 즉 8장에서 공부한 keystone(쐐기돌)과 비슷한 뜻을 나타낸다. linchpin과 keystone을 빼는 순간 그것으로 지탱하고 있던 것들이 와르르 무너지는 것을 상상해 보면 왜 이 표현이 그런 뜻을 나타내게 되었는지 잘 이해할 수 있다. 예를 들어 어느 회사에서 사장은 소유주이지만 실제 모든 조직을 원활히 지휘하고 일을 돌아가게 하는 사람은 부사장이라면 그의 필수적 역할을 다음과 같이 묘사할 수 있다.

The vice-president is the linchpin of this company. He gets everything going.
부사장이 이 회사의 핵심 인물입니다. 그가 모든 일이 돌아가게 해요.

이어서 가구나 도구가 손상되었을 때 쓰는 접착제 관련 표현을 간략히 살펴보자. 미국 영어에서 bond는 그 강력한 접착 기능의 뜻이 은유 확대되어 close connection(가까운 관계)을 뜻하는 것으로 널리 쓰인다. 예를 들어 양해각서(MOU)를 교환한 후 두 회사 간의 관계가 밀접해졌다면 다음과 같이 그 상황을 묘사할 수 있다.

There has been a strong bond between the two companies ever since they signed the MOU.
MOU에 서명하고 난 후 두 회사 간에 강한 유대가 생겼습니다.

풀(glue)은 'be glued to ~' 형태의 관용구로 많이 쓰이며, 어떤 일에 풀로 붙어 있듯이 몰입해 있는 상태를 묘사한다. 요즈음 젊은이 중에 컴퓨터 게임에 중독된 사람이 적지 않다. 게임에 빠져서 컴퓨터 앞에 앉아 자리를 뜨지 않고 몇 시간을 게임에 몰입하는 사람을 그 화면에 풀칠한 것처럼 붙어 있는 사물에 은유하여 다음과 같이 효과적으로 묘사할 수 있다.

He is completely glued to the computer game. He's been playing the game straight for hours.
그는 컴퓨터 게임에 완전히 몰입해 있어. 몇 시간 내내 게임만 하고 있네.

see the light at the end of the tunnel –
어려운 상황의 끝이 보이다

Lighting Metaphor (1) pull the plug, enlighten, come to light,
in (the) light of, see the light at the end of the tunnel

집안에서 조명은 매우 중요한 역할을 한다. 밤에는 집안 곳곳을 밝게 비추고 장소의 목적에 어울리는 다양한 분위기를 조성해 준다. 요즈음은 대부분 전기 조명을 사용하므로 우리나라에서도 미국에서도 전기 시설 관련 표현들이 은유 확장된 표현들을 자주 발견하게 된다.

우리는 눈치가 부족하거나 농담 등을 들었을 때 바로 알아듣지 못하는 사람을 불이 천천히 들어오는 형광등에 흔히 비유한다. 사실 이 표현은 예전에 전기 스위치를 누르면 형광등이 여러 번 깜박거리다 한참 만에 켜지곤 하던 것이 일상이던 기성세대들에게는 매우 익숙하지만, LED 등 같은 최첨단 전기 기술에 익숙한 요즘 젊은 세대들에게는 설명을 듣고 나서야 이해하게 되는 다소 생소한 표현이다.

미국 영어에서는 전기선을 접지 아울렛(outlet)에 연결하는 장치인 플러그(plug)가 들어간 은유 확대 표현이 널리 쓰인다. 전기 코드를 뽑는 것을 pull the plug라고 하는데 '갑자기 전기를 끊다'라는 본래의 뜻이 은유 확대되어 to prevent an activity from continuing(어떤 활동을 계속하지 못하게 하다)의 뜻을 나타낸다. 예를 들어 방송국에서 야심 차게 새 프로그램을 내보냈는데 시청률이 저조해서 두 달 만에 중도 폐지 결정을 내려야 했다면 다음과 같이 말할 수 있다.

The network **pulled the plug** on the new show after two months.
그 방송국은 새 쇼를 두 달 만에 갑자기 중도 폐지했다.

빛은 근본적으로 희망(hope)과 진리(truth)를 은유하는 경향이 있다. 우리말에서 '한 줄기 빛을 보다,' '~에게 빛을 비추어 주다,' '빛을 찾아서…' 같은 표현을 보면 빛이 흔히 희망과 진리를 은유한다는 것을 확인할 수 있다.

영어에서도 light가 들어간 은유 확대 표현들이 비슷한 맥락으로 널리 쓰인다. 은유 확대 표현인지도 인지하지 못하고 일상에서 많이 쓰는 것 중의 하나가 바로 동사 enlighten이다. '빛을 비추다'라는 뜻인데 그 뜻이 은유 확대되어 '~을 이해시키다'의 뜻으로 잘 쓰인다. 즉 빛을 진리 혹은 진실로 보는 은유 확장의 예라고 할 수 있다. 이 표현은 특히 학술 논문을 쓸 때 애용된다. 예를 들어 논문 끝부분의 결어에서 자신의 논문이 언어와 사고의 밀접성이라는 주제를 이해하는 데 공헌하기를 희망한다고 다음과 같이 쓸 수 있다.

I hope that this paper can contribute to **enlightening** our understanding of the close interaction between language and thought.
나는 이 논문이 언어와 사고의 긴밀한 상호작용에 관한 이해를 밝혀주는 데 기여할 수 있기를 희망한다.

어떤 물건이 어두운 곳에 있을 때는 안 보이다가 빛이 들어오면 그것의 정체를 알 수 있게 된다. come to light는 바로 이런 상황을 은유한 표현으로, to be revealed or exposed(드러나거나 알려지다)의 뜻을 나타낸다. 예를 들어 검찰의 무리한 기소로 억울하게 살인죄 누명을 썼던 사람이 진짜 범인이 아니라는 새 증거들이 나왔다는 반전의 상황을 이 은유 표현을 써서 다음과 같이 좀 더 효과적으로 묘사할 수 있다.

Fresh new evidence has recently **come to light**, which suggests that he didn't commit the murder.
최신 증거가 최근에 드러났는데, 그것은 그가 살인을 저지르지 않았음을 시사한다.

같은 맥락에서 생긴 숙어 표현으로 'in (the) light of ~'가 널리 쓰이는

데, 'considering ~ (~을 고려해 볼 때)'의 뜻이다. 예를 들어 어떤 사건의 새 증거가 발견되어서 수사 방향을 근본적으로 바꿀 필요가 생겼다는 말을 다음과 같이 할 수 있다.

In (the) light of this new evidence, we have to change the direction of our investigation.
이 새 증거를 고려해 볼 때, 우리는 수사의 방향을 바꿔야 합니다.

미국 영어에서 잘 쓰는 흥미로운 표현으로 see the light at the end of the tunnel이 있다. 직역하면 '터널의 끝에서 빛을 보다'인데 그 뜻이 은유 확대되어 see the end of a difficult situation(어려운 상황의 끝을 보다)의 뜻을 나타낸다. 차를 몰고 가다가 길고 어두운 터널을 거의 빠져나가면서 멀리서 빛이 보일 때 느끼는 안도감을 떠올리면 이 은유 확대 의미를 잘 이해할 수 있다. 이것은 빛을 희망으로 보는 은유의 예라고 할 수 있다.

코로나19 바이러스 사태로 우리는 물론 세계 곳곳의 많은 사람이 큰 어려움을 겪고 있다. 확진자가 줄어드는 상황에서 기자가 전문가에게 최근의 추세를 볼 때 이 사태의 위기를 극복하고 희망의 빛이 보이기 시작했다고 생각해도 좋은지 영어로 묻는다면 다음과 같이 말할 수 있을 것이다.

New coronavirus infection cases have been steadily decreasing this month. Do you think we are finally seeing the light at the end of the tunnel?

코로나바이러스 신규 감염 사례가 이번 달에 꾸준히 감소하고 있습니다. 우리가 마침내 터널의 끝에서 (희망의) 빛을 보고 있는 거라고 생각하시나요?

turn on *vs* turn off

Lighting Metaphor (2) turn on/off, light up the room, crush,
go out, chemistry

'전등을 켜다'를 turn on이라 하고 '전등을 *끄다*'는 turn off라고 한다. 미국 영어에서는 불이 들어오면 주변이 환하게 밝아지는 상황을 매력적인 이성을 만났을 때 느끼는 흥분되는 감정과 상태에 비유하여 매력적인 이성을 보고 반한 것을 turn ~ on이라고 잘 말한다. 반대로 전혀 매력을 느끼지 못하고 아무런 감정이 일어나지 않을 때는 turn ~ off라고 한다. 예를 들어 여자 친구들끼리 언제 어떤 남자를 보면 매력을 느끼는지 얘기를 나누고 있다면 다음과 같이 말할 수 있다.

It **turns me on** when I see a man's big chest muscles when he wears his shirt.
나는 남자가 셔츠를 입었을 때 큰 가슴 근육을 보면 매력을 느껴.

turn on과 turn off는 주로 이성의 육체적인 매력이 성적으로 흥분을

342

일으킨다 또는 그렇지 않다는 뜻으로 주로 쓰인다.

성적인 매력이 아니라 전체적인 외모에서 풍기는 모습이 매력적일 때는 light up the room이라는 표현을 잘 쓴다. 우리도 외모가 남다르고 묘하게 끌리는 느낌을 주는 사람을 두고 '아우라가 있다' 혹은 '아우라를 풍긴다'라는 말을 쓰는데 이와 비슷한 맥락의 뜻이다. 즉 묘한 매력으로 주위를 환하게 밝히며 시선을 끄는 사람을 묘사한 표현이라고 할 수 있다. 예를 들어 어느 장소에 모두의 시선을 끌 만큼 놀라운 미녀(stunner)가 들어왔다면 그 상황을 이렇게 묘사할 수 있다.

She was a stunner. She lit up the room.
그녀는 굉장한 미인이었어요. 방 전체를 환하게 만들었어요.

동사 crush는 본래 어떤 물건을 조각내어 부순다는 뜻이다. 미국 영어에서는 이것을 명사로 써서 'have a crush on ~'이라고 하면 우리말의 '~에게 반하다'라는 뜻을 나타낸다. 이 표현은 주로 어떤 사람을 우연한 기회에 보거나 알게 되었는데 그 사람은 눈치를 채지 못한 채로 혼자서 외모나 행동거지를 보고 반한 경우에 잘 쓴다. 예를 들어 어느 여고생이 캠프 활동 중 잘생기고 매너도 좋은 남자 대학생 T.A (teaching assistant)에게 반했다고 친구에게 고백할 때 다음과 같이 말할 수 있을 것이다.

I had a crush on him during the camp. He was so handsome and sweet.

캠프 동안 그 남자한테 반했어. 아주 잘생겼고 마음씨도 착했거든.

이 표현에서 전치사 on을 쓰는 것에 주목할 필요가 있다. 전치사 on 의 본래 뜻은 표면 위를 가리키는데 이 표현에서는 '어떤 사람의 겉 모습을 보고'라는 뜻을 '표면 위'의 뜻을 확장하여 나타낸 것임을 관 찰할 수 있다. 이와 대조적으로 본격적으로 서로 사귀게 되어 사랑에 빠지게 되었을 때는 'fall in love with ~'라고 한다. 전치사 in은 본래 어떤 물체나 장소의 안을 뜻하는데 그 뜻이 확장되어 그 사람의 안까 지 알게 되어 사랑의 감정이 깊어졌음을 효과적으로 표현하고 있음 을 보게 된다. 이렇듯 언어 표현에서 언뜻 기능어(function word)로서 의 미 구축에 크게 관여할 것 같지 않은 전치사도 의미 깊은 공헌을 한 다는 점이 흥미롭다.

남녀가 데이트를 하며 사귀는 상황을 영어로는 'go out with ~'라고 한다. 말 그대로의 의미는 '~와 밖에 나가다'인데 그 뜻이 확대되어 '누군가와 좋은 감정을 가지고 사귀고 있다'는 뜻을 나타낸다. 직장 에서 동료 중 한 명이 사내 도서관 직원과 사귄다는 소문을 들었다면 다음과 같이 말할 수 있다.

I've heard a rumor that Steve is going out with the librarian. Is it true?

스티브가 도서관 사서와 사귀고 있다는 소문을 들었어요. 사실인가요?

남녀는 근본적으로 서로 다른 존재이다. 그런데 왜 자기와 전혀 다른 이성에게 뭔가 통하는 것이 있다고 느끼고, 서로 끌리는 걸까? 남녀가 만나서 말로 설명하기 힘든, 뭔가 통하는 것이 있다고 느껴질 때가 있는데 영어에서는 이것을 chemistry라고 표현한다. chemistry 는 과학의 한 분야인 '화학'을 뜻하기도 하지만 어떤 물질의 구성과 자질(the composition and properties of a substance)을 뜻하기도 한다. 인간관계 에 이 단어를 쓰면 '같이 일하는 사람 사이의 상호작용' 또는 '서로 간의 강력한 끌림, 애착, 공감'을 뜻한다. 물질과 물질이 만나 화학 작용을 일으키듯, 남녀도 각자의 특성과 성격이 있는데 이 두 사람의 조합이 잘 맞을 때 have chemistry 혹은 feel chemistry라고 표현한다. 특히 상대방을 만나자마자 즉시 뭔가 잘 통하는 느낌을 받았다면 그 특별한 감정을 feel instant chemistry라고 한다.

I met a guy through a blind date last weekend. I felt instant chemistry with him.

나는 지난 주말에 소개팅으로 한 남자를 만났어요. 첫눈에 즉시 그와 뭔가 통하는 느낌이었어요.

3부

미국 사회의
특성

제 9 장
미국의 교통과 여행(Travel Metaphor)

'미국' 하면 거대한 영토의 대국 이미지가 떠오른다. 미국의 영토는 태평양에서 대서양 연안까지(coast to coast) 동서는 물론 남북으로도 널찍하게 펼쳐진 거대한 북미주(North America) 대륙이다. 그래서 미국은 역사적으로 교통과 수송 수단의 발전이 중요했다.

4장에서 살펴본 바와 같이 미국 사람들은 거대한 땅의 곳곳을 편리하게 다니기 위해 자동차는 물론 기차와 배와 비행기 등 육해공의 모든 교통수단을 발전시켜 왔으며, 집을 떠나 많은 일을 하기 위해 국토의 곳곳을 여행하는 것이 일상 문화의 중요한 모습이었다.

이번 장에서는 개인 전용 교통수단인 자동차 이외의 대중교통수단 중심 교통과 여행 관련 은유 확대 표현을 통해서 이 측면에서의 미국 역사의 흔적과 문화의 모습을 살펴보기로 한다.

Pennsylvania에서는 turnpike, California에서는 freeway

Travel Metaphor (1) expressway, toll, bus, derail, out of steam,
along the same lines

잘 알려진 것처럼 영국 영어에서는 차만 다니는 고속도로를 motor-way라고 하는 반면, 미국 영어에서는 주로 expressway 혹은 highway라는 용어를 쓴다.

미국 영어에는 이 일반적 용어 외에도 각 주(state)의 특성을 엿볼 수 있는 고속도로를 뜻하는 고유의 용어가 발달해 있다. 예를 들면 미국 서부 캘리포니아(California)주에서는 고속도로를 freeway라고 부르는데 그 이유는 실제로 통행료(toll)를 내지 않기 때문이다. 이와는 달리 미국 동부 주들에서는 거의 모든 고속도로에서 통행료를 받는데 펜실베이니아(Pennsylvania)주를 동서로 가로지르는 고속도로를 Pennsylvania Turnpike라고 부른다. 바로 옆 주인 뉴저지(New Jersey)주의 남북을 가로지르는 고속도로도 New Jersey Turnpike라고 한다.

Turnpike가 왜 미국 영어에서는 고속도로를 뜻하는 용어로 쓰이게 되었을까? 'turn(돌리다) + pike(보병들이 쓰는 긴 창)'의 합성 의미에서 짐작할 수 있듯이 turnpike는 과거에 말을 탄 사람들에게 통행료를 받기 위해 쇠나 막대기로 된 창을 세로로 길게 세운 장벽을 뜻했는데 이 장벽 장치가 있는 모든 도로를 뜻하는 식으로 환유되어 많은 주에서 오늘날 통행료를 받는 유료 고속도로를 뜻하게 되었다.

흥미롭게도 맨해튼을 통과하는 뉴욕(New York)주의 고속도로는 thruway라고 부른다. 미국 최대 도시 뉴욕을 '통과하는' 도로를 상징하는 뜻으로 뉴요커(New Yorker)들의 자긍심을 반영한 용어로 보인다. 뉴욕을 통과하는 도로이므로 비싼 통행료를 감수하라는 오만한 태도를 느끼게 하는 이름이다. 그리고 고속도로의 주변 자연환경을 반영한 이름으로 parkway도 많이 쓰인다. parkway는 고속도로 주변이 나무가 우거지고 잔디가 펼쳐진 공원의 모습을 담고 있기 때문에 붙여진 이름이다. 예를 들어 뉴욕에서 시작하여 남부 뉴저지 해안가의 도박 도시로 잘 알려진 애틀랜틱 시티(Atlantic City)까지 가는 고속도로 주변에는 이런 아름다운 정원의 풍경이 이어져 있어서 이 도로를 Garden State Parkway라고 부른다.

고속도로를 통과할 때 내는 통행료를 toll이라고 한다. 미국에서 자동차로 여행하다 보면 누구나 느낄 수 있는 일이지만, 여러 도시를 통과하여 장거리 여행을 할 경우에는 toll 비용이 만만치 않다. 이런 일상의 경험이 은유 확대되어 미국 영어에서 take a toll이라는 표현이 널리 쓰인다. 이 표현은 상황적 유사성에 기초하여 to cause damage gradually through constant action or use(지속적인 행동이나 사용으로 점점 피해를 일으키다)라는 뜻을 나타낸다. 예를 들어 몸에 안 좋은 것을 알면서도 오랫동안 술과 담배를 끊지 않고 즐긴 친구가 말년에 건강이 나빠졌다면 다음과 같이 말할 수 있다.

Years of smoking and drinking has taken a toll on his health. He's really ill.
수년에 걸친 흡연과 음주가 그의 건강에 축적된 폐해를 끼쳤어요. 그는 정말 아파요.

우리나라에서는 고속버스가 중요한 교통수단 중의 하나이지만 자동차 문화가 일찍부터 발달한 미국 사회에서는 대중교통수단으로서의 버스의 역할과 비중이 그리 크지 않다. 하지만 수많은 노선을 갖춘 장거리 버스를 제공하는 Greyhound 서비스가 상대적으로 저렴한 비용으로 주요 도시를 잇는 중요한 역할을 하고 있으며, 대도시에는 시내버스도 잘 발달해 있다.
미국 영어에서 bus가 들어간 흥미 있는 속어 표현으로 drive the big bus가 있다. 말 그대로 '큰 버스를 운전하다'의 뜻인데, 과음하고 난후 속이 안 좋아서 화장실에서 변기를 잡고 구토하는 상황을 나타낸다. 애주가라면 술병(hangover) 때문에 한 번씩은 겪게 되는 일인데 그 곤혹스러운 장면을 버스 운전하는 모습에 비추어 표현한 재미있는 환유 표현이다. 어젯밤 소주를 너무 많이 마시는 바람에 아침내 화장실을 들락날락하며 고생했다는 말을 다음과 같이 할 수 있다.

I drank too much soju last night. I had the worst hangover. I had to **drive the big bus** all morning.
어젯밤에 소주를 너무 많이 마셨어요. 최악으로 술병이 났어요. 아침내 변기 잡고 토해야 했어요.

미국에서 또 하나 중요한 교통수단이 철도이다. 미국은 서부 개척 시대에 동쪽의 대서양에서 서쪽의 태평양을 잇는 대륙횡단철도를 놓은 이래로 주요 도시들을 촘촘히 연결하는 철도망을 가지고 있다. 영어로 철로를 rail이라고 한다. 기차(train)는 자동차와 달리 운전자가 차선을 바꾸며 자유 주행을 하지 않고 정해진 철로를 따라 주행하는 것이 특징이다. 기차가 철로를 벗어나게 되면 큰 사고가 일어나게 된다. 미국 영어에서는 탈선을 뜻하는 derail의 상황적 의미를 은유 확대하여 어떤 일의 진행이 본궤도를 벗어나 잘못되거나 정지되었을 때 잘 쓴다. 예를 들어 어느 발레리나가 불행히도 교통사고로 다리를 다쳐서 더는 발레를 하지 못하게 되어 다른 일을 구해야 하는 상황이라면 다음과 같이 묘사할 수 있다.

The car accident **derailed** her ballet career. Since her leg injury, she has been forced to pursue a different career.

그 차 사고로 그녀의 발레 경력이 경로에서 이탈했습니다. 다리 부상 이후로 그녀는 다른 경력을 추구할 수밖에 없게 되었죠.

미국 영어에서 잘 쓰는 철도 관련 2가지 은유 확대 표현을 더 알아보도록 하자. 철도 역사 초기에는 기차의 동력원이 증기기관(steam engine)이었는데 이 오랜 역사의 흔적이 미국 영어에 남아 있다.

미국 사람들이 은유 표현인지도 잘 모르고 널리 쓰는 표현으로 out of steam이 있다. 말 그대로 증기기관을 움직이는 증기가 더 남아 있지 않다는 뜻인데, 더는 기운이 없어서 움직일 수 없게 된 상황을 묘사할 때 쓴다. 4장에서 공부한 자동차 관련 은유 표현인 out of gas와 거의 같은 맥락의 뜻을 전한다고 할 수 있다. 예를 들어 회사에서 어떤 일을 몇 주째 진행하는데 진전은 없고 너무 지쳐서 생각도 제대로 할 수 없는 상황이라면 다음과 같이 말할 수 있다.

We've been working on this project for weeks with no progress. I'm **out of steam**. I can't think straight any longer.

우리는 몇 주 동안 진전은 하나도 없이 이 프로젝트 일을 진행해 왔어요. 진짜 맥이 다 빠진 상태에요. 더는 생각도 제대로 할 수 없어요.

또 다른 표현은 think along the same lines이다. along the same lines 는 나란히 같은 방향으로 달리는 기차를 묘사하는 표현인데 상대방과 같은 방향으로 비슷한 생각을 한다는 뜻으로 매우 잘 쓴다. 회사에서 회의 중 누군가 의견을 제시했는데 그 의견에 동의한다고 간단히 언급한 후 같은 줄기의 생각을 하고 있다는 말을 다음과 같이 덧붙일 수 있다.

I agree. I think along the same lines with you.
동의합니다. 저도 당신과 같은 생각을 하고 있습니다.

on the right track – 맞는 길 위에 있는

Travel Metaphor (2) track, trail, path

철도(rail) 관련 은유 표현들을 계속해서 살펴보자. 기차역에서 특정 목적지로 향하는 기차를 타고 내리는 곳을 platform이라고 하고, 특정 기차가 도착 출발하는 선로를 track이라고 하는데, 목적지가 여러 곳이 있을 때는 track 바로 뒤에 번호를 붙여서 track 1, track 2, track 3 하는 식으로 부른다.

track은 본래 연이어 댄 부목 위에 양옆으로 가지런히 놓은 철로처럼 a succession of marks left by something that has passed(지나간 어떤 것에 의해 남겨진 연속된 자국)를 뜻한다. 그래서 의도적으로 계획한 것들의 흔적과 과정을 뜻하는 쪽으로 은유 확대하여 잘 쓴다.

일상 회화 상황에서 미국인들조차 은유 확대 표현인 줄 모르고 널리 쓰는 표현이 바로 on the right track이다. 직역하면 '가고자 하는 맞는 길 위에 있는'인데 그 뜻이 은유 확대되어 지금 하고 있는 일이 올바른 방향으로 잘 이루어지고 있다는 뜻을 흔히 나타낸다. 예로 회사에서 새 프로젝트를 시작했는데 초기 결과가 매우 긍정적이어서 길을 잘 잡은 것 같다는 취지의 말을 다음과 같이 할 수 있다.

The initial results are very positive. We seem to be **on the right track**.
초기 성과가 매우 긍정적입니다. 우리가 길을 잘 들어선 것 같아요.

track은 이렇듯 주로 '자국' 혹은 '흔적'과 연관된 뜻으로 은유 확대되어 쓰인다. 그래서 'keep track of ~'는 '연속적으로 일어나고 있는 사건이나 일을 놓치지 않고 따라가거나 기록하다'의 관용 표현으로 널리 쓰인다. 예를 들어 회사에서 상사로부터 화장품 분야 회사들의 증권 변동을 주시하고 기록하라는 업무 지시를 받았다면 다음과 같이 말할 수 있다.

My boss has asked me to **keep track of** the stock market trend in the cosmetics industry.
상사가 내게 화장품 산업 분야의 주식 동향을 놓치지 말고 기록하라고 했어요

우리는 코로나 위기 대응 과정에서 특유의 '빨리빨리' 문화의 강점을 발휘하여 방역 선진국으로 칭송을 받았다. 정부와 민관이 긴밀히 협력하여 진단 장비를 개발하고 검사와 역학 추적과 격리 치료에 이르

는 전 과정을 효율적으로 체계화하여 주목을 받은 것이다.

확진자가 발생했을 경우 그 감염 경로를 추적하는 체계를 tracking system이라고 한다. 어느 영자 신문사가 한국이 기존의 역학 조사와 추적 체계보다 더 진일보한 체계를 개발하여 활용할 예정이라는 사실을 다음과 같은 머리기사로 보도했다.

South Korea set to launch a new cutting-edge tracking system for virus cases
한국, 바이러스 감염 사례를 추적하는 새 첨단 추적 시스템 실시 착수

tracking system은 일반적으로 DHL, Federal Express 등 물류 회사(logistics company)에서 화물의 운송 위치 정보와 도착 예정 시간 등을 알리는 화물 추적 시스템을 뜻하는 것으로도 널리 쓰인다.

track이 철로처럼 의도적으로 기획하여 만든 고정된 과정의 길이라면, trail은 산이나 해변 등에서 하이킹 등의 목적을 위해 자연 조건에 따라 탄력적으로 개척한 오솔길을 뜻한다. 즉 우리말로 하면 제주도에서 쓰는 올레길(hiking trail)과 같은 맥락의 뜻이다.

등산을 하다 보면 사람들이 많이 지나간 길은 자연스럽게 등산로가 되어 있는 것을 볼 수 있다. 그런데 그 길이 개척되기 전에는 등산하는 사람들이 어디로 가야 할지 막막하고 답답했을 것이다. 누군가 용

기와 지혜를 발휘하여 안전하고도 빠른 등산길을 개척하면 많은 사람이 그 뒤를 쫓아가게 된다.

혁신적으로 새길을 개척하면 많은 이들이 그 길을 따라가는 것을 영어로 trailblazing이라고 한다. 이 표현을 은유 확대하여 학계나 산업계 등에서 기존에 없던 혁신적인 새로운 연구나 기술을 발표한 후 후속 연구나 기술 개발이 이어지고 있는 상황을 묘사할 때 잘 쓴다. 어느 대학에서 여성 과학자로서 선도적인 역할을 하는 우수 졸업생 소개 인터뷰 기사의 제목으로 다음과 같이 붙인 것을 본 적이 있다.

Trailblazing for women in tech
기술 분야에서 여성들을 선도하고 있다.

기사 제목으로 trailblazing이라는 은유 표현을 쓴 것은 그녀가 개척한 길을 후배 여자 졸업생들이 그대로 이어가 과학 기술계에서 뛰어난 업적을 많이 내기를 바라는 마음이 깔려 있기 때문일 것이다.

길을 뜻하는 또 다른 명사로 path가 있다. path는 본래 특정 목적을 위해서 만들어진 길을 뜻한다. 동네에서 자전거만 다닐 수 있게 포장한 좁은 도로를 bike path라고 한다. path는 이렇듯 '특정 목적'의 뜻을 내재하고 있기 때문에 주요 은유 확장 뜻도 어떤 특정 개인의 경력, 즉 career path 같은 표현에 잘 쓰인다.

미국 사람들은 어느 분야의 전문가(professional)로서 서로를 처음 만나게 된 후 주고받은 명함(business card)을 보고 미래의 일을 도모하기 위해 인사차 이메일을 보내곤 한다. 이때 앞으로 협업할 수 있는 기회가 오기를 바란다는 취지의 말을 흔히 if our paths cross(우리가 가는 길이 교차하면) 식으로 은유적으로 표현한다.

We are now taking different paths, but if our paths cross in the future, I will be very glad to work with you.

우리는 지금 다른 길을 가고 있지만, 미래에 우리의 길이 만나게 된다면 나는 당신과 기쁘게 함께 일할 것입니다.

평화로 가는 길 – "the way to peace" or "the road to peace"?

Travel Metaphor (3) way, road

앞 내용에 이어서 '길'을 뜻하는 여러 단어 중 way와 road의 뜻이 은유 확대된 예들을 소개하고 분석하기로 한다.

미국 사람들이 잘 쓰는 굳어진 관용표현 중 I've got a long way to go today.가 있다. 이동해야 할 길의 거리를 할 일의 양에 비유한 표현으로 '갈 길이 멀다', 즉 '할 일이 많다'는 뜻이다. 예를 들어 회사에 출근하자마자 책상 위에 할 일이 산더미처럼 쌓여 있을 때 다음과 같이 독백할 수 있을 것이다.

Look at all this stuff on the desk. I've got a long way to go today.
책상 위에 있는 이것들 좀 봐라. 오늘 진짜 갈 길이 머네.

다음으로 way가 전치사와 어울려서 은유 확장된 표현들을 살펴보자. 'on the way to ~'는 직역하면 '~의 길 위에 있는'의 뜻인데 전치사 on

의 진행의 뜻이 더해져서 '~에 가고 있는 중인' 혹은 그 뜻이 확장되어 '~을 성취하고 있는'의 뜻으로 널리 쓰인다.

갑자기 응급환자가 발생하여 911에 도움을 요청하면 요원이 "Help is on the way. Stay calm(도와드리러 가는 중입니다. 침착하게 계세요)!"이라고 말하곤 한다. 그 환자가 병원에 도착하여 치료를 잘 받아 완치에 이르는 중이라면 다음과 같이 말할 수 있다.

The patient is doing fine. She is on the way to full recovery.
그 환자는 상태가 좋습니다. 그녀는 완쾌할 것으로 보입니다.

전치사 in을 쓴 in the way는 전혀 다른 뜻을 나타낸다. 이 표현을 직역하면 '길의 한 가운데'라는 뜻인데, 가고자 하는 길 가운데에 누군가가 서 있으면 방해가 되므로, 그런 뜻으로 잘 쓴다. 'get in the way of ~'는 '~하는 데 방해가 되다'라는 관용표현이다. 예를 들어 시험 공부하는 아들이 자꾸 스마트폰을 만지작거리는 것을 보고 엄마가 다음과 같이 강한 경고성 발언을 할 수 있을 것이다.

Don't you think your smart phone is getting in the way of your studies? Turn it off right away.
스마트 폰이 네 공부를 방해하고 있다고 생각하지 않니? 당장 꺼.

한국어에서도 그렇지만 '길'은 '방법'의 뜻으로 줄곧 은유된다. 영어의 way도 '방법'의 뜻으로 널리 쓰인다. the best way는 '최선의 방법'으로, the only way는 '유일한 방법'이라는 뜻으로 쓰인다. 이런식으로 지름길을 the shortest way로 표현할 수도 있지만 굳어진 표현으로 shortcut이 잘 쓰인다. 이 표현도 실제 어느 장소로 가는 지름길이라는 본래의 뜻을 은유 확대하여 시간과 노력을 절약해서 목표에 도달하는 효율적인 방법이라는 뜻으로 잘 쓴다. 예를 들어 요즘 같은 영상 시대에 YouTube 영상 자료를 손쉽게 다운로드할 수 있는 방법을 소개하면서 다음과 같이 말할 수 있다.

Here's a shortcut to download YouTube video clips.
여기 유튜브 비디오 영상물을 다운로드하는 빠른 방법이 있습니다.

미국 사람들은 대화 중에 적극적으로 지지하고 응원한다는 걸 나타내기 위해 "Way to go."라고 흔히 말한다. Facebook 등 SNS 사이트에서 이런 취지의 응원 댓글을 달 때 활용할 수 있을 것이다.

Way to go!!!
잘하고 있어!!!

다음으로 road 관련 표현들을 살펴보자. road는 본래 '길' 혹은 '도로'를 뜻한다. way를 주로 '방법'의 뜻으로 은유 확장하여 쓰는 반면 road는 '과정과 절차'의 뜻을 내포하는 방향으로 잘 쓴다. 예를 들어 '평화로 가는 길'을 영어로 옮긴다면 the way to peace가 아니고 the road to peace가 훨씬 더 적절한 표현이 된다.

road의 은유 확장 뜻이 '과정과 절차'의 뜻을 내포한다는 것을 확인할 수 있는 굳어진 표현이 바로 road map이다. road map의 본래 뜻이 바로 '도로 지도'인데 어느 장소에 도착하기까지의 전 과정의 길을 안내하는 것이므로 그 뜻이 '일의 계획을 일목요연하게 정리한 지침'으로 은유 확대하여 쓰이는 것을 잘 이해할 수 있다. 예를 들어 정부에서 코로나 백신과 치료제 개발을 위한 로드맵을 그려오다가 이번 주에 마침내 민관 합동 TF를 구성했다는 사실을 다음과 같이 서술할 수 있다.

Korean government has been drawing a road map for the development of the coronavirus drugs and vaccines and finally launched a government-civilian task force this week.
한국 정부는 코로나바이러스 치료약과 백신 개발을 위한 로드맵을 그려 왔으며 마침내 이번 주에 정부와 민간 합동 TF를 출범시켰다.

roadblock은 본래 도로 공사 중 설치하는 방어벽을 뜻하는데 그 뜻이 은유 확대되어 '~에 이르는 길을 방해하는 장애물'의 뜻으로 잘 쓰인다. 예를 들어 어느 두 회사 간에 대규모 협동 프로젝트 협상이 진행 중이었는데 최근에 갈등이 발생하여 최종적인 협상 타결에 주요 장애 요인이 될 우려가 있다는 말을 다음과 같이 할 수 있을 것이다.

The recent conflict could be **a major roadblock to** the final agreement.
최근의 갈등이 최종 합의에 이르는 데 중요한 장애물이 될 수 있다.

road가 전치사와 어울려 쓰인 2가지 중요한 표현이 있는데, 하나가 on the road이다. 본래 뜻은 '도로 위에 있는'인데, 스포츠에서 어느 팀이 원정 경기 중이라는 상황을 묘사하는 데 쓰인다. 예를 들어 필라델피아 이글스(Philadelphia Eagles) 팀이 이번 주말에 원정 경기로 텍사스에서 그들의 앙숙인 댈러스 카우보이스(Dallas Cowboys)와 겨룰 예정이라는 소식을 스포츠 앵커가 다음과 같이 전할 수 있다.

Philadelphia Eagles are **on the road** this weekend. They have an important game against their archrival Dallas Cowboys in Texas.
필라델피아 이글스가 이번 주말에 원정 경기를 치를 예정입니다. 텍사스에서 그들의 최대 라이벌인 댈러스 카우보이스를 상대로 중요한 경기가 있습니다.

또 하나 익혀야 할 표현은 down the road이다. 이 표현은 본래 '(앞으로 가게 될) 도로 어딘가에서'의 뜻인데 은유 확대되어 in the future의 뜻으로 일상 회화 상황에서 널리 쓰인다. 회사에서 일하는 상사가 부하 직원에게 자료를 주며 앞으로 필요할지 모르니까 보관하라고 다음과 같이 말할 수 있을 것이다.

Just keep it. We might need it down the road.
보관해 두세요. 앞으로 필요할지도 모르니까요.

anchor – 야구의 1루수, 육상 계주의 마지막 주자, TV 뉴스 진행자

Travel Metaphor (4) boat, overhaul, anchor, loom large,
know which way the wind blows

이제 강이나 호수, 바다 등 물길을 이동하고 여행하는 해상 교통 쪽
으로 시선을 돌려보자.

배를 영어로 boat라고 한다. 다른 교통수단에 비해 배를 탈 때는 그
안에 탄 모든 사람이 함께 항해의 위험을 감수하면서 중간 기착지 없
이 끝까지 목적지로 향하는, 목표와 처지가 같다는 일체성이 있다.
이 상황적 뜻이 은유 확대되어 미국 영어에서 in the same boat는 in
the same predicament(같은 곤경에 처해)라는 뜻을 나타낸다. 우리말의
'한배를 타다'와 거의 같은 의미라고 할 수 있다. 예를 들어 회사에
서 동료끼리 대화 중 상사가 일감을 주었는데 마감 기한이 같은 것을
알게 되었다면 다음과 같은 대화가 이루어질 것이다.

A : When is the deadline the boss gave to you?
　　상사가 정해 준 마감일이 언제야?

B:By next Friday. Same here. We are all in the same boat.
다음 주 금요일까지. 나도 같아. 우리 둘 다 한배를 탔네.

어떤 좋은 기회를 놓쳤을 때 우리는 '버스는 이미 떠났다'라고 말하는 반면, 미국 영어에서는 boat를 써서 miss the boat라고 흔히 말한다. 좋아하는 브랜드가 있는데 세일하는 줄 모르고 옷을 살 기회를 놓쳤다면 이 은유 표현을 쓸 수 있다.

The sale ended yesterday and I just missed the boat.
어제 세일이 끝나서 호기를 놓쳤네.

사실 현대 한국에서나 미국에서나 배는 버스, 기차와 달리 자주 타게되지는 않는다. 미국 영어의 배와 관련된 은유 확대 표현은 다른 교통수단이 발달하기 전 배가 중요했던 시절에 생겨서 굳어져 내려온 것들이 대부분이다. 그래서 미국인들조차 배에서 파생한 은유 표현임을 인지하지 못하고 쓰는 것들이 많다. 대표적인 것이 동사 over-haul이다. overhaul은 본래 배가 정박한 후 선원들이 로프(rope)와 체인(chain) 등을 이용하여 점검하고 수리할 부품이나 설치물들을 반대방향으로 끌어당기는(haul) 대규모 정비 작업을 일컬었는데 이것이 다른 영역과 분야로 의미 확대되어 to completely change a system so that it works more effectively(더 효과적으로 작동하게 어떤 시스템을 완전히 바꾸다)의 뜻을 나타내게 되었다. 예를 들어 대학의 어느 학과가 학생들의 요구를 적극 반영하여 교육과정(curriculum)을 대폭 변경했다는 말을 다음과 같이 할 수 있다.

The department has recently **overhauled** its curriculum to meet the needs of the students.

그 학과는 학생들의 요구에 맞추기 위해서 교육과정을 최근에 전면 개편했다.

배가 항구에 정박할 때는 닻(anchor)을 물속에 내려서 배를 안정적으로 고정한다. 이 기능적 뜻이 확대되어 anchor는 육상 경기 계주에서 마지막 주자와 야구의 1루수를 가리킨다. 계주 마지막 주자는 스피드도 중요하겠지만 배의 닻을 내려서 배를 안전하게 정박하는 것처럼 계주의 끝을 안정적으로 마무리해야 하기 때문에 anchor라고 부르는 것 같다.

야구 경기에서 1루수는 자신에게 오는 타구 수비는 물론 1루로 오는 모든 송구와 투수 견제구 등을 안정적으로 처리해야 하는 매우 중요한 포지션이다. 닻을 내리지 않아서 제대로 고정이 안 되고 흔들리는 배의 모습을 떠올리면 안정적인 수비를 해야 하는 1루수를 왜 닻(anchor)에 은유하는지 잘 이해할 수 있다.

TV 방송 프로그램의 진행자를 anchor라고 하는 것도 비슷한 맥락이다. 한 척의 배를 고정해 주듯 프로그램의 중심을 잡고 다양한 뉴스와 화제를 시청자들에게 안정적인 자세로 전달하는 역할을 하는 진행자를 닻의 기능에 비유한 것이라고 볼 수 있을 것이다.

anchor를 동사로 활용하여 굳어진 표현인 'be anchored in ~'은 안정적으로 닻을 내리고 고정된 상황적 뜻이 은유 확대되어 'be based on ~ (~에 기초해 있다)'이라는 뜻을 나타낸다. 예를 들어 어느 다국적 회사에서 한국 시장 진출 관련 회의를 했는데 한국계 미국인(Korean-American) 직원이 매우 독창적인 아이디어를 제시했다고 하자. 회의가 끝난 후 간부들끼리 그녀의 그런 능력은 한국인의 뿌리에서 나왔을 것이라고 말하면서 다음과 같이 칭찬을 이어갈 것이다.

Her creative ideas seem to **be anchored in** her Korean heritage.
그녀가 내놓은 독창적인 생각들은 그녀에게 있는 한국적인 유산이 기초가 된 것 같네요.

미국 사람들이 항해 관련 표현인 줄 모른 채 널리 쓰는 loom large (on the horizon)라는 표현이 있다. 과거에 범선을 타고 항해할 때 전망대 위에 올라가 정찰을 하다가 멀리 수평선 위로 다른 배가 보일 때 쓰던 표현이다. 멀리 보이던 배가 더 가까워지면서 해적선이나 적선인 것이 드러날 때의 긴박함을 상상해 보면 왜 이 표현이 to appear imminent in a threatening manner(위협하는 식으로 가까이 다가오다)의 뜻으로 은유 확대되어 쓰이게 되었는지를 잘 이해할 수 있다. 예를 들어 어느 나라에서 지역 간 내분이 발생해 갈등이 깊어지다가 거의 내전의 가능성까지 우려되고 있는 상황을 다음과 같이 묘사할 수 있다.

The possibility of civil war is looming large on the horizon.
내란의 가능성이 점점 수면 위로 떠오르고 있다.

범선(돛단배)은 바람의 힘으로 가는 배라서 바람의 방향을 예측하고 돛의 방향을 잘 잡는 것이 매우 중요했다. 이런 배경에서 나온 표현이 to know which way the wind blow(바람이 어느 쪽으로 부는지 알다)는 그 뜻이 은유 확대되어 to be able to anticipate how a certain course or situation is likely to develop(어떤 과정이나 상황이 어떻게 전개될 것인지를 예측할 수 있다)의 뜻을 나타낸다. 예를 들어 상사가 지나치게 보수적이어서 어떤 일이 벌어질지 확실히 예측할 수 있기 전까지는 결단을 내리지 못한다면 이 표현을 활용하여 다음과 같이 말할 수 있을 것이다.

The conservative boss rarely makes a decision before he knows which way the wind blows.
보수적인 상사는 바람이 어느 방향으로 부는지 알기 전엔 결정을 거의 안 하죠.

land a job – 직장을 얻다

배나 비행기를 타면 선장이 승객들에게 "Welcome aboard!"라고 환
영 인사를 한다. aboard는 on board를 줄인 표현으로, 배의 갑판 위에
승선한 상태를 뜻하는 본래 뜻을 은유 확대하여 어떤 조직에 새로 들
어온 사람을 환영할 때 Welcome과 결합시켜 매우 잘 쓴다. 예를 들
어 어느 회사에서 신입사원을 환영하며 팀원들이 그녀를 매우 높게
평가하고 있다는 말을 다음과 같이 할 수 있다.

Welcome aboard! We all think highly of you.
어서 오세요! 우리는 모두 당신을 높이 평가합니다.

go overboard는 말 그대로 배에 타고 있다가 물에 빠지는 상황을 묘
사한 것인데, 이 뜻을 은유 확대하여 일상에서 누군가가 어떤 행동을
눈살을 찌푸리게 할 정도로 지나치게 하는 경우에 잘 쓴다. 예를 들

어 동료가 실수한 부하 직원을 훈계하는데 따끔하게 주의를 주는 수준에서 그치지 않고 감정을 실어서 인격 모독을 느낄 정도로 너무 과하게 야단을 친다면 그에게 다음과 같이 말할 수 있다.

Don't **go overboard**. You're going too far.
너무 야단 피우지 마. 자네 지금 선을 넘고 있어.

'embark on ~'은 본래 to begin a journey by boarding a ship or airplane (배나 비행기를 타고 여행을 시작하다)의 뜻인데, 일상에선 이것을 은유 확대하여 to start something new or important(새롭거나 중요한 것을 시작하다)의 뜻으로 널리 쓴다. 회사의 어느 팀에서 다음 달부터 새 프로젝트를 시작할 예정이라는 말을 다음과 같이 할 수 있다.

The team is going to **embark on** a new project next month.
그 팀은 다음 달에 새 프로젝트에 착수할 예정입니다.

배나 비행기가 출발해서 가다 보면 바람의 영향으로 흔들려서 코스를 살짝 벗어날 때도 있는데 그 허용되는 일탈의 정도를 leeway라고 한다. 일상에선 이 상황적 뜻을 은유 확대하여 extra time, space or freedom(추가 시간, 여유 혹은 자유)의 뜻으로 많이 쓴다. 예를 들어 상사가 기획서 마감 시한을 하루만 더 늦춰 달라는 직원의 부탁에 그러기로 했다면 다음과 같이 말할 수 있다.

Okay. I'll give you another day's leeway to finish.
알았어요. 끝낼 수 있는 여유를 하루 더 줄게요.

배가 항해를 시작하면 물살을 가르는 큰 소리를 내면서 파도를 일으키는데 이것을 make a splash라고 한다. 일상의 다양한 상황에서는 이 뜻을 은유 확대하여 to be successful and gain a lot of public attention (성공해서 대중의 많은 관심을 끌다)이라는 뜻으로 잘 쓴다. 예를 들어 어느 회사에서 새로 출시한 제품이 폭풍적인 인기를 끌면서 입소문도 나고 대박 기운이 있다면 다음과 같이 말할 수 있다.

Our new product is making a huge splash in the market. Word is getting around.
우리 신상품이 시장에서 깜짝 돌풍을 일으키고 있습니다. 소문이 퍼지고 있어요.

현대 사회에서 비행기 여행은 매우 흔하고 익숙한 경험이다. 더구나 미국처럼 땅덩어리가 큰 국가에서는 국내 항공 여행도 흔해서 미국 영어에는 유독 항공 관련 은유 확대 표현이 발달해 있다.
비행기가 이륙하는 것을 take off라고 한다. 비행기가 이륙할 때 매우 빠른 속도로 지상을 달리다가 어느 시점에 하늘로 날아오르는 것이 일상에서는 어떤 일이 꾸준히 진행되다가 일정 시점에 갑자기 좋아지는 상황을 나타내는 방향으로 은유 확대되어 쓰인다. 예를 들어 어느 제품의 판매가 꾸준히 증가세를 이어오고 있었는데 유명 배우를 주인공으로 광고를 내보낸 후 폭발적으로 증가했다면 다음과 같이 그 상황을 묘사할 수 있다.

Sales really **took off** after we featured the famous movie star in our advertisement.
우리가 광고에 그 유명한 스타 영화배우를 주인공으로 쓴 이래로 판매가 정말로 폭증했어요.

take off는 비행기가 고속으로 활주하다가 갑자기 뜨는 상황을 은유 확대하여 to leave suddenly and quickly(갑자기 빨리 떠나다)라는 뜻을 나타내며 널리 쓰인다. 예를 들어 회사에서 최근 말다툼을 해 불편한 사이가 된 동료를 복도에서 마주쳤는데, 그가 자신을 못 본 척하며 갑자기 다른 방향으로 빨리 가버렸다면 다음과 같이 묘사할 수 있다.

When he saw me in the hallway, he **took off** in a different direction without making eye contact.
그는 나를 복도에서 보자 눈도 안 마주치고 다른 방향으로 재빨리 가버렸다.

374

비행기가 '착륙하다'는 동사 land로 표현한다. 이때 land는 비행기가 스스로 기동하여 착륙하는 상황을 뜻하는 자동사로 쓰인 것이다. 이를 타동사로 써서 사람이나 사물을 land 뒤에 목적어로 두어 마치 비행기가 착륙하듯이 갑자기 그 장소에 떨어지게 하는 상황을 나타내는 뜻으로도 잘 쓴다. 만일 어떤 사람이 음주 운전 경력이 있는데도 얼마 안 마셨으니 괜찮다며 굳이 운전석에 앉겠다고 고집한다면 다음과 같이 엄중하게 꾸짖을 수 있을 것이다.

Don't even think about it. Your negligence will land you in prison.
그건 생각도 하지 마세요. 무시하고 행동하면 감옥에 갇히게 될 것입니다.

또 land를 타동사로 써서 to successfully acquire something, such as a job(직장과 같은 어떤 것을 성공적으로 쟁취하다)의 뜻으로도 잘 쓴다. 비행기를 활주로에 안전하게 착륙시켰을 때 느끼는 안도감과 성취감을 생각하면 이 표현의 확대 의미를 이해할 수 있을 것이다. 예를 들어 요즘 직장을 얻기가 쉽지 않은데 50군데 이상 이력서를 내고 난 후에야 마침내 직장을 얻었다면 다음과 같이 말할 수 있다.

I've finally landed a job after sending out my résumés to more than 50 companies.
이력서를 50군데 넘는 회사에 보내고 난 후 전 마침내 직장을 얻었습니다.

Wall Street(금융), 7th Ave(패션), Broadway(극장) −
특정 거리 환유 표현

Travel Metaphor(6) New York, street

어느 사회든지 도로와 거리의 이름을 분석해 보면 그 언어문화권의 역사와 문화의 흔적을 발견할 수 있다. 미국 영어에서 도로나 거리의 이름은 고유명사 다음에 그것의 크기와 성격을 반영하여 Boulevard, Road, Avenue, Way, Street 등을 붙인 다양한 명칭을 사용한다.

필자는 미국 최대의 도시 뉴욕(New York)에서 3년 정도 살았다. 흔히 우리가 뉴욕이라고 부르는 지역은 미국 동북부 해안가에 접해 있는 직사각형 모양의 맨해튼(Manhattan) 섬을 가리킨다. 맨해튼은 남쪽 끝이 바다로 연결되어 있고 서쪽으로는 허드슨 강(Hudson River), 동쪽으로는 이스트 강(East River)으로 둘러싸여 있다. 섬의 남북을 가로지르는 큰 도로를 동쪽에서부터 1st Ave, 2nd Ave 하는 식으로 Ave를 붙여서 순서대로 명칭을 정했고, 서쪽 끝의 West End Ave로 끝난다. 동서를 가로지르는 도로는 남쪽 끝에서부터 1st, 2nd, 3rd를 시작으로 북쪽 끝까지 Street를 붙여서 명명하였다. 그리고 남북을 비스듬히 가로지르는 큰 양방향(two-way) 도로를 Broadway라고 이름 지었으며, 바다에 면한 남쪽 끝의 맨해튼 남부(Lower Manhattan) 지역은 예외적으로 모든 도로와 거리의 이름을 Wall Street 식으로 별도의 고유명사로 정했다.

이토록 길게 뉴욕의 도로와 거리 시스템을 설명한 이유는 미국 영어에서 잘 쓰는 환유 표현을 공부하기 위해서이다. 뉴욕은 미국에서 가장 번화하고 유명한 도시로서 세계의 정치, 문화, 패션, 금융, 산업 등 거의 전 분야에서 가장 중요한 역할을 하는 세계의 수도로 여겨지기도 한다. 뉴욕 시민(New Yorker)들은 세계 최고 도시이자 가장 비싼 도시에 산다는 자부심이 대단하다. 뉴욕의 별명은 Big Apple이다. 그들은 다른 지역 사람들이 뉴욕을 방문하면 뉴욕에 온 것을 환영하며 다음과 같이 자랑스럽게 말하곤 한다.

Welcome to Big Apple! Everything is the best in the world in this city. Once you live in New York, you go nowhere.
뉴욕에 오신 걸 환영합니다! 이 도시에서는 모든 것이 세계 최고입니다. 일단 뉴욕에 살게 되면 절대로 다른 곳에 가지 않죠.

미국 영어에는 어떤 산업 분야를 그 산업이 활성화되어 있는 뉴욕의 특정 지역 도로나 거리 이름으로 나타낸 환유 표현들이 발달해 있다. 예를 들어 Wall Street에는 실제로 수많은 증권과 은행 관련 비즈니스 건물들이 모여 있으므로, Wall Street는 '금융계'를 뜻한다. 또 7th Avenue는 패션 산업(fashion industry)을, Broadway는 뮤지컬(musicals)과 극장(theater) 관련 산업을 환유한다. 어느 지역의 도로나 거리에 집중적으로 번화한 산업을 특정 도로 이름의 상징성에 환유한 표현들은 우리말에서도 발견되는데, 영화계를 충무로로 표현한 것이 좋은 예이다. 예를 들어 패션 디자인(fashion design)을 전공하는 어느 학생이 자신의 꿈은 졸업 후 패션 회사에 취직해서 유명한 패션 디자이너가 되는 것이라는 뜻을 이 환유 표현을 써서 다음과 같이 나타낼 수 있다.

My dream is to become a famous fashion designer on 7th Avenue.
나의 꿈은 7번가에서 유명한 패션 디자이너가 되는 것입니다.

다음으로 street의 은유 확대 의미를 집중적으로 살펴보자. 앞에서 way는 주로 '방법'의 뜻으로 은유 확장하여 쓰는 반면 road는 '과정과 절차'의 뜻으로 잘 쓴다는 것을 공부하였다. 이와는 대조적으로 street는 '집 밖에 나와서 거리에 있는 상태나 상황'을 뜻하는 의미로 주로 쓰인다. 이 맥락의 뜻으로 가장 많이 쓰이는 표현이 on the street 이다. 이 표현은 말 그대로 집 밖에 나와 있는 상태를 묘사하는데, 그 뜻이 은유 확대되어 직업을 잃거나 더는 집세를 내지 못해서 우리말의 '거리로 내몰린' 상황을 나타낸다. 예를 들어 어느 집안이 이번 달 말까지 집세를 내지 못하면 거리로 내몰릴 상황이라는 말을 다음과 같이 할 수 있다.

The family has to be **out on the street**, if they don't pay the rent by the end of this month.
그 가족은 이번 달 말까지 임대료를 내지 않으면 거리에 내몰려야만 합니다.

on the street는 또 죄를 지어서 감옥에 갇혀 있던 사람이 거리로 나온 상태를 뜻하기도 한다. back on the street는 일반 시민들에게 위협이 되는 중대 범죄자가 석방되어 자유를 얻게 된 상황을 뜻하는 표현으로 굳어져 널리 쓰인다. 특히 성범죄자(sex offender)가 석방되어 자유를 얻게 되면 재범을 우려하여 동네 주민들에게 알리는 것을 의무화하고 있는데, 그 소식을 듣고 사람들이 경계하고(alert) 있는 상황을 뉴스 프로그램 진행자가 다음과 같이 전할 수 있다.

The neighbors are alert after the news that the sex offender is **back on the street**.
이웃 주민들은 그 성범죄자가 석방되어 돌아왔다는 뉴스에 긴장하고 있습니다.

같은 상황을 hit the street라고 표현하기도 한다. 죄를 짓고 감옥에 갇히는 것을 behind bars라고 하는데, 그 성범죄자의 범죄 경력과 형량 등 더 자세한 정보를 덧붙여서 다음과 같이 보도하곤 한다.

The convicted rapist has now hit the street after just spending ten years behind bars.
유죄가 확정된 그 강간범은 10년간 수감 후 이제 거리를 누비게 되었습니다.

street는 집 밖의 거리에서 이루어지는 다양한 활동이나 사건 등을 묘사하는 복합어의 수식어로도 잘 쓰인다. 특히 아래 표현들은 외국인들과 한국 문화에 대해 이야기를 나눌 때 유용하니 잘 익혀 두면 좋다.

street cheering 거리 응원
street food 길거리 음식
street vendor 노점상
street musicians 거리 음악가

조지 레이코프(George Lakoff) 교수는 저서 『Metaphors we live by(삶으로서의 은유)』에서 미국 영어에 흔히 남녀 간의 사랑을 함께 떠나는 여행에 은유하여 이해하는 표현들이 발달해 있다고 발표하였다.

[LOVE IS JOURNEY 사랑은 여행]

a. Look how far we've come.

　우리가 얼마나 멀리 왔는지 봐.

b. It's been a long bumpy road.

　길고도 험한 길이었다.

c. We're at a crossroad.

　우리는 교차로에 있다.

d. We'll just have to go our separate ways.

　우리는 각자 다른 길을 가야 할 거야.

e. We can't turn back now.

　우리는 이제 되돌아갈 수 없어.

흥미로운 것은 미국 사람들이 이런 표현들을 은유 표현인지도 모르고 일상에서 자주 쓴다는 점이다. 그러나 레이코프(Lakoff) 교수는 학자로서 이 은유 표현들을 의식적으로 주목하고 분석하여 개념 은유 이론(conceptual metaphor theory)을 발전시킬 수 있었다.

학자가 일반 사람과 다른 점은 무엇일까? 어느 학자가 학문의 정체성, 즉 '학문이란 무엇인가'라는 질문에 다음과 같이 흥미로운 답을 제시한 바 있다.

Science is a conscious effort of explaining something that is happening unconsciously.

학문이란 무의식적으로 일어나고 있는 어떤 것을 설명하려는 의식적인 노력이다.

우리 주변에서 우리의 무의식 속에 일어나는 현상들에 관한 자료를 모은 후 그것에서 정형화된 불변성(patterned invariance)을 찾아서 의식적으로 설명하려는 노력이 바로 학문의 정체성이며, 그 바탕이 되는 능력이 바로 일정한 정형성 혹은 규칙 등을 파악할 수 있는 '생각하는 힘,' 즉 지적 능력이다. 레이코프(Lakoff) 교수는 바로 이 '생각하는 힘,' 즉 통찰력과 분석력이 뛰어났기 때문에 일반 사람들은 그저 무의식적으로 지나치는 은유 표현들을 관찰하고 수집해서 개념 은유 이론을 발전시킬 수 있었던 것이다.

대학 교육의 목표는 바로 이 학자로서의 자질, 즉 '무의식적으로 지나칠 수 있는 현상을 설명할 수 있는 '생각하는 힘'을 키워 주는 데 있다. 학생에게 학자가 되라고 하는 것이 아니다. 이 지적인 능력이 앞으로 다양한 분야에서 일하면서 자신의 능력을 최대한 발휘하여 성공하고 공헌할 수 있는 근원이 되는 것이다. 간단히 말하면 '생각하는 힘'을 키워야 똑똑한 사람이 될 수 있고 어떤 일을 맡아도 체계적인 접근과 분석적인 사고 능력을 동원하여 일을 잘 처리할 수 있게 된다. 그러므로 대학에서 전공에 상관없이 이 능력을 키워 주는 것이 바로 대학 교육의 근본적인 목표가 되어야 하는 것이다.

그러나 최근 대학을 둘러싼 환경은 더는 대학에서 이와 같은 이상적인 교육 목표를 설정하는 것에 관대한 시선을 보이고 있지 않다. 대학 밖의 경제·사회적 요구는 대학에서의 교육이 학생들이 졸업 후, 배운 지식과 기술을 당장 활용할 수 있는 실용성과 현장성을 증가해야 한다고 목소리를 높이고 있는 실정이다. 물론 이 변화의 물결 속에서 그 어느 대학도 경제·사회적 요구로부터 완전히 자유로울 수 없다. 결국 앞으로 대학 교육은 앞에서 지적한 '생각하는 힘'을 키워 주는 본연의 목표에 충실하면서도, 학생들이 변화하는 취업 현장에서 효과적으로 적용하여 쓸 수 있는 실용적이면서도 현장성이 있는 지식과 기술을 습득하는 과목들과의 균형과 조화를 이뤄야 한다고 할 수 있겠다.

제 10 장

미국의 법치주의와 범죄 문제(Law and Crime Metaphor)

미국 사회의 중요한 특징 중의 하나는 엄격한 법치주의로 인권을 보호하고 사회 질서를 유지하는 전통을 이어온 점이다.

미국 사회는 갈등과 분쟁이 있을 때 그것을 법에 호소하여 합리적으로 해결하기 위한 법률 제도와 인프라가 잘 갖추어져 있다. 미국 사람들에게는 다양한 성격의 소송과 고소와 고발 사건을 경험하는 것이 매우 익숙한 일이다. 이러한 익숙함이 미국 영어에 그대로 투영되어 유독 법(law) 관련 은유 확대 표현들이 발달해 있다.

현대 사회의 어느 곳에서도 범죄가 일어나지 않는 곳은 없다. 미국 사회에서도 각종 범죄가 빈번하고 특히 총기 소유가 자유롭기 때문에 총기 사고도 자주 발생한다. 이 장에서는 미국 영어의 법과 범죄(crime) 관련 은유 확대 표현들을 집중적으로 살펴보기로 한다.

bail ~ out – 곤경에서 구해 주다, bailout – 구제금융

Law Metaphor (1) jury, trial, retainer, settle, plea, bail

미국은 배심원(jury) 재판 제도를 두고 있다. 미국 사람들에게는 배심원 봉사가 한국 남자들의 병역 의무처럼 시민으로서 꼭 해야 할 의무에 속하기에 배심원 재판 과정 참여가 너무도 익숙한 경험이다.

그래서 미국 영어에서는 배심원(jury) 관련 은유 확대 표현이 많이 발견된다. 그들은 일상에서 'The jury is (still) out on ~'을 잘 쓴다. 이 표현은 본래 배심원들이 어떤 사건(case)의 평결(verdict)에 이르지 못한 상황을 뜻하는데, 이 뜻이 은유 확대되어 일반적으로 어떤 일에 대해 확실한 결정을 하지 못한 상황을 묘사할 때 쓴다. 예를 들어 회사 홍보실 회의 중 다음과 같은 대화가 흔히 이루어질 수 있다.

A : Are we proceeding with this advertisement?

　우리 이 광고를 진행하기로 하는 건가요?

B : The jury is still out on that. We want to seek more expert consultation.

아직 확실히 결정한 게 아니라서요. 전문가들 의견을 더 들어봐야 합니다.

영어로 재판을 trial이라고 한다. on trial의 뜻은 말 그대로 '재판 중'인데 이 뜻을 은유 확대하여 어떤 검증되지 않은 사람이나 제도 등이 '평가를 받는 중(being tested)'이라는 뜻으로 널리 쓴다. 예를 들어 코로나 사태의 여파로 어느 대학에서 새로운 온라인 학생 지도 시스템을 시험 운용 중이라면 다음과 같이 말할 수 있다.

A new online advising system for students is on trial in the university.

그 대학에서 새로운 온라인 학생 지도 시스템이 시험 운용 중이다.

미국 법원은 죄형법정주의와 무죄 추정의 원칙을 엄격히 준수한다. 모든 사건의 법정에서, 피고(defendant)에게 죄가 입증될 때까지는 죄가 없는 것으로 간주하며(innocent until proven guilty), 죄를 입증하는 부담(burden of proof)이 철저히 원고(prosecutor, accuser) 측에 있다. 이것은 인권을 최대한 보호하기 위한 제도적 장치이며 무고한 사람이 벌을 받게 해서는 안 된다는 기본 인권 정신을 반영한 것이다. 그러기에 미국 사회에는 개인의 법적 권리를 보호하고 대변하는 변호사들이 상당히 많다. 필자가 처음 미국에 갔을 때 텔레비전이나 신문과 전화번호부에 변호사 광고가 넘쳐나는 것을 보고 신선한 문화 충격을 느꼈다.

미국 사회에서는 변호사를 선임하는 일이 매우 흔한데, 변호사를 선임하는 것을 retain a lawyer라고 하며 변호사에게 사건(case)을 맡기며 계약할 때 내는 착수금을 retainer라고 한다. 이것들은 은유 확대 표현은 아니지만 변호사 같은 직업군 이외에도 자유 계약자(freelancer)로 일하는 통역사나 회계사 등과 전문적인 서비스를 일정 기간 계약하는 경우에도 잘 쓰이므로 반드시 익혀 두어야 한다.
착수금과 시간당 비용 등을 따져서 계약 협상을 하는 것을 retainer agreement라고 한다. 회사에서 통역사가 필요해서 자유 계약자로 일하는 어떤 통역사를 접촉했는데 지나치게 높은 착수금을 요구한다면 다음과 같이 말할 수 있을 것이다.

Her hourly rate seems to be too high. We have to either revise the retainer agreement with her or contact another person.
그녀의 시간당 급료가 너무 비싼 거 같아요. 그녀와의 착수금 협약을 수정하든지 아니면 다른 사람과 연락을 해야 합니다.

민사 소송에서 변호사의 역할은 원고를 대변할 경우 소송에서 이기는 것이 일차 목표이지만 피고 측과 절충과 협상을 하는 경우도 있는

데 이것을 동사 settle로 표현한다. 동사 settle의 본래 뜻이 어떤 곳에 정착한다는 의미인데, 이 뜻이 법률 분야의 소송 맥락 쪽으로 은유 확대된 것이라고 볼 수 있다. 일상에서 활용될 때는 이 뜻이 더욱 확대되어 'settle for ~' 형태로 to accept in spite of incomplete satisfaction (완전히 만족하지는 못하지만 받아들이다)의 뜻으로 잘 쓰인다. 예를 들어 첫 직장을 구했는데 기대했던 것보다는 연봉이 적었지만 일단 일하기로 마음을 먹었다면 다음과 같이 말할 수 있다.

It was my first job after college graduation. I decided to settle for a lower wage than I had expected.
그것이 대학 졸업 후 내 첫 직장이었어요. 기대했던 것보다는 연봉이 적었지만 일단 받아들이기로 마음을 먹었죠.

형사 소송의 경우 변호사의 궁극적인 역할은 피고를 무죄로 방어하는 것이지만 이것이 여의치 않다면 유죄를 인정하되 최대한 형량을 줄이기 위해 검사 측과 양형 거래(plea bargain)를 하는 일도 중요하다. 여기서 plea의 본래 뜻은 주로 형사 법정에서 피고 측이 무죄를 주장하기 위해 간곡히 항변하는 것을 뜻하는데, 이 뜻이 은유 확대된 'plea for ~'는 '~을 급하게 간청하는 것(urgent request)'의 뜻을 나타낸다. 어느 지역 사회 병원에서 혈액이 부족하여 급하게 시민들에게 헌혈해 줄 것을 요청하고 있다면 신문사에서는 그 소식을 다음과 같은 머리기사 제목으로 내보낼 수 있다.

Local hospitals send out a **plea for** blood donors
지역 병원들, 헌혈자들에게 긴급 헌혈 요청

이어서 미국 영어에서 매우 자주 쓰는 법 관련 은유 확대 표현을 하나 더 익히도록 하자. 필자는 스포츠광이어서 미국 유학 시절 스포츠 경기 중계방송을 보거나 스포츠 전문 라디오 방송(sports radio)을 들으면서 영어를 많이 익혔다. 그러면서 경기 후 인터뷰 때 선수들이 "My teammates bailed me out in this game."이라고 말하는 것을 매우 자주 듣게 되었다.

bail은 본래 형사 사건에서 구속 상태로 수사를 받으며 재판을 기다리는 피의자가 재판에 출석한다는 보증을 하기 위해 내는 보석금을 말한다. bail ~ out은 보석금을 내고 일단 감옥에서 그 사람을 나오게 하는 상황을 뜻하는데 이 뜻을 은유 확대하여 일상에서 곤경에 처한 누군가를 구해준다는 뜻으로 널리 쓴다. 예를 들어 경기 중 자신이 중대한 실수를 해서 팀이 질 위기에 처했지만 팀 동료들의 도움으로 거꾸로 막판에 팀 승리에 결정적인 공헌을 하게 되었다면 겸손하게 공을 다른 선수들에게 돌리면서 다음과 같이 말할 수 있다.

I made a critical mistake, but then my teammates bailed me out at the end of the game.

제가 결정적인 실수를 했지만 팀 동료들이 경기 막바지에 나를 구해 주었죠.

명사 bailout은 경제 분야에서 '구제금융'을 뜻하는 표현으로 널리 쓰인다. 구제금융이란 자연재해나 위급한 상황으로 기업이 파산 위기에 처한 경우 국민경제에 미칠 파장을 우려해서 국가가 정책적으로 제공하는 자금을 뜻한다. 보석금을 내어 일단 사람을 구속 상태에서 구해내는 시급한 구조 상황을 생각하면 왜 이 용어가 이런 은유 확대 의미를 갖게 되었는지 잘 이해할 수 있다. 예를 들어 어느 항공사가 자구책으로 비용 절감 노력을 하면서도 정부에 구제금융을 신청하고 있는 상황이라면 다음과 같이 보도될 것이다.

○○Airlines Seeking Bailout As Airlines Cut Costs

○○항공, 비용 절감과 함께 구제금융 신청

set the bar high – 기대 수준을 올려놓다

Law Metaphor (2) behind bars, pass the bar, barring, set the bar high, throw the book, cop out on

bar는 본래 긴 막대기나 쇠로 된 창살을 뜻한다. 경찰서 유치장이나 감방(prison)이 흔히 창살로 되어 있기 때문에 behind bars는 환유로 '(구속되어) 감옥에 갇힌' 것을 나타낸다. 예를 들면 심각한 범죄를 저지른 범인을 마침내 경찰이 검거하여 감옥에 가두었다는 신문 기사에서 흔히 다음과 같은 머리기사를 접할 수 있다.

Serial killer finally behind bars
연쇄 살인범, 마침내 투옥되다

그리고 bar는 특정 분야를 한정 짓는 의미적 기능을 하는 정관사 the 와 함께 쓰이면 법을 다루는 법조인들의 그룹이나 그 직업군 혹은 변호사 자격 통과 시험인 사법 시험을 뜻한다. 유럽 중세 시대부터 법정에서 판사, 법률대리인이 사용하는 공간과 방청석을 구별하기 위해 설치한 목책(wooden barricade)에서 기원한 환유 표현이 그대로 전해 내려온 듯하다. 문법적으로 중요한 것은 이 특수하고 특정적이며 한정적인 법정의 bar를 뜻하려면 정관사 the를 반드시 붙여야 한다는 점이다. 그리고 그 배타적 법조계에 들어가기 위한 사법 시험도 the bar (exam)로 표현한다. 예를 들어 딸이 로스쿨(law school)에서 변호사 시험 준비를 하고 있다면 다음과 같이 말할 수 있다.

My daughter is studying at a law school to pass the bar.
제 딸은 사법 시험에 합격하기 위해 로스쿨에서 공부하고 있습니다.

동사로서 bar는 block(막다), obstruct(방해하다)라는 뜻인데 미국 사람들은 이 뜻을 응용 확대하여 'barring + 명사' 표현을 널리 쓴다. 여기서 barring의 뜻은 '~을 막을 수 있으면'의 뜻으로, 한국어로는 '~이 일어나지 않는 한'이 된다.

어느 프로 미식축구팀이 시즌 개막을 앞두고 막강한 선수들을 대거 영입하여 그 어느 때보다도 전력이 탄탄해서 시즌 중에 선수들 부상만 없으면 슈퍼볼 챔피언(Super Bowl Champion)이 될 것이라고 예상된다면, 다음과 같이 낙관적인 발언을 할 수 있을 것이다.

This team is fully loaded this year. We are Super Bowl bound for sure, barring any major injuries.

이 팀은 올해 완전 무장을 했어요. 우리는 중요한 선수들이 다치지 않는 한 확실히 슈퍼볼에 갑니다.

명사로서의 bar는 그 은유 확대 뜻이 흔히 standard, expectation(수준, 기대)을 나타낸다. set the bar high는 굳어진 표현으로, 누군가가 일을 잘하거나 좋은 성과를 거두어서 다른 사람들의 '기대 수준을 올려놓다'는 의미이다. 예를 들어 사장이 괄목할 만한 공헌을 한 직원에게 감사패와 보너스를 주면서 다음과 같이 말할 수 있을 것이다.

I really think highly of your contribution. You have set the bar high for other workers.

나는 당신의 공헌을 높이 평가합니다. 다른 직원들이 도달해야 할 (업무) 수준을 높여 놓았습니다.

어느 전문 분야든지 그 분야의 전문가가 되기 위해서는 상당한 수준의 지식과 노력과 경험이 필요할 것이다. 법률 분야의 경우 관련 서적을 보면 얼마나 방대하고 해박한 지식이 필요한지 짐작할 수 있다. 미국 영어에 이와 관련된 흥미로운 표현이 있다. 'throw the book at ~'의 뜻은 말 그대로 '(법률)책을 ~에게 던지다'인데 이 뜻이 은유 확대되어 '(그 책 안에 명시되어 있는) 모든 범죄에 해당하는 벌을 다 받게 하다,' 즉 '~을 엄벌에 처하다'로 잘 쓰인다. 예를 들어 만일 회사에서 어느 간부급 직원이 부하 직원에게 성희롱 발언을 해서 징계위원회가 열렸는데 그 정도가 너무 심각해서 최고 수준의 징계 조치를 하기로 했다면 다음과 같이 그 상황을 묘사할 수 있다.

The disciplinary board decided to **throw the book at** him for the sexually-charged comments he made to his junior staff.
징계위원회 이사들은 그가 부하 직원에게 한 성희롱 발언에 대해 그에게 최고 수준의 징계를 내리기로 결정했습니다.

판사가 피고가 처한 다양한 상황을 동정적으로 참작하여 봐주는 것을 leniency라고 한다. 10장 첫 번째 글에서 밝혔듯이 피고를 변호하는 변호사의 중요한 역할 중의 하나가 바로 유죄를 인정하되 판사의 leniency를 구해서 최대한 형량을 줄이기 위해 검사 측과 양형 거래(plea bargain)를 하는 일이다. 이 과정에서 변호사가 가장 우선적으로 할 일은 자기의 고객(client)과 상의해서 동의를 구한 후 판사 앞에서 to plead guilty to a lesser charge so as to avoid standing trial for a more serious charge(더 심각한 기소를 당해서 재판까지 가는 것을 피하기 위해서 덜 심각한 죄를 인정하다)하는 일이다. 이것을 cop a plea라고 하는데, 이 맥락에서 쓰인 동사 cop의 뜻을 은유 확대한 표현인 'cop out on ~'이 일상에서 널리 쓰인다. 이 표현은 to avoid fulfilling a commitment or responsibility(헌신과 책무를 다하는 것을 회피하다)의 뜻이다. 예를 들어 어느 회사에서 팀장이 잘못해 문제를 일으켰는데, 그것을 솔직히 인정하고 팀원들에게 사과하고 시정하는 정면돌파식 일 처리를 하지 않고 은근히 피해 가려고 했다면 다음과 같이 그를 비판할 수 있을 것이다.

The manager should be blamed. He copped out on all of us.
그 과장은 비난받아야 합니다. 그는 우리 모두를 비겁하게 피해 갔어요.

press the panic button – 곤경에 처해 구원을 요청하다

Crime Metaphor(1) steal the show, steal one's thunder, gag order,
press the panic button, rip-off artist, get away with murder

범죄가 없는 사회는 없다. 미국 사회에서도 각종 범죄가 자주 일어나고 특히 총기 사고가 빈번하다. 미국 사람들은 거의 매일 총기 관련 범죄나 다양한 범죄 관련 뉴스를 접하게 된다. 이 익숙함이 미국의 일상 영어에 그대로 반영되어 범죄(crime) 관련 은유 확대 표현들이 많이 발견된다.

흔한 범죄 중의 하나는 절도(stealing)일 것이다. '훔치다'의 동사 steal의 뜻을 은유 확대한 2가지 중요한 표현이 있다. 첫째로, steal the show 라는 표현을 매우 널리 쓴다. 말 그대로 '쇼를 훔치다'라는 뜻인데 마치 쇼 전체를 혼자 훔쳐 가듯이 to outshine others during a show(쇼 내내 다른 사람들보다 돋보이는 활약을 하다)라는 의미로 잘 쓰인다.
록음악 팬(rock music fan)이라면 우드스톡 페스티벌(Woodstock festival)을 모

를 리가 없다. Woodstock festival은 미국 젊은이들의 베트남전 반대 운동으로 사회 저항적 분위기가 무르익던 1969년에 미국 뉴욕주 Woodstock에서 최초로 rock festival이 열린 이래로 매년 개최되는 유명한 음악 축제이다. 팬들은 매년 축제가 끝난 다음 날 어느 가수나 밴드가 최고로 빛나는 공연을 했다고 생각하는지 서로 묻곤 한다.

Who do you think stole the show at Woodstock this year?
올해 우드스톡에서 누가 최고로 빛나는 공연을 했다고 생각해요?

둘째로, steal one's thunder라는 말을 일상에서 잘 쓴다. 이 표현은 자기가 막 하려고 했던 말을 어떤 사람이 먼저 해버려서 주위의 이목을 끄는 상황을 묘사하는 데 매우 유용하다.

이 표현의 기원은 연극 역사와 관련이 있는데, 존 데니스(John Dennis)라는 영국 극작가의 실화에서 찾을 수 있다. 그는 자기가 희곡을 집필하고 연출한 연극 무대에서 천둥소리를 실감나게 내려고 양철 등을 이용해 천둥소리를 내는 장치를 발명해 사용했다고 한다. 그러나 공연은 흥행에 실패하고 말았다. 그런데 얼마 후 같은 극장의 〈멕베스(Macbeth)〉 공연에서 자신이 발명한 천둥소리가 그대로 사용된 것이 아닌가! 그는 자신의 발명품이 도용된 것을 알고 허탈한 감정을 다음과 같이 표현했다고 한다.

That is my thunder, by God; the villains will play my thunder, but not my play.

신에게 맹세컨대 이건 내 천둥소리잖아. 악당들이 내 작품은 공연 안 하고 내 천둥소리만 공연하려고 하네.

이 말에서 steal my thunder라는 표현이 생겼고, 그 이래로 비슷한 맥락에서 쓰이기 시작하여 오늘날까지 널리 사용된다고 한다. 예를 들어 회사에서 회의 중 기발한 아이디어가 떠올라서 발표를 하려고 하는데 바로 직전에 동료가 거의 같은 생각을 말했다면 그녀의 발표에 연이어서 다음과 같이 말할 수 있다.

Jenny has just stolen my thunder. I had almost the same idea. Here's one thing I want to add, though.

제니가 막 제가 말하려던 것을 말했네요. 저도 거의 같은 생각을 했거든요. 하지만 한 가지 더 추가하고 싶은 것이 있어요.

강도(robbery)는 절도보다 훨씬 심각한 범죄이다. 절도는 돈이나 물건을 훔쳐가는 것이지만 강도 행위는 무력을 동원하여 남을 해치는 일도 서슴지 않으며 재산을 강탈하는 범죄이기 때문이다.

강도가 침입하면 소리를 지르지 못하게 하려고 입에 재갈을 물리는데 이것을 gag라고 한다. 미국 영어에서는 이 뜻에서 파생하여 확대된 gag order라는 표현이 굳어져 잘 쓰인다. 어떤 사건이나 사안에 대해서 절대 발설이나 발언을 금지한다는 '보도 금지' 혹은 '함구령'의 뜻이다. 배심원 재판 중 배심원들이 지켜야 하는 철칙 중의 하나가 절대로 재판 중인 사건에 대해서 사실을 발설하거나 의견을 말해서는 안 된다는 점이다. 이 규칙을 다음과 같이 서술할 수 있다.

The jurors must not say anything about their case during a trial because they remain under a gag order.
배심원들은 함구령을 지켜야 하므로 재판 중 자기가 맡은 사건에 대해서 아무 말도 해서는 안 된다.

미국은 총기 소유를 허용하기 때문에 총기 강도 사건이 흔하다. 특히 은행이나 현금 수송차를 무장 강도들이 공격하는 사건이 자주 일어난다. 은행은 강도가 침입했을 때 버튼을 누르면 자동으로 경찰 신고로 연결되는 보안 장치를 갖추고 있다. 이것을 press the panic button이라고 한다. 이 뜻이 은유 확대되어 일반적으로 '대처하기 힘든 비상 상황으로 곤경에 처해 도움을 구하다'의 의미로 잘 쓰인다.
제조업 분야에서 잘 쓰는 용어로 PMI (Purchasing Management Index : 구매관리지수)가 있는데, 이 지수는 물건 구매 담당 부서가 현재 혹은 향후 경기를 좋게 예측하는지 아니면 나쁘게 보는지를 나타내는 주요 지표이다. 이 지표가 너무 낮은 상태가 지속되어 회사가 비상 수단을 동원하지 않으면 큰 위기에 봉착할 것이라고 다음과 같이 말할 수 있을 것이다.

PMI has been dangerously low for the past 3 months. I think it's time to press the panic button.
PMI(구매관리지수)가 지난 3개월 동안 위험할 정도로 낮은 상태입니다. 비상 수단을 동원할 때라고 생각합니다.

소매치기를 rip-off라고 한다. 이건 동사 rip(찢다)의 행위 장면 묘사가 그 범죄명으로 굳어진 것이다. 본래 소매치기 범죄를 뜻하는 이 용어가 은유 확대되어 사람을 속여서 금전적인 이익을 취하는 '사기'의 뜻으로 쓰이게 되었다. 미국 영어에서는 여기에 '예술가'를 나타내는 artist를 붙여서 사기꾼을 rip-off artist라고 부른다. 잔꾀를 내서 다른 사람을 이용해먹는 것도 나쁜 의미의 기술이나 예술적 재능과 통한다는 점에서 artist 표현을 첨가한 것이 흥미롭다고 하겠다.
남의 이메일 주소를 훔쳐서 그 사람의 지인들에게 메일을 뿌려 해외에서 곤경에 처했으니 급히 돈을 보내달라고 사기를 치는 자들이 종종 있었다. 이런 사기꾼들을 조심하라는 말을 다음과 같이 할 수 있다.

Be wary of rip-off artists who send emails trying to con you into sending them some money to help a friend in trouble overseas.

해외에서 곤경에 처한 친구를 돕기 위해 돈을 보내도록 유인하는 이메일을 보내는 사기꾼들을 조심하세요.

가장 중한 범죄는 남의 생명을 뺏는 살인이라고 할 수 있다. 살인을 murder라고 하는데 미국 대부분의 주에서 살인죄는 종신형(life impri-sonment) 같은 법정최고형으로 심판한다. 살인은 그만큼 중죄인데 get away with murder는 말 그대로 '살인죄를 짓고도 풀려나다'라는 뜻이니 그 뜻을 은유 확대하여 심각한 잘못을 했는데도 '처벌받지 않고 벗어나다'로 널리 쓴다.

어느 부모가 자식을 너무 사랑하는 나머지 큰 잘못을 해도 야단치지 않는다면 아이를 심각하게 망치게(spoil) 될 것이라고 이렇게 엄중한 경고를 할 수 있을 것이다.

If you let your son **get away with murder** like that, you will seri-ously spoil your son.

그런 식으로 아들을 벌 주지 않고 벗어나게 하다가는 아이를 심각하게 망치게 될 것입니다.

crack down on – 엄중히 단속하다

Crime Metaphor (2) bootleg, branded as, whistleblower, crack down on

미국 영어의 범죄(crime) 관련 은유 확대 표현들에서 미국 역사의 단면을 엿볼 수 있다. 먼저 불법으로 복제해서 만든 제품을 표현할 때 bootleg라는 형용사를 쓴다. 구체적인 예로 불법 복제한 CD를 bootleg CD라고 부른다.

미국 역사상 1919년에서 1933년까지의 기간을 금주법 시대(Prohibition Era)라고 한다. 엄격한 청교도주의(Puritanism)의 영향 아래 이 시기의 미국 사회에서는 모든 주류의 양조와 판매와 소유와 소비가 불법이었다. 무릇 어느 사회나 어떤 것을 불법으로 규제해서 금지하면 더욱하고 싶어 하는 사람들이 생기듯, 이 시기 동안 밀주 제조와 판매가 더 성행했었다고 한다. 이런 사회 분위기 속에서 많은 사람이 긴 장화를 신고 그 윗부분에 납작하게 생긴 술병(flask)에 밀주를 담아서 숨겨다니곤 했는데 이 은밀한 관습의 상황적 뜻이 은유 확대되어 bootleg

가 '불법으로 제조한'의 의미를 갖게 되었다고 한다. 흥미로운 것은 이 시기의 습관이 그대로 이어져서 미국의 애주가들은 요즘에도 바지 뒷주머니에 납작하게 생긴 병에 담긴 위스키(flask whiskey)를 넣고 다니며 마신다는 점이다.

사실 불법으로 제조한 제품을 유통하고 판매하는 것은 심각한 범죄이다. 뉴스에서 종종 경찰이 단속에 나서서 많은 불법 복제물을 압수하고(confiscate) 있다는 머리기사를 종종 접하게 된다.

Police confiscate 8000 bootleg DVDs
경찰이 8천 장의 불법 복제 DVD를 압수하다

어느 제조회사의 특정 상품 혹은 상표를 brand라고 한다. 본래 가축을 기르는 주인들이 자기 소유임을 나타내기 위해서 동물의 표피에 인두(hot iron)로 낙인(brand)을 찍은 것에서 유래한 뜻이라고 한다.
그런데 옛날에는 특정 죄를 지은 죄인들에게도 그 죄를 표시하기 위해 낙인을 찍었다. 특히 미국 역사에는 흑인들을 노예화하여 주인이 마치 가축처럼 사적으로 소유하고 다스리던 부끄러운 시대가 있었다. 주인은 노예가 도망을 칠 경우에 자기 소유의 노예임을 주장(claim)할 수 있도록 노예의 어깨나 허벅지 등에 인두로 낙인 표시를 하는 잔인한 짓도 했다고 한다. 이러한 역사적 배경을 가진 'branded as ~'는 미국 영어에서 한국어의 '~으로 낙인찍히다'와 비슷한 매우 부정적인 은유 확대의 뜻으로 잘 쓰인다. 예를 들어 어떤 사람이 친구들 사이에서 신의를 저버리는 일을 하고 난 후 배반자로 낙인찍히게 된 상황을 다음과 같이 묘사할 수 있다.

Ever since the incident, he **has been branded as** a traitor among his friends.
그 사건 이래 그는 친구들 사이에서 배반자로 낙인찍히게 되었다.

사실 어느 조직이나 사회에서 낙인이 찍히듯 집단 따돌림(이른바 왕따)을 당하는 일은 너무도 괴로울 것이다. 그러나 어떤 때는 정의 구현을 위해서 이런 괴로움을 무릅쓰고 스스로 고초를 겪기도 하는데 바로 자신이 소속된 회사나 단체 등에 내부 비리가 있을 때 이것을 공익을 위해서 외부에 폭로했을 때이다.
영어로 내부 고발자를 whistleblower라고 한다. 이것은 본래 경찰이 범죄를 현장에서 직접 목격하거나 범죄자의 뒤를 쫓게 되었을 때 주위에 위험을 널리 알리기 위해서 호루라기를 부는 관행에서 파생된 은유 확대 표현이다. 어느 조직이나 단체에서 은밀하게 이루어지던 범죄나 불의를 공익을 위해서 외부로 폭로하여 널리 알리는 것과 같은 맥락의 의미임을 알 수 있다. 예를 들어 어느 법학 학회에서 내부 고발자 보호 입법(legislation)을 주제로 한 논문을 발표하면서 다음과 같이 말할 수 있을 것이다.

Today, I'm going to present a paper about whistleblower protection legislation.
오늘 저는 내부 고발자 보호 입법에 관한 논문을 발표하려고 합니다.

영어에서 경찰의 단호한 단속을 crackdown이라고 한다. crack은 '벌어진 틈새 혹은 균열'이라는 뜻인데 동사로는 그런 갑작스러운 균열이 생길 때 나는 소리처럼 '날카롭게 갈라지는 소리를 내다'라는 뜻이 있다. 여기서 경찰이 범죄자들을 쫓아가며 날카로운 총성을 울리는(shooting it down with a gun that makes the cracking sound when fired) 소리와 모습이 연상되는데 이 모습을 그린 동작이 'crack down on ~'이다.

이 표현에 관련된 역사적 기원설도 주목할 만하다. 미국 역사에서 서부 개척 시대에는 말이 가장 중요한 교통수단이었고, 본래 말을 빨리 달리게 하기 위해 채찍질을 하면 날카롭게 찢어지는 듯한 소리가 날 수밖에 없었다. 또 노예제가 성행하던 시기 동안 백인 주인들은 흑인 노예들을 말을 다루듯 채찍질을 했다고 한다. 일을 게을리하는 노예를 직접 때리기도 했지만 땅 주변을 채찍질하며 날카로운 소리를 내어 겁을 주곤 했다고 한다. 바로 이 모습과 소리와 연관된 이미지를 담고 있는 표현이 'crack down on ~'인데, 이것이 의미 확대되어 현대 미국 영어에서 경찰 등 권위와 힘을 가진 기관이 범죄를 소탕하기 위해 대규모 단속이나 소탕 작전에 돌입했을 때 쓰이게 되었다고 한다.

국회에서 디지털 성범죄를 더 철저히 단속하고 처벌하기 위한 법이 통과되었다는 사실을 알리는 신문 머리기사 제목으로 다음과 같은 예를 발견할 수 있다.

Laws toughened to **crack down on** digital sex crimes
디지털 성범죄를 소탕하기 위해서 법이 강화되다

미국 사람들 대부분은 'crack down on ~'이라는 말을 자주 쓰면서도 말에게 채찍질을 가하거나 흑인 노예를 채찍으로 때리거나 위협하는 잔인한 장면을 떠올리지는 않는다. 이것은 마치 우리 한국어에서 죽는 것을 뜻하는 '골로 간다'라는 말이 한국 전쟁 중 무고한 민간인들을 대량살상하기 위해 골(골짜기)로 몰아넣고 총질을 한 뼈아픈 역사의 장면을 반영하고 있음을 모른 채 이 표현을 무의식적으로 자주 쓰는 것과 같다. 이렇듯 언어는 말없이 평범한 역사적 사건들은 물론 매우 아프고 슬픈 역사적 장면들까지 반영하고 있다. 그래서 언어공동체에서 화자들 사이에 이런 표현들의 역사적 배경이 알려지면 이 표현들을 지속적으로 사용하는 것이 그 역사적 순간에 고통을 당한 사람들의 상처를 건드려서 아픔을 준다는 것을 인식하고 다른 표현으로 대체하는 운동이 일어나곤 한다. 그러나 불행하게도 미국 영어의 'crack down on ~' 표현도 한국어의 '골로 가다' 라는 표현도 아직까지는 그 정도로 세심하고 성숙한 관심을 불러일으키지 못하고 있다.

이번 글을 통해 우리는 한 사회나 국가의 역사 속에서 일어났던 사건의 파편들이 사람들의 뇌리에 남아서 현재의 언어와 문화의 흔적으로 남게 되었다는 것을 알게 되었다. 언어는 역사의 흔적을 담은 그릇이자 사람들의 생각과 그들이 살아온 문화를 반영하는 거울임을 다시 확인하게 된다.

법과 범죄 은유를 끝으로 이 책을 마무리한다. 아무쪼록 독자들이 이 책을 통해 접하는 흥미로운 미국 영어의 은유 표현으로 영어를 학습하는 데 강한 동기가 생기고 꾸준하고 올바른 학습 방향과 자세를 설정할 수 있기를 바란다.

언어는 모국어이든 외국어이든 머릿속에 그 언어의 문법체계를 튼실히 구축한 후 풍부한 표현을 익히고, 그것을 정확하고 적절히 구사하기 위한 연습과 훈련에 얼마나 노력을 기울이느냐에 따라 그 능력과 수준이 달라진다. 결국 학습과 훈련이라는 두 마리 토끼를 쫓는 끊임없는 노력이 필요하다. 그러나 적지 않은 사람들이 '빨리빨리 문화'에 젖어 조급하게 단시일 내에 영어를 쉽게 정복할 수 있을 것으로 믿고 비법이나 편법을 찾아다니곤 한다. 영어는 절대로 어떤 비법이나 편법으로 단시일 내에 정복할 수 없다. 거북이처럼 성실하게 차근차근 우직하게 노력하는 자만이 이 목표를 달성할 수 있다.

Slow and steady wins the race!